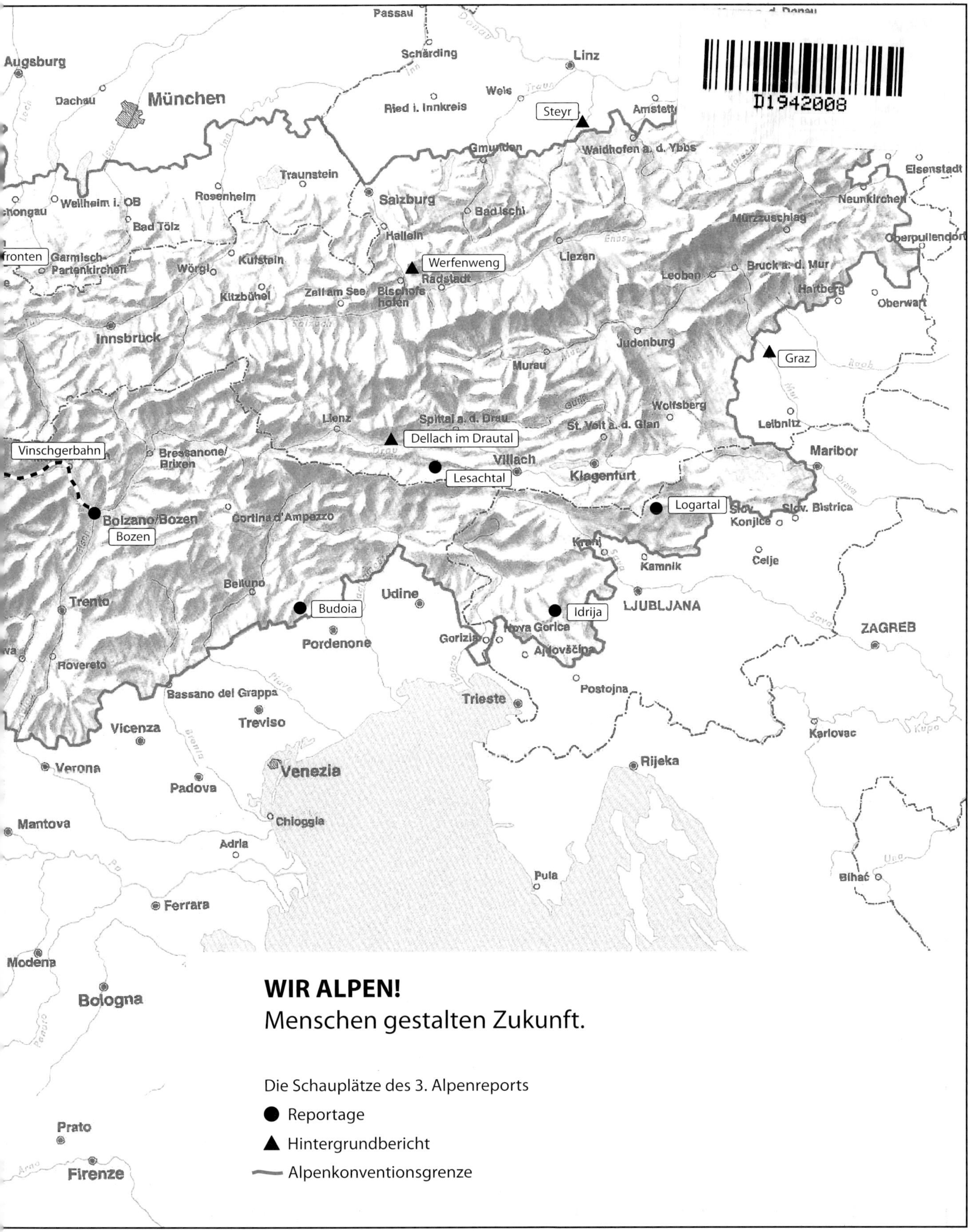

WIR ALPEN!
Menschen gestalten Zukunft.

Die Schauplätze des 3. Alpenreports

● Reportage

▲ Hintergrundbericht

— Alpenkonventionsgrenze

WIR ALPEN!

MENSCHEN GESTALTEN ZUKUNFT

3. ALPENREPORT

Entstanden im Rahmen des CIPRA-Projektes „Zukunft in den Alpen", finanziert durch die MAVA Stiftung für Naturschutz, Montricher, Schweiz, mit einem Druckkostenbeitrag der International Lottery in Liechtenstein Foundation (ILLF).

Herausgeberin: Internationale Alpenschutzkommission CIPRA International,
Schaan, Liechtenstein, *www.cipra.org*
Projektleitung und verantwortliche Redaktion: Andreas Götz
Konzept: Andreas Götz, Michael Gleich, Paul Lampe
Textredaktion: Bernd Hauser, Toni Keppeler (Agentur Zeitenspiegel)
Bildredaktion: Paul Lampe (Agentur Zeitenspiegel)
Grafik: Patrick Reinhardt (Agentur Zeitenspiegel), Till Wollong (der schwarzwälder)
Lektorat: Dana Haralambie (Agentur Spu.K)
Druckvorstufe: Reinhard Truckenmüller
Druck: GZD Heimerdingen
Bindung: Kunst- und Verlagsbuchbinderei Leipzig
Gedruckt auf FSC-Papier: Die Abkürzung „FSC" steht für „Forest Stewardship Council", eine gemeinnützige, weltweit tätige Organisation. Der FSC hat hohe ökologische, soziale und wirtschaftliche Standards entwickelt, die dem Schutz der Wälder und den Interessen der von ihr lebenden Menschen gleichermaßen dienen sollen.

Reportagen und Hintergrundberichte: Autorinnen und Autoren sowie Fotografinnen und Fotografen der Agentur Zeitenspiegel, Strümpfelbacher Str. 21, D-71384 Weinstadt, *www.zeitenspiegel.de*

Bibliografische Information der Deutschen Nationalbibliothek
Die Deutsche Nationalbibliothek verzeichnet diese Publikation in der Deutschen Nationalbibliografie; detaillierte bibliografische Daten sind im Internet über *http://dnb.d-nb.de* abrufbar.

ISBN 978-3-258-07263-0
Haupt Verlag, Bern, Stuttgart, Wien, *www.haupt.ch*

Inhaltsverzeichnis

Reportagen

S. 110

Hintergrund

Vorwort

Zu Recht wird der Arktis die Rolle eines Frühwarnsystems für den Klimawandel zugeschrieben. Aber auch die großen Bergregionen dieser Welt fungieren als ökologische Frühwarnsysteme, etwa was den Verlust der Biodiversität, die Bedrohung des Wasserhaushalts und die Stabilität der Böden oder sonstige Auswirkungen des Klimawandels angeht. Das gilt besonders für die Alpen. Denn sie stehen im Zentrum vieler wirtschaftlicher Aktivitäten, infrastruktureller Ausbaumaßnahmen und touristischer Angebote. Sie spiegeln die gesellschaftliche Dynamik in der Mitte Europas wider.

Es ist der CIPRA zu danken, die Alpen früh in die Aufmerksamkeit der breiten Öffentlichkeit und der politischen Entscheidungsträger gerückt zu haben. Ohne die nimmermüde Arbeit in der CIPRA, dieser breiten Bürgerinitiative, wäre es nicht zur Alpenkonvention gekommen, die – trotz noch vorhandener Schwächen – zu einem Meilenstein grenzüberschreitender Zusammenarbeit von Zivilgesellschaft, Wirtschaft und Politik geworden ist. Kein Wunder, dass etwa die Karpaten-Konvention nach diesem Vorbild gestaltet wurde.

Die Gründung der CIPRA hat sich als geradezu visionäre Entscheidung erwiesen. Immer wieder hat die CIPRA die Menschen unmittelbar angesprochen – nicht nur Experten und Fachleute, sondern Menschen, die in den Alpen leben, dort Erholung suchen oder durchreisen. Auch dieser prachtvolle Band zeigt einen breiten Ansatz. Die wichtigsten Daten über die Alpen wurden verlässlich aufgearbeitet, vor allem motivieren die vielen konkreten Beispiele für erfolgreiches Handeln. Ein Buch wider die Resignation! Weil es die Alpen in ihrer einmaligen Schönheit sichtbar und spürbar werden lässt, weckt es die emotionale Kraft, die für die Erhaltung der Schöpfungsvielfalt so entscheidend ist.

Den Herausgebern und allen Mitarbeitern gebührt ein großes Lob. Wieder einmal beweist ehrenamtliche Arbeit, dass sie unersetzliche Grundlage auch für politisches Handeln ist. Es wird dadurch nicht unnötig, sondern im Gegenteil noch zwingender eingefordert.

Prof. Dr. Klaus Töpfer

Ehemaliger deutscher Bundesminister für Umwelt, Naturschutz und Reaktorsicherheit
Ehemaliger Exekutivdirektor des Umweltprogramms der Vereinten Nationen UNEP in Nairobi

Einführung

Die Zukunft gehört denen, die sie mitgestalten. In den Alpen arbeiten viele engagierte Menschen in ungezählten Initiativen als Zukunftsmacher. Doch die meisten von ihnen wissen nicht, dass anderswo Menschen an den gleichen Problemen tüfteln wie sie. An dieser Stelle setzt der dritte Alpenreport der Internationalen Alpenschutzkommission CIPRA an. Es geht darum, alpenweit Erfahrungswissen zu sammeln, zu ordnen und jenen zur Verfügung zu stellen, die dieses Wissen benötigen.

Die CIPRA startete mit dem Projekt „Zukunft in den Alpen" eines der ehrgeizigsten Unternehmen in ihrer über 50-jährigen Geschichte. Ziel dieses Projekts ist es, die zentralen Fragen zur Zukunft des Alpenraums auf den Tisch zu bringen und präzise Antworten darauf zu geben. Ein Jahr lang trugen mehr als 40 Wissenschaftler, Planer und Praktiker das Wissen zu den wichtigsten Themenkomplexen zusammen. Dabei wurden die bestehenden Resultate aus Wissenschaft und Beratung ausgewertet. Die Ergebnisse dieser Arbeiten sind im dritten Alpenreport aufbereitet.

Damit knüpft die CIPRA an die Tradition ihrer früheren Alpenreports aus den Jahren 1998 und 2001 an. In diesen setzten sich namhafte Autorinnen und Autoren mit den wesentlichen Problemen aus den unterschiedlichsten Gebieten der Alpenpolitik auseinander. Es ist wohl keine Übertreibung zu sagen, dass die beiden ersten Alpenreports mittlerweile zur Standardliteratur des Alpenschutzes gehören. Im dritten Alpenreport rückt die CIPRA einen interdisziplinären Zugang ins Zentrum. Das Wissen zahlreicher Spezialisten wird zu gemeinsamen Antworten auf die bedeutendsten Zukunftsfragen in Ökonomie, Ökologie und Gesellschaft verbunden.

Eine wichtige Basis der Überlegungen zur Alpen-Zukunft bildet die Alpenkonvention, die von der CIPRA angeregt und 1991 von den Alpenstaaten und der EU unterzeichnet wurde. Als völkerrechtlich verbindlicher Vertrag formuliert die Alpenkonvention Ziele und Strategien für eine zukunftsfähige Entwicklung der Alpen und ihrer Regionen. Ohne konkrete Umsetzungsprojekte bleibt die Alpenkonvention jedoch wirkungslos. Deshalb haben sich die CIPRA und ihre Mitgliedsorganisationen zum Ziel gesetzt, die trockenen Paragrafen der Alpenkonvention mit Projekten zu beleben. Im dritten Alpenreport werden solche Projekte exemplarisch vorgestellt.

Mit diesem Buch möchten wir möglichst viele Menschen ansprechen: die Bevölkerung und die Besucher der Alpenregionen sowie Verantwortungsträger und Fachleute in- und außerhalb der Alpen – kurz, alle engagierten Menschen, denen die Zukunft der Alpen ein Anliegen ist. Dabei hofft die

CIPRA, alle zu erreichen, die sich in ihrer täglichen Arbeit oder in ihrer Freizeit für eine ökologische und nachhaltige Zukunft der Alpen einsetzen. Damit dieser große und bedeutende Natur- und Kulturraum in Westeuropa in Zukunft weiter besteht und ein Modell für eine natur- und menschenverträgliche Zukunft anderer Gebirgsregionen auf dieser Welt sein kann.

Der dritte Alpenreport erscheint in fünf Sprachen: deutsch, französisch, italienisch, slowenisch und englisch. Der erste Buchteil beschreibt in Form von Reportagen 15 beispielhafte, zukunftsweisende Projekte aus allen Alpenländern. Die meisten davon bilden einen Teil jener 572 Projekte, die sich an einem alpenweit ausgeschriebenen Wettbewerb der CIPRA beteiligten. Der zweite Buchteil vermittelt den fachlichen Hintergrund zum besseren Verständnis von gegenwärtigen und zukünftigen Entwicklungen im Alpenraum. Der dritte Buchteil liefert aktuelle Daten über die soziale und wirtschaftliche Situation im Alpenraum. Mit ihrer Arbeit beweisen die in den Reportagen portraitierten Menschen, dass die ökologischen, sozialen und wirtschaftlichen Schwierigkeiten der Alpen lösbar sind.

Zum Zustandekommen des dritten Alpenreports haben zahlreiche Personen aus dem engeren und weiteren Netzwerk der CIPRA beigetragen, denen ich im Namen von CIPRA International ausdrücklich danke. Besonders erwähnen möchte ich CIPRA-Geschäftsführer Andreas Götz, der die Aufgabe des Redakteurs übernommen hatte, sowie das Projektteam „Zukunft in den Alpen“ mit Projektleiter Wolfgang Pfefferkorn und den MitarbeiterInnen Johannes Heeb, Karin Hindelang, Michel Revaz, Serena Rauzi, Claire Simon und Aurelia Ullrich. Ein großer Dank geht an die MAVA Stiftung für Naturschutz in Montricher, die mit ihrer großzügigen Unterstützung das Projekt „Zukunft in den Alpen“ und die Herausgabe des dritten Alpenreports ermöglichte, und besonders an deren Stiftungsratsmitglied Mario Broggi, der das Projekt immer wohlwollend kritisch begleitet hat.

Ich wünsche allen Leserinnen und Lesern viel Vergnügen
und zahlreiche Anregungen für ihr eigenes Engagement.

Dr. Dominik Siegrist
Präsident CIPRA International

Klein aber potent: Das Dorf erzeugt das Zweifache seines Strombedarfs selbst.

01 Wildpoldsried, Allgäu Deutschland

Mit der Kraft der Natur

Wie eine kleine Gemeinde im Allgäu Klimapolitik betreibt und dabei doppelt so viel Strom aus regenerativen Energiequellen erzeugt, wie sie verbraucht.

Es ist der Stillstand, den Wendelin Einsiedler mehr als alles andere fürchtet. „Sie müssen wieder laufen", ruft der Windbauer und springt in seinem Büro von einem Bein aufs andere. Draußen brechen Äste, alles ist in Bewegung an diesem stürmischen Vormittag, nur seine weißen Giganten nicht. Die Windräder haben sich bei den starken Böen abgeschaltet, damit sie nicht knicken wie Bäume. Am Computer herrscht Einsiedler über zehn Windkraftanlagen. Er bringt mit einem Tastendruck die Rotorblätter, lang wie zwei Lastzüge, wieder zum Kreisen. Klick, Haarberg Nord auf dem Nachbarhügel dreht sich wieder. Klick, Langenberg nimmt Fahrt auf. Der Sturm hat die Tagesplanung des Allgäuers durcheinandergewirbelt. Lastwagen und Bagger warten auf ihn, der 51-Jährige mit dem zerzausten Haar muss los zu den Baustellen für seine zwei neuen Windkraftanlagen. „Franz", drängt er seinen Bruder und hat schon ein Bein im Gummistiefel, „Jetzt steht Haarberg Süd wieder. Mach du das!"
Der Windpapst, wie ihn seine Freunde nennen, hat Wildpoldsried den ökologischen Aufschwung gebracht. Im Klimaschutz spielt das 2.500-Seelen-Dorf in der Spitzenklasse mit, hat längst umgesetzt, worüber andere jahrelang nur reden. Die Gemeinde erzeugt das Zweifache ihres Strombedarfs selbst. Die Wildpoldsrieder nutzen für die Energiegewinnung Rohstoffe, die die Natur in dieser Gegend Bayerns bietet. Den Wind, der kräftig bläst im Voralpenland. Das Holz der Fichtenwälder. Die Sonne, die hier 1.755 Stunden im Jahr scheint. Das Grünzeug, aus dem die Landwirte Biogas gewinnen. Selbst die Kraft des Dorfbachs geht nicht verloren.

Der Herr der Windräder: Wenn die Tage stürmisch sind, muss Wendelin Einsiedler seine Öko-Kraftwerke ständig unter Kontrolle haben.

Der Hüter der Heizung: Sigmund Hartmann sieht den Holzpellets an, ob sie gut brennen oder nicht. Der Rentner kümmert sich um die Dorfheizung, deren Kessel unter dem Festsaal steht. 19 öffentliche und private Gebäude werden damit beheizt, darunter auch die Kirche.

Eine ganze Gemeinde sagt sich vom Atomstrom los. Doch gegen das Etikett „alternativ" wehren sich viele mit Vehemenz. Im Gemeinderat sitzt kein einziger Grüner. Der einstige Bioladen hat schon vor Jahren das „Bio" aus seinem Sortiment gestrichen. Die gesunde Kost war den sparsamen Allgäuern zu teuer. Es ist nicht in erster Linie ihr Ökobewusstsein, das sie motiviert. Sonst hätten sie das oberste Gebot einer zukunftsfähigen Energiepolitik stärker im Blick: Erst einmal Energie sparen, wo es möglich ist, dann schauen, wie man die noch benötigte Energie bereitstellt. Den Wildpoldsriedern geht es beim Ausbau regenerativer Energiequellen in erster Linie ums Geld. „Es zahlt sich aus", ist der wichtigste Grundsatz der Energiepolitik der Gemeinde. „Allein die Fotovoltaikanlagen auf den öffentlichen Gebäuden haben im vergangenen Jahr 50.000 Euro gebracht", sagt Bürgermeister Arno Zengerle. Gäbe es nicht den Denkmalschutz, hätten die Wildpoldsrieder sogar ihrer historischen Dorfkirche Sonnenkollektoren verpasst.

Mit Zengerle, einem Politiker der konservativen bayerischen Regierungspartei CSU, ist der Klimaschutz ins Rathaus eingezogen. Dort sitzt der 50-Jährige zwischen Feng-Shui-Brunnen und Motorradkalender und erzählt nicht ohne Stolz von den jährlichen Sammelbestellungen für Solar- und Photovoltaikanlagen. Seine Energiepolitik brachte Wildpoldsried in der Solarbundesliga auf Anhieb auf Platz sechs; ein Senk-

rechtstarter. In der Tabelle vergleichen sich deutsche Gemeinden, und dabei zählen nicht Tore, sondern Kilowattstunden.
Der Wettbewerb ist ansteckend. In Wildpoldsried wird das Energieerzeugen zum Volkssport. Bürgerinnen und Bürger machen mit, wollen alle etwas daran verdienen. Besser als ein Pokal ist die Erwähnung auf der Internet-Homepage der Gemeinde. Dort zeigt sich jeder gerne mit Foto und den wichtigsten Daten: Die Bauern, die Gülle und Silage in den Fermenter der Biogasanlage kippen. Der Windbauer, in dessen Räder die Bürger ihr Erspartes gesteckt haben. Die Betreiber der drei Wasserkraftwerke im Ort, darunter auch der Bürgermeister höchstpersönlich.
Den Schraubenschlüssel in der einen Hand, die Taschenlampe in der anderen, bückt sich Zengerle über seine Turbine. „Endlich läuft sie wieder“, freut er sich, „der April war viel zu trocken. Fast jeden Tag schaut er in dem stillgelegten Sägewerk vorbei. Heute lässt der Regen des Sturmtiefs die Anlage sausen. Früher brachte der Dorfbach eine Säge in Schwung, inzwischen treibt er einen Generator des Bürgermeisters an. Die Messgeräte zeigen sechs Kilowatt Leistung. Knapp zehn Cent erhält der Bürgermeister für jede Kilowattstunde Strom, die er ins Netz einspeist. Nur wenige Euro am Tag wirft die Anlage ab. Aber das ist zweitrangig. Technik ist für den Bürgermeister Liebhaberei, und seit er seine Turbine einmal zerlegt und wieder zusammengebaut hat, ist er ihr verfallen.
Doch der Ausbau regenerativer Energien war schon immer mehr als ein Hobby von Arno Zengerle. „Wir müssen uns überlegen, was wir unseren Kindern hinterlassen wollen“, hat Zengerle seine Gemeinderäte schon 1999 ermahnt und sich mit ihnen für ein Wochenende in ein ehemaliges Benediktinerkloster zurückgezogen. Die Räte ließen sich auf die Klausur ein und entschieden sich dort für mehr Basisdemokratie. Bürgerinnen und Bürger sollten sagen, was sie wollen. Drei DIN-A4-Bögen umfasste die anonyme Umfrage, die in die Briefkästen gesteckt wurde. Sie reichte von der Bewertung des öffentlichen Personennahverkehrs bis zum Gestaltungsvorschlag für den Ortskern. Auch die Meinung zu zwei geplanten Windkraftanlagen wurde erfragt: 92 Prozent befürworteten den Bau. Aus den Wünschen formte ein Arbeitskreis aus Bürgerinnen und Bürgern zusammen mit einem Dorfplaner einen Rahmenplan, der vom Gemeinderat anschließend beschlossen wurde. Die neue Marschroute fürs Dorf stand fest.
Darauf hatte der Bürgermeister gewartet, er konnte loslegen. „Wir haben viel Holz in Bayern“, sagte Zengerle und warb so für den Bau einer eigenen mit Pellets befeuerten Dorfheizung. Es brauchte nicht viele Worte, sondern einen guten Geschäftsplan. Das war das beste Argument. Die Anlage kostete eine halbe Million Euro und spart fast 150.000 Liter Heizöl und 470 Tonnen Kohlendioxid im Jahr ein. Das erzählt Sigmund Hartmann jedem, der ihn im Heizkeller unterm Dorfsaal besucht.

Energiesünder wurden bei einem Ballonflug enttarnt.

Die Anlage ist sein ganzer Stolz, das sieht man ihm an. Der 66-jährige pensionierte Stahlgießer hat sie sogar selbst mitfinanziert. Die Heizung pumpt Wärme in die unterirdischen Rohre, die im Rathaus und in der Sporthalle enden. Schön warm haben es die Kirchgängerinnen und Kirchgänger und schön warm hat es auch die Familie Hartmann in ihrem Haus. 19 öffentliche und private Gebäude sind an das kleine Nahwärmenetz angeschlossen. „Als Gemeinschaftsprojekt rechnet sich das“, weiß der Hüter der Heizung, der sowieso in eine neue Anlage hätte investieren müssen und nun jährlich rund 300 Euro spart. Wie viele im Ort hat auch er eine thermische Solaranlage auf dem Dach – für das Heißwasser. Der Abschied vom Öl war den Hartmanns wichtig. Erstens, weil es dann nicht mehr so stinkt im Keller, zweitens, weil es billiger ist, und drittens: „Weil Straubing näher ist als Saudi-Ara-

Holzkiste mit Sparheizung: Thomas Knecht hat das erste und bislang einzige Passivhaus in Wildpoldsried gebaut. Für die anderen im Dorf organisiert er seit Jahren Sammeleinkäufe für Solar- und Fotovoltaik-Anlagen.

bien", sagt Sigmund Hartmann. Per Lastwagen werden die Pellets angeliefert, alle drei bis sechs Wochen eine 25-Tonnen-Ladung. Straubing liegt 250 Kilometer entfernt – zum Glück will der Biomassehof im zehn Kilometer entfernten Kempten ebenfalls eine Pelletieranlage bauen. Wenn sie fertig ist, werden auch die Wildpoldsrieder Pellets aus dem Allgäu verfeuern – falls es sich rechnet. „Sicherlich werden die Pellets aus Kempten für uns billiger sein, weil keine Transportkosten mehr anfallen", freut sich Bürgermeister Zengerle.

Die High-Tech-Heizung spricht bayerisch – wie die Menschen, die sie gebaut haben. Wenn sie kränkelt, ruft sie automatisch bei Sigmund Hartmann zu Hause an, tagsüber oder mitten in der Nacht. „Holzkessel, Vorlauf stimmt nicht", sagt eine Tonbandstimme in Mundart. Dann zieht sich Hartmann seine Jacke über, hofft, dass seine Frau gleich wieder einschläft, und geht die zwei Minuten hinüber zum Patienten. Meistens reichen ein, zwei Eingaben auf dem Display, dann ist alles wieder heil. Gefroren hat im Dorf mit der neuen Anlage noch keiner.

Wildpoldsried ist inzwischen weit über die Region hinaus bekannt, die Einträge im Goldenen Buch der Gemeinde beweisen es: Aus Japan und vom Bodensee, von den Grünen und aus den Reihen der CSU-Parteifreunde kommen diejenigen, die sich vom Energiedorf etwas abschauen wollen. Gerne erzählt der Bürgermeister den Gästen die Geschichte, wie er auf ungewöhnliche Weise für Altbausanierung warb.

Erholung am Rand des Abwassers: Bürgermeister Arno Zengerle sitzt inmitten seiner als Naherholungsgebiet angelegten Pflanzenkläranlage. Der Verwaltungschef liebt ungewöhnliche Projekte und hat eine gute Nase für Fördertöpfe.

Vom Heißluftballon aus wurde mitten im Winter ein Film gedreht. Hauptdarsteller waren die Dächer. Lag noch Schnee drauf, stimmte die Dämmung, war das Weiß schon geschmolzen, hieß das für den Hausbesitzer: Hier wird zum Dach hinaus geheizt. Die Altbauten als Energieschleuder sind nicht nur in Wildpoldsried ein großes Problem. Ihr Heizölverbrauch liegt bei 20 und 25 Litern pro Quadratmeter Wohnfläche im Jahr. Das lässt sich durch moderne Technik bei Dämmung, Lüftung und Heizung drosseln – auf drei Liter oder noch weniger. Eine Investition, die sich bei steigenden Heizölpreisen langfristig auszahlt.

„Es gibt nicht den einen Weg beim Klimaschutz", sagt Zengerle und blättert in seinem Rathausbüro in einem dicken Stapel Papier, einem Katalog mit Einzelbeispielen aus vielen Ländern. „Wir lernen von den anderen." Soll man nachts die Straßenlampen abschalten? Lässt sich aus dem Abwasser von Industrieanlagen Wärme gewinnen? Den Katalog hat Zengerle vom Energie- und Umweltzentrum Allgäu (eza!) mit Sitz in Kempten, das die Gemeinde seit Jahren begleitet. Die Berater geben Tipps, decken Schwachstellen auf. Und sie spornen die Wildpoldsrieder an, ihr kommunales Energiemanagement zu verbessern.

Das klingt kompliziert, ist aber denkbar einfach. Mitarbeiter der Gemeinde haben monatlich den Verbrauch von Heizöl, Strom und Wasser in Kindergarten, Schule, Rathaus und Feuerwehr kontrolliert. Stromfresser fielen beim Ablesen der Messgeräte schnell auf: Im Kindergarten standen die Boiler auf

Ein Dorf wird ignoriert: Noch lässt der Zug auf der Strecke München – Kempten Wildpoldsried links liegen. Bürgermeister Zengerle will, dass er wieder hält.

Maximum, eine vermeidbare Energieverschwendung. Bei der Feuerwehr lief die Heizung wegen eines undichten Ventils auch im Sommer. Das hatte keiner bemerkt. Nicht nur die Datenerfassung, auch die Schulung der Hausmeisterin und eine optimale Einstellung der Anlagen sind Teil des Energiemanagements, das sich für Wildpoldsried ausgezahlt hat. Das Dorf sparte während der zweieinhalb Jahre Projektlaufzeit 6.300 Euro. Zengerle beweist es gern mit dem Solarrechner aus der Schreibtischschublade.

Am Abend zuvor hat er sich mit dem neuen Energieteam der Gemeinde getroffen. Da sitzen nach Feierabend der Windpapst, Landwirte, eine Baubiologin, ein Fachinformatiker und eine Verwaltungsangestellte zusammen im Rathaus. Sie schreiben mithilfe einer Checkliste auf, was ihr Dorf bisher erreicht hat. Wie viel Strom, Heizöl, Kraftstoff wird im Ort verbraucht? Wie viel wird erzeugt? Wie sieht es mit dem öffentlichen Nahverkehr aus, wie mit dem Radwegenetz? Ist der Klimaschutz in der Bauleitplanung verankert?

Mit Vorschriften und erhobenem Zeigefinger arbeitet der Bürgermeister ungern. Er wolle aber mit den privaten Energiedaten seines Fünf-Personen-Haushaltes aufzeigen, dass ein ehemals hoher Verbrauch durch gezielte Einsparmaßnahmen ohne Verlust von Wohn- und Lebensqualität deutlich gesenkt werden kann und sucht hierzu auch weitere Musterfamilien, so seine neueste Idee. Vom Wäschetrockner bis zur Glühbirne wird alles notiert. Mit der Hilfe eines Beraters wird dann nach Einsparpotenzialen gesucht.

Ein solches ist beim Bürgermeister schnell zu finden: sein dicker BMW oder eines seiner Motorräder. Ein Fahrrad dagegen besitzt er nicht. Darauf angesprochen weicht der Fan schneller Gefährte aus. Nein, ein kleines Drei-Liter-Auto komme für ihn nicht in Frage, wenigstens fahre er einen „sparsamen Diesel", wie er sagt: „Der braucht nur acht Liter auf hundert Kilometer – das ist doch gut für so einen großen Wagen." Und einer seiner größten Wünsche sei eine Regionalbahn, die in Wildpoldsried hält. Die Gleise und das Grundstück für eine Haltestelle sind zwar vorhanden, aber bisher lässt der Zug auf der Strecke München – Kempten das Ökodorf links liegen. Viele fahren mit dem Auto zur Arbeit.

Am Abend hat sich der Sturm über Wildpoldsried gelegt, die Windräder von Wendelin Einsiedler laufen wieder ohne Störung. „Wir könnten mit Windkraftanlagen den gesamten Strombedarf des Allgäus decken", sagt der Windbauer. Zwei neue Zwei-Megawatt-Anlagen lässt er gerade aufstellen und im Kopf hat er schon ein paar weitere. Soll man denn das ganze Allgäu mit Windrädern zustellen? Einsiedler hätte da nichts dagegen. Aber er weiß auch, dass Umwelt- und Landschaftsschützer das ganz anders sehen und lieber weniger Energie verbraucht als mehr Kraftwerke gebaut haben wollen.

Im Grunde gibt er ihnen recht: „Klimaschutz fängt beim Energiesparen an." Seinem Haus hat der Windpapst längst einen Vollwärmeschutz verpasst, die stromfressenden Lampen durch sparsame ersetzt, und er zieht lieber einen dicken Wollpulli an, als die Heizung höher zu drehen. Aber für alle Energie, die man trotzdem braucht, hätte er gerne viele neue Windräder.

Autorin: Christine Keck
Fotograf: Heinz Heiss

Sanft durchs Tal gleiten: 82 Minuten braucht die Vinschgerbahn von Meran hinauf nach Mals.

02 Vinschgau, Südtirol Italien

Zurück in die Zukunft mit der Vinschgerbahn

Zunächst wollten weder die Behörden noch der Großteil der Bürger die Vinschgerbahn. Nur eine Handvoll Umweltschützer kämpfte dafür. Heute ist die Südtiroler Zugverbindung ein von allen geschätztes Erfolgsmodell.

Meran, auf dem Bahnhof. An Gleis eins steht Ingenieur Helmuth Moroder und blickt auf die Uhr. „Dreizehn Uhr fünfzehn", murmelt der 46-Jährige und faltet den Streckenplan auseinander, der mit seinem Liniengewirr einem komplizierten Schnittmuster gleicht. Eine der vielen gezackten Linien führt bis zum Bahnhof Meran, wo gleich der Zug aus Bozen eintreffen und Richtung Mals weiterfahren wird. Auf die Minute pünktlich. „Das ist wichtig!", sagt Moroder. „Die Leute hier stellen inzwischen die Uhr nach unserer Bahn!" Das will etwas heißen in Italien, wo es mit der Pünktlichkeit des Zugverkehrs nicht eben weit her ist. Moroder blickt noch einmal auf die Uhr: Dreizehn Uhr sechzehn, die im Fahrplan angegebene Ankunftszeit. Der windschnittige Zug gleitet in den Bahnhof. Ein nagelneues, komfortables Schmuckstück mit Panoramafenstern und regenbogenbunten Streifen am Dach. Zur Mittagszeit ist es bis auf den letzten Platz mit Pendlern, Schülern und Touristen besetzt.

„Wir haben mit acht solchen Zügen angefangen und mussten bald vier nachkaufen", erzählt Moroder. „Aber die reichen immer noch nicht, obwohl in jeden mehr als zweihundert Fahrgäste passen." Mit diesem Erfolg hatten selbst die größten Optimisten nicht gerechnet. „Wir hatten auf anderthalb Millionen Fahrgäste pro Jahr gehofft und das nach einer Anlaufzeit von fünf Jahren." Bereits im Jahr 2007, im dritten Jahr ihres Bestehens, wurden die Prognosen mit zwei Mil-

„Der Vinschgau ist zu meiner zweiten Heimat geworden“: Projektleiter Helmuth Moroder kennt jeden Meter entlang der Bahnlinie.

lionen Fahrgästen weit übertroffen. Täglich steigen 450 Menschen aus dem Tal in den Zug, die vor der Wiedereröffnung der Vinschgerbahn mit dem Auto gefahren sind – durchschnittlich 25 Kilometer am Tag. Das macht pro Jahr vier Millionen Autokilometer weniger. Und rund tausend Tonnen weniger Kohlendioxid in der Luft. Moroder faltet den Plan wieder zusammen, auf dem sich sein Werk der vergangenen acht Jahre nachvollziehen lässt, und fasst das Ergebnis in drei Worten zusammen: „Zugfahren ist in!“

„Hätte es eine Volksabstimmung gegeben, wäre eine große Mehrheit gegen die Bahn gewesen.“

Hätte es um das Jahr 2000 herum, als Moroder mit seiner Arbeit als Projektleiter begann, eine Volksabstimmung gegeben, „wäre die große Mehrheit im Tal gegen unser Bahnprojekt gewesen“, versichert er. Mit Schaudern erinnerten sich die Vinschger an die rostfarbenen Waggons der Eisenbahnlinie „Littorina“, die jahrzehntelang den Vinschgau hinaufgezuckelt waren, den westlichen Teil Südtirols. Großer Staat war mit der regionalen Linie nie zu machen. Das endgültige Aus kam 1991. Da war die Littorina so unpünktlich, schmutzig und klapprig geworden, dass keiner mehr einsteigen wollte und die italienische Staatsbahn den Betrieb einstellte. Damals wurde das gesamte Streckennetz ausgedünnt. „Nur die Hauptlinien blieben, die dürren Äste wurden abgeschnitten.“ Der Vinschgau war so ein dürrer Ast. Städte und Gemeinden wollten, dass ins Straßennetz investiert wird. „Zugfahren war out“, sagt Helmuth Moroder.
Was ist in diesen paar Jahren zwischen „out“ und „in“ geschehen? Die neue Vinschgerbahn, die im Mai 2005 zum ersten Mal über eine Höhendifferenz von siebenhundert Metern nach Mals hinaufkletterte, ist schließlich alles andere als ein Wunschkind der Bevölkerung und der Behörden. Im Gegenteil, die Initiatoren hatten jahrzehntelang für ihr Projekt kämpfen müssen. Dass es ihnen gelang, sich gegen die Widerstände der Instanzen durchzusetzen, könnte als Schulbeispiel in die Geschichte des Umweltschutzes eingehen und dient inzwischen als Vorbild für ähnliche Projekte im Alpenraum und anderswo.
Die Fahrt mit dem Auto durch den Vinschgau ist vor allem während der Hauptreisezeit im Sommer häufig ein einziges „Stop and Go“, die Menschen in den Dörfern leiden unter den Abgasen und der Lärmbelastung. Dass der Autoverkehr erheblich höhere Emissionen verursacht, war ein gewichtiges Argument für die Wiederbelebung der Bahn. Ihre Befürworter konnten sich zudem auf eine Entwicklung berufen, die sich auch in der Nachbarschaft erkennen ließ. So ist es in der Schweiz in den vergangenen fünfzehn Jahren gelungen, die Kapazitäten im Bahnverkehr um rund 30 Prozent zu erhöhen, indem man das Bahnnetz dichter knüpfte und mehr regelmäßige Verbindungen einführte. Nach Zahlen des Schweizer Bundesamtes für Statistik blieb die Distanz, die ein Einwohner pro Jahr im Auto zurücklegt, zwischen 2000 und 2005 gleich. Die Zahl der in der Bahn zurückgelegten Kilometer dagegen stieg im selben Zeitraum um 19 Prozent. Auch wenn im Vinschgau alles ein paar Nummern kleiner ist, die Methode ist dieselbe: Die Regionalbahn verkehrt von halb sechs in der Früh bis um halb zehn am Abend im Stundentakt, zu den Stoßzeiten sogar im Halbstundentakt.
Hundertfünfzehn Millionen Euro hat es gekostet, die Bahn auf den aktuellsten technischen Stand zu bringen, der Sicherheit und Verlässlichkeit garantiert – eine vergleichbare Summe kostete allein die Umgehungsstraße des Vinschgau-Ortes Naturns. Die Bahn besitzt in der Meraner Leitzentrale ein elektronisches Stellwerk, das alle Weichen, Schranken an Bahnübergängen und Signale steuert. Das Zugleitsystem überwacht automatisch die Geschwindigkeit und besitzt ein automatisches Stopp-System, falls einer der 20 Lokführer aus irgendeinem Grund einmal ausfallen

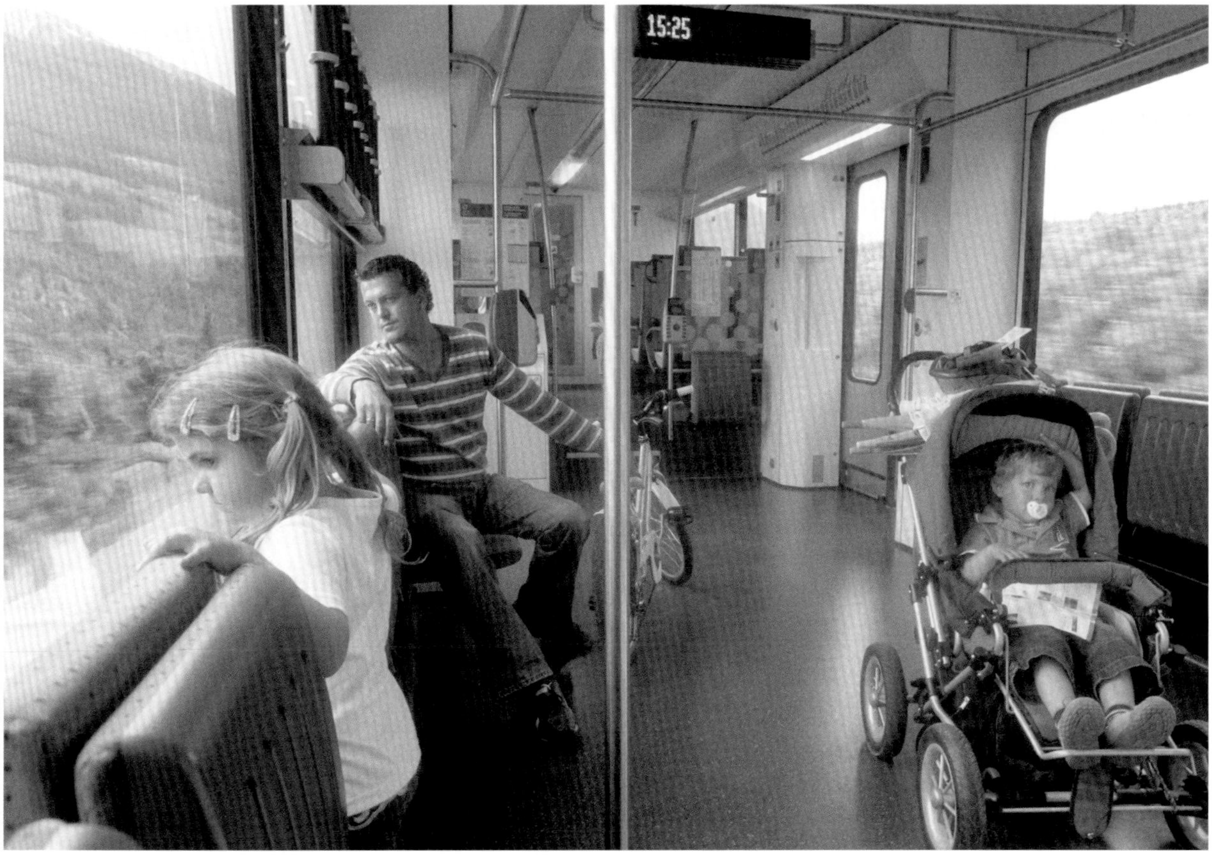

Blick durchs Panoramafenster: Manche Touristen lösen eine Tageskarte und fahren die Strecke entlang der Etsch gleich mehrfach ab.

würde. „Der Zug kommuniziert mit den Gleisen", erklärt Moroder und steigt in „seine" Bahn. Sie wird auf der Fahrt nach Mals in 82 Minuten sechzig Kilometer zurücklegen und an jedem der siebzehn Bahnhöfe exakt eine halbe Minute halten. Alle zwei Stunden lässt sie fünf kleinere Haltestellen aus und verkürzt damit die Fahrzeit auf 68 Minuten. All das für einen Preis von vier Euro. Billiger und bequemer geht's nicht.

So sehen es inzwischen auch die Vinschger. Und die Touristen und Touristinnen, die immer öfters in die modernen Züge steigen. „Man gleitet einfach so dahin", schwärmt eine ältere Frau aus dem benachbarten Pustertal, die mit ihrem Mann in Mals Fahrräder ausleihen und den Rückweg talabwärts radeln wird.

Nahezu geräuschlos schraubt sich die Bahn in einer steilen S-Kurve hinauf in die Gemeinden Algund und Marling, quert die ersten Brücken, duckt sich durch drei Tunnel und schenkt den Reisenden einen Blick auf die Kurstadt Meran im Tal. Für Moroder hat jeder Tunnel eine besondere Bedeutung: Der Tunnel vor Töll etwa war in einem so schlechten Zustand, dass man um das gesamte Bahnvorhaben fürchten musste. „Wir haben ihn komplett saniert", sagt er, „aber wir können hier höchstens siebzig Stundenkilometer fahren. Andernfalls hätte man Zug und Gleise neigen müssen, und dafür wäre kein Platz gewesen." Tatsächlich gibt es nur wenige Zentimeter Luft zwischen Zugdach und Tunnel.

Der Vinschgau ist für Moroder, der in Bozen lebt, in den vergangenen Jahren zur zweiten Heimat geworden. Er kennt jeden Streckenmeter, jede Gemeinde, jeden Bürgermeister, die meisten Vereine und Ver-

Der Trumpf liegt auf dem Tisch: Rentner beim Kartenspielen im Bahnhofscafé in Mals; aus dem einstigen Ende einer Sackgasse ist ein Verkehrsknotenpunkt geworden.

bände. Denn als politisch bereits entschieden war, dass die Bahn wiederbelebt werden sollte, wollten viele Bürgerinnen und Bürger im Tal sie nicht haben. Sie mussten erst vom praktischen und ökologischen Nutzen überzeugt werden und sollten dann das gute Stück entsprechend stark frequentieren.

Geld spielte bei dem Vorhaben eine untergeordnete Rolle. Südtirol war durch die Autonomie eine wohlhabende Provinz geworden: Neunzig Prozent der Steuergelder kommen in die Provinz zurück. Aus der bäuerlichen Struktur hatte sich in den Siebziger- und Achtzigerjahren ein Landstrich entwickelt, der mit Tourismus und mit seinen Obstplantagen, die kilometerweit den Zug begleiten, gut verdient. „Die Bahn ist gerade für Touristen eine echte Attraktion," schwärmt Moroder, Mitglied der Grünen und früher Berater von Reinhold Messner, als der Bergsteiger noch für Italien im Europaparlament saß.

„Dort oben, auf der anderen Seite der Etsch, ist seine Burg", erklärt Moroder und zeigt auf Messners Sommersitz gegenüber dem Bahnhof Staben. Hat sich der Bergfex denn für die Bahn eingesetzt? „Nicht wirklich. Er schlug vor, einen Fahrradweg auf die Trasse zu legen."

Der Bahnhof in Staben ist, wie alle siebzehn Bahnhöfe im Vinschgau, ein Fachwerkbau, der mit Walmdach, Giebel, Jugendstildekorationen und hölzernen Veranden an ein Landhaus erinnert. Der Vinschger Architekt Walter Dietl hat die funktionale Stahl- und Holzkonstruktion der Haltestellen gestaltet. „Unsere

Bahnsteige sind überdies komplett behindertengerecht", sagt Moroder und deutet auf Holzleisten, die den Spalt zwischen Bahn und Bahnsteig verringern, so dass selbst elektronisch betriebene Rollstühle mit kleinen Rädern leicht in die Bahn fahren können. „Das war nicht einmal teurer; wir haben ja ohnehin alles neu angelegt." Die Vinschgerbahn sei heute „die einzige lückenlos behindertengerecht angelegte Bahnstrecke in Europa."

„Wir wollten nicht einsehen, dass alles Geld in den Ausbau des Straßennetzes fließt."

Zwischenstation in Schlanders, wo der Lehrer Heinrich Zoderer lebt, der über zehn Jahre lang Vorsitzender der Umweltschutzgruppe Vinschgau war. „Ohne die Gruppe und Heinrich Zoderer gäbe es die Bahn nicht", sagt Moroder. Die Gruppe hatte Mitte der Neunzigerjahre 250 Mitglieder, viele von ihnen kämpften aktiv für den Erhalt der Bahn. Fünfzehn Jahre lang. „Wir wollten nicht einsehen, dass alles Geld in den Ausbau des Straßennetzes fließt", sagt Zoderer, während er am Küchentisch in alten Zeitungsartikeln blättert. „Ich bin als junger Kerl mit dem alten Zug zur Oberschule in Meran gefahren. Das war damals etwas für die einfachen Leute, für Kinder und Alte. Die Fahrt war billig." Schon ihnen zuliebe war es dem 49-Jährigen wichtig, die Bahn zu retten.

Am Anfang aber sah es so aus, als ob die Trasse für immer stillgelegt würde. Unter den Gemeindevorstehern des Vinschgau vermisste keiner die alte Littorina. Nicht einmal der Bürgermeister von Mals, Josef Noggler. Seine Gemeinde von 5.000 Einwohnern lag abgeschnitten weit oben im Tal auf 1.050 Metern und hätte eine Bahnverbindung gut brauchen können. „Aber ich glaubte damals nicht an einen Erfolg", gibt der Bürgermeister zu. „Wir wurden mitleidig belächelt", erinnert sich Zoderer. Irgendwann aber wurden sie ernstgenommen. Warum? „Das war knochenharte, beharrliche Arbeit, die schon begann, als die Bahn noch fuhr." Bereits Ende der Achtzigerjahre tippte Zoderer auf seiner alten Schreibmaschine ein Konzept, wie die Linie funktionieren könnte. Ein Zug nach letztem Stand der Technik sollte es sein, der zuverlässig im Stundentakt verkehren würde. „Damit bin ich von Bürgermeister zu Bürgermeister. Die wiegten andächtig den Kopf und meinten, mein Engagement sei ja ganz nett, aber helfen werde es nicht." Das folgende Jahrzehnt hat Heinrich Zoderer in zwölf Ordnern festgehalten. „Nur das Wichtigste; der große Rest ist in Kisten im Keller." Es sind Presseartikel, öffentliche Briefe an Politiker, Statistiken über die Verkehrsentwicklung, Statements von Vereinen und Verbänden, Schreiben an die Verwaltungen. Zoderer und seine Handvoll Männer und Frauen reisten mehrmals nach Österreich, um sich Bahnen anzuschauen, die privat betrieben wurden, funktionierten und sich sogar rentierten. „Wir wollten keine Nostalgie auf Schienen, wir suchten ein modernes, ökologisches Verkehrskonzept." Sie führten hunderte Gespräche, zettelten einen Ideenwettbewerb an und organisierten eine Ausstellung, die über die Dörfer ging und für das Projekt warb. „Wir ließen uns ständig etwas Neues einfallen, damit das Thema in die Presse kommt und nicht vergessen wird – alles ehrenamtlich."

Nach zehn Jahren pausenloser Aktionen war Zoderer am Ende seiner Kräfte. „Ich dachte schon, bald ist die Trasse ein Fall für den Naturschutz, weil dort meterhohe Bäume wuchsen", scherzt er. Doch kurz darauf konnten die Umweltschützer jubeln: Nach unzähligen Eingaben entschied die Regierung in Bozen, die Linie im Sinne der Initiatoren zu sanieren. Überraschend? Zoderer meint heute, dass die Gesetze der Politik diese Entscheidung opportun machten: Die Regierung sprach sich für einen Flughafen in Bozen und den Straßenausbau zwischen Meran und der Landeshauptstadt aus, da machte sich

Neuer Zug auf alter Brücke: Kurz vor der Einfahrt nach Schlanders, im von Aprikosen- und Apfelbäumen umsäumten Göflan, überquert die Vinschgerbahn die Etsch.

das ökologisch sinnvolle Projekt Vinschgerbahn als Gegengewicht gut.

Das italienische Transportministerium hatte die Linie bereits dem Land Südtirol übergeben, und das wiederum beauftragte die landeseigene Gesellschaft Südtiroler Transportstrukturen AG (STA) mit sämtlichen Aufgaben der Wiederinbetriebnahme. „Die stellten mich 2000 ein", berichtet Moroder, der von Haus aus Bauingenieuer ist. Im Eisenbahnbau hatte er keine Erfahrung. „Aber als Umweltaktivist hatte ich mich seit jeher für öffentliche Verkehrsmittel eingesetzt, und da dachten sie wohl, ich kenne mich aus."

Er hatte zumindest genaue Vorstellungen von dem, was er wollte: „Hohen Fahrkomfort, neue, moderne Züge, niedrige Betriebskosten, wenig Personal." Kosten: mindestens 100 Millionen Euro. Die Landesregierung stimmte zu und schluckte sogar die acht Millionen Euro Betriebskosten pro Jahr, von denen die Fahrgäste nach ersten Rechnungen nur drei Millionen einbringen würden.

Fünf Jahre dauerte die Bauzeit, dann standen 13 Unterführungen, 70 Brücken und drei Tunnel. 54 der 85 alten Bahnübergänge musste Moroder schließen lassen. „Das waren zähe Verhandlungen mit Bürgermeistern und Bauern." Dafür wurden Geh- und Radwege entlang der Gleise angelegt, mit einfachen, stabilen Holzzäunen, wie sie fürs Tal typisch sind. „Oft bin ich abends nochmal rausgefahren, weil sich Bauern beschwert haben." Ein Bagger hatte ein paar Apfelbäume verletzt, ein Kran stand seit einer Woche auf einem Feld, das bestellt werden musste, ein Brückenbau blockierte den Verkehr. 90 Bauern musste Moroder Land abschwatzen, das er für Radwege brauchte. „Wenn einer nein gesagt hätte, hätte uns das monatelang beschäftigt."

In Mals ist Endstation. Hier steht die alte Remise, die der Architekt Walter Dietl der neuen Bahn angepasst hat: Die Waschanlage und die fünfzackige Drehscheibe, auf der früher die Loks wenden konnten. Jugendliche tummeln sich auf der dort eingerichteten Skaterbahn, Kinder auf dem Spielplatz, im Bahnhofscafé spielen vier Rentner Karten. Bürgermeister Josef Noggler, seit 2000 Präsident der Bezirksgemeinschaft Vinschgau, in der 36.000 Menschen leben, und ursprünglich ein Skeptiker der Bahn, ist heute glücklich. Grund genug hat er: „Aus Mals ist ein Verkehrsknotenpunkt im Dreiländereck geworden." Die Schweizer Postbusse pendeln nun zwischen Mals und dem Engadin und schließen die Vinschgerbahn an das Netz der Rhätischen Bahn und dadurch auch an die Schweizerischen Bundesbahnen (SBB) an. Bald wird es eine ähnliche Busverbindung zwischen Mals und Landeck in Österreich geben.

Auch in den Nachbartälern hat man inzwischen gemerkt, dass Bahnfahren in ist. „Im Pustertal wollen sie ihre Bahnstrecke jetzt auch sanieren", weiß Moroder. Und zwischen Kaltern und Bozen ist die Wiederbelebung einer alten Stichbahn im Gespräch: Die Vinschgerbahn hat den Bürgerinnen und Bürgern Südtirols gezeigt, dass die Schiene eine ernsthafte Alternative zur Straße ist. Die Vinschgerbahn transportiert zweieinhalb Mal so viele Fahrgäste wie vorher die Busse auf dieser Strecke. „Ich kenne eine ganze Reihe von Einheimischen, die ihren Zweitwagen verkauft haben", sagt Moroder.

Er blickt auf die Uhr: 17.32 Uhr. Noch drei Minuten bis zum nächsten Zug. Er wird pünktlich kommen.

Autorin: Uschi Entenmann
Fotograf: Uli Reinhardt

Auberginen für die Amapiens: Bauern bauen Biogemüse auf Bestellung von Städtern an.

03 Grenoble, Isère
Frankreich

Erdbeeren à la Chartreuse

Rund um Grenoble haben sich Biobauern und Verbraucher zusammengeschlossen. Ihre Landwirtschaftsvereine wachsen schneller als das Obst am westlichen Rand der Alpen.

Frédéric Cottave geht in die tiefe Hocke. Vorsichtig knüpft er eine Schnur an einen zartgrünen Setzling. Der ist gerade einmal 30 Zentimeter hoch und soll dem Seil entlang in die Höhe wachsen. Das andere Ende ist am Dach des Gewächshauses befestigt. In zwei Monaten will Cottave Tomaten ernten. Er schwitzt in kurzer Hose und Muskelshirt, auf dem Kopf eine Baseballkappe von der Freiwilligen Feuerwehr. In einer Reihe sind gut 100 Setzlinge gepflanzt, sieben Reihen nebeneinander, pro Gewächshaus macht das mindestens 700 Schnüre.

„Meine Frau hat mich gefragt: Warum lebst du deinen Traum nicht?", erzählt Cottave. Er wirkt auch in der Hocke entspannt, und trotz der eintönigen Handarbeit sieht sein schmales Gesicht zufrieden aus. Er ist 30 Jahre alt und hat sich in seinem ersten Leben als Techniker um Alarmanlagen und Haushaltselektronik gekümmert. Doch die Arbeitszeiten im Job waren so lang, dass er seine Frau kaum noch sah. Cottave krempelte sein Leben um: Er machte das landwirtschaftliche Fachabitur, absolvierte ein Praktikum und begann im Winter 2005 als selbstständiger Gemüsebauer. Mittlerweile bewirtschaftet er mehr als drei Hektar. In St. Cassien, einem Dorf am westlichen Rand der Alpen, 30 Kilometer nördlich von Grenoble, baut er vier Dutzend Sorten Gemüse und Kräuter an. Im April 2007 bekam der Landwirt das Zertifikat als anerkannter Biobetrieb.

Beim Start in seine neue Existenz half ihm ein glücklicher Umstand: In Grenoble wurde 2004 die erste AMAP gegründet. Diese Abkürzung steht für „Association pour le maintien d'une agriculture paysanne"

Im Kreis der Kunden: Bauer Philippe Cottave hat sein Biogemüse in ein Öko-Café in Grenoble gebracht und plaudert mit seinen Abnehmern.

Das Gemüse kommt direkt vom Feld in die Stadt: Eine Amapienne holt am Nachmittag in Grenoble Radieschen aus ihrer Biokiste, die am Morgen geerntet worden sind.

(Vereinigung zum Erhalt der bäuerlichen Landwirtschaft). Eine AMAP hat im Schnitt zwei Dutzend Konsumenten als Mitglieder, die einen Vertrag mit einem Bauern schließen. Der liefert wöchentlich jedem Amapien (so nennen sich die Mitglieder) einen Korb mit frisch erzeugten Produkten. Ein Korb kostet im Schnitt dreizehn Euro, bezahlt wird für die ganze Saison im Voraus. Dazu kommt ein jährlicher Mitgliedsbeitrag von fünf Euro für die Koordinationsstelle, die damit den Aufbau neuer AMAPs rund um Grenoble vorantreibt.

Der Landwirt Daniel Vuillon gründete 1992 in Südfrankreich die erste AMAP Frankreichs. Wie alle seither gegründeten AMAPs fördert sie eine nachhaltige und biologische bäuerliche Landwirtschaft. Und sie soll wirtschaftlich rentabel sein. Durch möglichst kurze Wege vom Erzeuger zum Verbraucher soll der Transport der Waren umweltverträglich gestaltet werden. Rund um Grenoble, im Département Isère, gibt es mittlerweile 26 solcher Konsumentengruppen. Rund 600 Teilnehmerinnen und Teilnehmer haben ein Abonnement mit etwa 40 Bauern geschlossen. Diese liefern hauptsächlich Obst und Gemüse, aber auch Brot, Fleisch und Milchprodukte. 80 Prozent von ihnen arbeiten biologisch. Beliefert ein Landwirt zwei AMAPs, sind bereits 80 Prozent seines Einkommens gesichert.

Wenn Cottave die Muße hat, aus dem Gewächshaus zu schauen, sieht er das Massiv der Chartreuse: Sattgrüne Wälder wechseln sich mit senkrechten Felswänden ab, an der Kammlinie türmt sich der Kalkstein zu bizarren Zacken. Hinter den sechs Gewächshäusern

Schwein gehabt: Hugues Berthet arbeitet auf einer verlässlichen Grundlage. Die AMAPs in Grenoble nehmen ihm einen großen Teil seiner Würste und Pasteten ab.

steht sein Elternhaus. Sein Großvater hat auf diesen Feldern Obst angebaut. Als er starb, wollte Frédérics Vater den Betrieb nicht weiterführen. Er hackte die Bäume ab und pflanzte Mais. Denn Mais macht so wenig Arbeit, dass sich die auch nach Feierabend noch erledigen lässt. Frédéric nahm die unterbrochene Tradition der Vollerwerbs-Landwirtschaft wieder auf. Aber er entschied sich gegen den Obstbau, weil der ihm zu riskant erschien: Ein Hagelsturm zur falschen Zeit kann die Ernte einer ganzen Saison vernichten.

Doch auch mit dem Gemüse ging nicht alles glatt. Frédéric Cottave zeigt auf den Stumpf eines blauen Plastikrohrs, das hinter den Gewächshäusern aus dem Boden ragt. Dort wollte er das Grundwasser anzapfen, doch die Bohrung misslang beim ersten Versuch, so dass der Neubauer im Frühjahr 2005 seine Felder nicht wie geplant über eine Pumpe bewässern konnte. Da zeigte sich, dass der soziale Kontakt bei den Konsumentenvereinen nicht bloß ein schöner Gedanke von Romantikern ist. „Ein paar Amapiens sind gekommen und haben mir geholfen, das Gemüse zu gießen", sagt Cottave. Mit Eimer und Gießkanne machten sie in Handarbeit, was mittlerweile die schwarzen Schläuche eines automatischen Bewässerungssystems erledigen.

Ein Ziel der Landwirtschaftsvereine ist es, ein neues Band zu knüpfen zwischen Stadt und Land. Die Konsumentinnen und Konsumenten haben die Möglichkeit, direkt mit dem Bauern zu reden. Und der liefert nicht in einem unpersönlichen Geschäft an den Großhändler, sondern bekommt Rückmeldung und Bestätigung für seine Arbeit durch die Verbrau-

Dicke Luft im Tal: Grenoble ist mit 158.000 Einwohnern die größte Stadt der Alpen; über dem Ballungsraum hängt oft Smog.

cher. Die AMAPs organisieren auch Besuche auf dem Bauernhof. Dort sehen die Mitglieder, wie Tomaten angebaut oder Kühe gemolken werden. Und sie verstehen, dass Bioproduktion ihren Preis hat: Nach der Statistik gibt ein Amapien im Département Isère mehr Geld für Lebensmittel aus als der gewöhnliche Franzose. Ein Amapien ist in der Regel Mitte dreißig, arbeitet in einem sozialen oder medizinischen Beruf, dazu kommt eine ungewöhnlich große Zahl an Ingenieuren.

Dass letztere Berufsgruppe so stark vertreten ist, mag an der Gegend liegen: Das breite Tal, das die Isère zwischen das Massiv der Chartreuse und die Gebirgskette Belledonne gegraben hat, nennen sie auch das „Silicon Valley". Hier haben sich Betriebe der Mikroelektronik und Informationstechnologie angesiedelt, dazu forscht die Universität Grenoble auf dem Gebiet der Nanotechnologie. Straßen und Autobahnen prägen dieses Alpental, im Osten ragen die Retorten-Silos einer Skistation in den Himmel. Grenoble, 1968 Austragungsort der Olympischen Winterspiele, ist mit 158.000 Einwohnern die größte Stadt der Alpen. Über dem Ballungszentrum ist die Luft oft diesig vom Smog. Rote Ziegeldächer dominieren das alte Stadtzentrum, dahinter beginnt gleich der breite Gürtel der Wohnblocks. Schneebedeckte Berge im Hintergrund mildern den Anblick der Plattenbauten.

Damien Bergier, einer der Ingenieure im Tal und Mitglied einer AMAP, wollte nicht in solchen Satellitensiedlungen wohnen. Bei Praktika in Deutschland hat er sich für Ökohäuser begeistert und sich dann im 900 Meter hoch gelegenen Dorf St. Bernard du Touvet

Brüder auch im Geiste: Frédéric (links) und Philippe Cottave pflanzen in schweißtreibender Hocke Tomaten; im Hintergrund liegt das Massiv der Chartreuse.

einen Bauplatz gekauft. Dort steht nun ein Blockhaus aus Massivholz, mit Solarzellen auf dem Dach, Regenwassertank und Pellet-Heizung. Im Rücken geben die Berge der Chartreuse Schutz und Geborgenheit, nach vorne geht der freie Blick in die ganze Pracht der Westalpen. Doch Familie Bergier steckt in dem Widerspruch vieler Ökobewegter: Ihre gesunden Lebensmittel bezieht sie über eine AMAP, aber ihr Idyll funktioniert nicht ohne Auto. „Wir essen jetzt viel mehr Obst und Gemüse", sagt Bergier. Der Speiseplan der Familie hat sich auch saisonal verändert. „Es ist doch dumm, im Februar Erdbeeren aus Almeria zu essen", urteilt der 39-Jährige. „Wir leben jetzt wieder wie unsere Großeltern im jahreszeitlichen Rhythmus der Produkte." Erdbeeren kommen erst im Juni in die Biokiste, dafür schmecken sie dann richtig süß und aromatisch. Und Bergier ist fest davon überzeugt, dass es für den Körper gesünder ist, sich so zu ernähren. Zudem rechnet sich die Biokiste. „Die Produkte sind in der AMAP billiger als im Bioladen", sagt Bergier. „Und billiger als die Ökoprodukte im Supermarkt – abgesehen davon, dass die oft aus dem Ausland importiert werden, weil es in Frankreich viel zu wenig Biobauern gibt. Und wenn das Gemüse aus Marokko kommt, belastet der Transport die Umwelt."

Bei den regelmäßigen Treffen der Konsumentengruppe diskutieren die Bergiers mit den anderen Mitgliedern solche Themen. Hier treffen sie Leute, die ähnlich denken und leben. Die AMAP hat durchaus die sozialen und emotionalen Qualitäten eines Vereins: Man tauscht sich auch über Kochrezepte aus. Und sie hat – wie ein Verein – klare Strukturen: Ein Verwal-

Muskelkraft statt Flugbenzin: Ein Bauer in der Region hat den Lauch angebaut, den eine Amapienne nach Hause bringt. Kurze Wege zwischen Erzeuger und Verbraucher helfen auch dem Klima.

ter organisiert die Termine des Kollektivs, ein anderes Mitglied produziert das Mitteilungsblatt, das den Kisten regelmäßig beigelegt wird. Damien Bergier hat zwei Aufgaben übernommen: Er hält den Kontakt zum Dachverband der AMAPs, und er hat geeignete Bauern gesucht, die Milchprodukte liefern können. Er fungiert als Mittler zwischen Erzeuger und Konsument: Den Bauern übermittelt er, welche Produkte die Amapiens wünschen, den Amapiens erklärt er die Produktionsbedingungen der Bauern. Ein anderer Konsument kümmert sich um die Gemüselieferanten, ein dritter um das Obst. Die AMAP beschließt, welche Art von Produkten – Gemüse, Fleisch, Käse – in die Kiste kommen, und ob sie Kleinbetriebe oder große Produzenten bevorzugt.

„Nur die Brioche", sagt Bergiers Frau Myriam, „die mag ich gar nicht". Der Bäcker hat sie in die Kiste gelegt. Aber sie verkommt nicht, weil Damien das süße Weißbrot gerne isst. Und der Ziegenbauer ist so flexibel, dass man von Woche zu Woche ankreuzen kann, welche seiner Produkte man will. Der Käse, da sind sich die beiden einig, ist wirklich klasse. Aber der Trinkjogurt aus Ziegenmilch, davon ist Myriam Bergier überzeugt, ist ein Auslaufmodell. Sie hat auch schon von anderen Amapiens gehört, dass die den nicht mögen.

Wer Mitglied einer AMAP werden will, muss damit rechnen, zunächst auf eine Warteliste zu kommen. Die Nachfrage ist größer als das Angebot. Das größte Problem der Bewegung ist, dass sie nicht genügend Biolandwirte findet und deshalb an die Grenzen des Wachstums stößt. Auch Neubauer Frédéric Cottave hat so viel Arbeit, dass er sie nicht mehr alleine schafft. Sein zwei Jahre älterer Bruder Philippe ist in den Betrieb eingestiegen, und auch die Mutter hilft mit im Betrieb. Am Mittwochmorgen ernten sie: Salat und Spinat, Petersilie und schwarze Rettiche. Dazu packen sie Kartoffeln in Plastikkisten. Am Nachmittag bringt Philippe Cottave das knackig frische Gemüse nach Grenoble.

In einem kleinen Öko-Café in der Rue Nicolas Chorier holen die Mitglieder der AMAPs „Monde" (Welt) und „Mange Cailloux" (Kieselsteinfresser) einmal die Woche zwischen 18.30 und 20 Uhr ihre Biokisten ab. Philippe trägt Bermuda-Shorts und eine Tätowierung auf seinen durchtrainierten Waden. Mit Gel im dunklen Haar erinnert er eher an einen Fußballprofi bei der Autogrammstunde. Er lehnt am Tresen, trinkt ein naturtrübes Bier der kleinen regionalen Brauerei und ist ins Gespräch vertieft mit einer Amapienne. Er verkörpert einen neuen Typ des Landwirts, der in den Konsumentengruppen häufig anzutreffen ist: Quereinsteiger in die Arbeit mit der Natur.

Jahrzehntelang waren die Dörfer am westlichen Rand der Alpen von Landflucht geprägt. Die AMAP-Produzenten gehen den entgegengesetzten Weg. Sie wenden sich nach einer Arbeit in der Stadt dem Broterwerb auf den Feldern und in den Gewächshäusern der Dörfer zu. Weil sie aber über Freundschaften und Kunden eng mit der Stadt verbunden bleiben, werden sie zu einem wichtigen Bindeglied: Über sie findet das Hinterland wieder Anschluss an Grenoble.

Wenn aus den zartgrünen Setzlingen in seinem Gewächshaus in St. Cassien üppig tragende Stauden geworden sind, wird Philippe Cottave wieder ins Öko-Café in die Stadt kommen – mit Kisten voller Biotomaten.

Autor: Johannes Schweikle
Fotograf: Eric Vazzoler

04 Balzers Liechtenstein

Radfahrer sind gesünder: Mitarbeiter bei Inficon sind selten krank gemeldet.

Stramme Waden statt dicker Wagen

Ein Unternehmen in Liechtenstein belohnt seine Mitarbeiter, wenn sie auf das Auto als Verkehrsmittel für den Weg zur Arbeit verzichten. Ein Nebeneffekt: Der Krankenstand ist sehr niedrig.

Die Sonne wirft gerade ihre ersten Strahlen über den hoch aufragenden Mittagspitz, als Urs Wälchli auf dem Fahrrad um die Ecke biegt. Er pfeift ein Lied. Die Aktentasche klemmt auf dem Gepäckträger, zwei Klammern halten die Hosenbeine seines beigefarbenen Anzugs eng an den Waden. Damit er sich nicht an der Kette beschmutzt. Fit sieht er aus und zufrieden. „Was für ein schöner Tag", sagt er, als er sein Rad in den Ständer zu den anderen Rädern stellt. „Wäre ich mit dem Auto gekommen, hätte ich nicht viel von diesem schönen Morgen mitbekommen."

Urs Wälchli war nach dem Frühstück von seinem Haus im schweizerischen Chur vier Minuten zum Bahnhof gegangen, hatte sich in den Zug in Richtung Zürich gesetzt und 21 Minuten später stand er auf dem Bahnhofsvorplatz von Sargans. Dort schloss er sein abgestelltes Fahrrad auf und radelte vorbei an saftigen Wiesen, dann weiter auf dem Rheindamm bis kurz vor Balzers. Die mächtige, über dem Ort thronende Burg Gutenberg im Blick, wechselte er hier die Flussseite und war nach zwanzig Minuten auch schon da. Er schüttelt sich den Wind aus den Haaren, streicht seinen Anzug glatt und geht durch die Glastüre in die Lobby des wuchtigen Industriebaus. Wälchli ist Geschäftsführer von Inficon in Balzers, eines der erfolgreichsten Unternehmen im Fürstentum Liechtenstein. Inficon entwickelt und produziert Messgeräte in der Vakuum-Technologie für den Weltmarkt. Die Inficon Holding ist ein weltweit tätiges Unternehmen. Der Jahresumsatz des Gesamtunternehmens betrug 2006 rund 212 Millionen US-Dollar. Inficon hat Produkti-

Siegertyp: Inficon-Geschäftsführer Urs Wälchli lässt sich jeden Morgen den Wind um die Ohren wehen.

ons- und Entwicklungsstandorte in Deutschland, den USA und eben in Liechtenstein.

In der dritten Etage begegnet Wälchli einem Management-Kollegen. Georg Sele hat gerade seinen Fahrradhelm im Schrank eingeschlossen. „Der Brooks-Ledersattel“, sagt Wälchli zur Begrüßung, „ist saubequem. Der Kauf hat sich gelohnt.“ Wo sich andere Führungskräfte über die Innenausstattung ihres Porsche Cayenne austauschen, unterhalten sich die beiden Inficon-Manager über einen Fahrrad-Sattel.

Am Anfang stand eine simple Rechnung: „Als wir unser neues Produktionsgebäude planten, hätten wir etwa für 75 Prozent der Mitarbeiterinnen und Mitarbeiter einen Parkplatz bereitstellen müssen. Dazu hätten wir zwei Tiefgaragen-Geschosse unter das Gebäude bauen müssen, eine enorme Investition“, sagt Georg Sele. Der passionierte Radfahrer hatte eine bessere Idee: „Wir motivieren unsere Mitarbeiter, mit dem Fahrrad und dem öffentlichen Verkehr zu kommen.“ Keine leichte Aufgabe für ein Unternehmen auf dem Land, umgeben von hohen Bergen, dessen Belegschaft zu rund 70 Prozent täglich aus der nahen Schweiz einpendelt. Radwege gab es nur wenige und in Liechtenstein gilt das Auto vielleicht mehr noch als anderswo als Statussymbol. „Dabei“, sagt Sele, „sind Fahrzeuge doch genau genommen eher Stehzeuge. Sie stehen den Tag über meist in der Tiefgarage oder auf einem Parkplatz und kosten nichts als Geld.“

Sele gilt als der Erfinder des ausgeklügelten betrieblichen Mobilitätssystems, das dem Unternehmen so renommierte Auszeichnungen wie den Binding-Preis für Natur- und Umweltschutz und den Prix Velo für fahrradfreundliche Betriebe einbrachte. Sele fährt bis nach Berlin und ins schwedische Lund, um bei Kongressen und Workshops seine erfolgreiche Idee vorzustellen. Heute lassen mehr als die Hälfte aller Inficon-Beschäftigten ihr privates Auto zu Hause und nehmen entweder das Rad, den Bus oder bilden mit Kollegen eine Fahrgemeinschaft. Sie alle profitieren dadurch von einem Bonus-System, das ihnen, je häufiger sie auf das Auto verzichten, umso mehr Geld in die Lohntüte spült.

Doch der größte Profiteur ist Inficon selbst: „Wir konnten nicht nur auf eine zweite Tiefgaragen-Ebene verzichten, sondern sparen jährlich etwa 120.000 Franken durch unser Mobilitätsmanagement. Wir haben einen der niedrigsten Krankenstände in ganz Liechtenstein,“ sagt Sele. Andere Arbeitgeber müssen wohl an ein medizinisches Wunder glauben, wenn sie hören, dass bei Inficon die Beschäftigten im Jahresschnitt gerade einmal drei bis vier Tage krank gemeldet sind. „Ich führe das auch auf die stressfreie Anfahrt mit Rad oder Bus zurück“, glaubt Sele. „Radfahrer sind gesündere Menschen.“

Auch an diesem Morgen sind in der Tiefgarage etliche Parkplätze frei geblieben. Der mit Plexiglas überdachte Fahrradständer hat sich dagegen gut gefüllt. Er liegt direkt vor dem Haupteingang – also dort, wo sich in anderen Firmen die Manager gewöhnlich ihre Auto-Parkplätze reservieren. Zwischen älteren Stadträdern und einigen Mountainbikes stehen auch Nobelräder der amerikanischen Marke Cannondale, einer Art Maserati unter den Rädern, mit Hydraulikbremsen und Nabendynamo. Eines der Cannondale-Räder gehört Sele selbst, der während eines mehrjährigen USA-Aufenthalts auf das Rad gekommen war. „Ich fuhr wie jeder andere auch selbstverständlich mit dem Auto zur Arbeit, bis ich eines Tages eine Nachbarin fast überfahren hätte. So gedankenlos saß ich hinter dem Steuer.“ Der Schock saß tief. „Da habe ich mich gefragt: Was ist der Wert dieser eigentlich ungenutzten Zeit?“ Seine Antwort darauf hatte einen Sattel und Pedale.

Zurück in Liechtenstein erarbeitete Sele ein Konzept für das Mobilitätsmanagement von Inficon. Sele wollte möglichst vielen der 220 Beschäftigten am Standort Balzers den Umstieg auf Rad oder Bus erleichtern. Den Ausschlag dazu gab letztlich eine Energieanalyse, mit der sich Inficon 1998 nach der internationalen ISO-Norm 14001 zertifizieren ließ. Auf diese Um-

Entspannt unterwegs zur Arbeit: Der Bus hält vor der Haustür von Nathalija Kanaet. Und wenn sie Feierabend hat, kommt er zum Werksgelände und fährt sie zurück ins nahe gelegene Buchs.

weltplakette wird bei internationalen Auftragvergaben immer mehr Wert gelegt. „Als wir dafür unseren gesamten Energieverbrauch errechneten", sagt Sele, „stellten wir fest, dass für rund 65 Prozent aller Wege zur Arbeit das Auto benutzt wurde. Das machte rund die Hälfte des totalen Energieverbrauchs von Inficon aus. Die meisten Firmen rechnen diesen enormen Energieaufwand nicht in ihre Energiebilanz mit ein, das ist unehrlich. Wir taten es, und wir wollten ihn unbedingt senken."

Und weil man die Menschen am leichtesten über den Geldbeutel erreicht, tüftelte Sele an einem System, das diejenigen deutlich besser stellte, die bei der Fahrt zur Arbeit auf ihr Auto verzichten. Es funktioniert mit Zuckerbrot und Peitsche: Die Tiefgaragenparkplätze bei Inficon sind gebührenpflichtig, und weil es kaum freie Parkplätze in der näheren Umgebung gibt, sind fast alle motorisierten Mitarbeiter gezwungen, sich einen solchen Platz zu mieten. Wem die Anfahrt mit dem Rad oder Bus zuzumuten ist (bis drei Kilometer bzw. 60 Minuten mit dem öffentlichen Personen-Nahverkehr), dem stellt Inficon für einen Parkplatz 720 Franken im Jahr in Rechnung. Wer weiter weg wohnt und es auch in einer Stunde nicht schafft, mit dem öffentlichen Verkehr zur Arbeit zu kommen, bezahlt nur die Hälfte.

Noch ausgeklügelter sind die positiven Anreize durch die Mitgliedschaft im firmeneigenen Mobilitäts-Club.

SoBE

Das Wunder von Balzers: Der ehemalige Motor-Fan Heini Eggenberger ist vor fünf Jahren aufs Rad umgestiegen und seither 33.219 Kilometer zur Arbeit gestrampelt.

Prellungen hatte Eggenberger noch Glück im Unglück: „Nur der Helm hat mir das Leben gerettet." Seither spielt Inficon-Manager Georg Sele bei seinen Mitarbeitern auch noch den Fahrlehrer und schult die Radler-Truppe regelmäßig in Sicherheitsregeln. Wer immer eine Rechnung vorlegt für den Kauf eines Fahrradhelms – und sei es die vom Freund des Enkels eines Mitarbeiters – erhält aus der Inficon-Schatulle 30 Franken in bar ausbezahlt. „Selbst dadurch sparen wir noch Geld", ist sich Sele sicher. „Denn würde dieses Kind mit dem Rad verunglücken, wäre unser Mitarbeiter tagelang seelisch stark angeschlagen und könnte nicht mehr seine normale Leistung bringen. Was sind dagegen 30 Franken?"

Unter den Mobilitäts-Club-Mitgliedern werden mehrmals im Jahr Preise verlost, die zusammengerechnet die 10.000-Franken-Marke deutlich übersteigen. Zudem kommt einmal im Jahr ein Fahrrad-Mechaniker in das Unternehmen und repariert jedes Rad kostenlos; durchschnittlich sind es 40 Franken pro Rad. Inficon hat Umkleideräume, Duschkabinen und stellt Duschtücher zur Verfügung, damit die Radler nicht verschwitzt an Schreibtisch und Werkbank müssen. „Betriebliches Mobilitätsmanagement ist eine Aufgabe für die Führungskräfte", sagt Georg Sele. „Wenn sie nicht dahinterstehen, nehmen es auch die anderen nicht ernst."

Mehr als 60 Minuten Anfahrt mit dem ÖPNV oder dreimal so lange wie mit dem Auto gelten im Inficon-Katalog als „ohne Auto nicht mehr zumutbar". Das trifft auf Hans Wunder zu. Will er dennoch vom Bonus-Programm profitieren, bleiben ihm nur Bus oder Fahrgemeinschaft. Der Bus, hat er ausgerechnet, braucht bis Balzers rund eine Stunde. Mit dem Auto schafft er es in 15 Minuten. Also fahren er und Kollegen, die an der Strecke wohnen, gemeinsam in nur einem Wagen. Nathalija Kanaet, Abteilung Engineering, hat sich dagegen für den Bus entschieden. Die Haltestelle liegt direkt vor der Haustür. Und damit ihre Linie in das nahe gelegene Buchs auch dann fährt, wenn die Mitarbeiter von Inficon Feierabend haben, überweist das Unternehmen zusammen mit anderen Balzner Arbeitgebern mehr als 30.000 Franken jährlich an die Nahverkehrsbetriebe. Die Gegenleistung: Der Bus von Buchs hält einmal am Morgen und am späten Nachmittag gleich viermal direkt vor dem Haupteingang.

Die Folgen dieser Anreize sind messbar: Heute liegt der Anteil der Radfahrer bei Inficon bei rund elf Prozent, gegenüber dem Liechtensteiner Durchschnitt von fünf Prozent. Ursprünglich kamen 65 Prozent der Mitarbeiter und Mitarbeiterinnen im eigenen Auto, heute ist die Quote zwischen 45 und 50 Prozent nahe der selbst gesetzten 40-Prozent-Marke angelangt. Energieverbrauch und CO_2-Ausstoß haben sich dadurch um etwa ein Drittel verringert.

„Ich bin kein Mönch" sagt Firmenchef Wälchli, „und schon gar kein Fundamentalist. Ich leihe mir manchmal nur zum Spaß einen Porsche aus. Aber auf dem Rad komme ich am Morgen als ganz anderer Mensch zur Arbeit." Am Nachmittag hat er noch einen Termin bei einer Bank in Liechtenstein. Da freut er sich schon darauf. Da will er zwar nicht mit dem Rad vorfahren. Dafür nimmt er den knallroten CarSharing-Renault Megan, der vor dem Firmeneingang steht. „Und ich parke ihn mitten zwischen die Porsche und Mercedes der anderen Kunden und Bankvorstände. Wie die mich manchmal anschauen! Das macht mir einen Heidenspaß."

Autor: Philipp Maußhardt
Fotografen: Franz Killmeyer, Christoph Püschner

05 Logartal, Steiermark Slowenien

Sprung ins kalte Wasser: Die Einwohner verwalten ihren Landschaftspark selbst.

Ein Tal mausert sich

Als das Logartal in Slowenien in einem Strom von Touristen unterzugehen drohte, schlossen sich die Einheimischen zusammen und ordneten das sich ausbreitende Chaos – zu ihrem eigenen Wohl und zu dem der Besucher.

Dieser Mann besitzt die Gabe, einem die Augen zu öffnen, und das alle paar Minuten. Marko Slapnik bringt einen zur lauschigen Črna-Quelle mit ihrer Krone aus Sumpfdotterblumen, weist auf eine hinter Bäumen versteckte Holzrutsche hin, mit der man früher Stämme ins Tal transportierte und zaubert im Dunkel der Holzfällerhütte gerade dann, wenn einen das erste Frösteln überkommt, eine Flasche mit Wacholderbeerenschnaps hervor. Dieser Bergführer scheint alle Geschichten aus diesem Tal zu kennen und gerne zu erzählen. Aber er weiß auch, wann er zu schweigen hat. Dann nämlich, wenn man aus dem Wald heraustritt und vor einem ein Panorama aus schneebedeckten Zweitausendern ausgebreitet wird, mit dichtem Nadelwald an den steilen Hängen und saftigen Wiesen unten im Tal. In diesem Moment darf die Zeit ruhig stehen bleiben. Auch diejenigen, die schon viel gesehen haben, rühmen das Logartal als eines der schönsten in den Alpen. Doch hätte man nicht aufgepasst, dann wäre dieses Tal eines Tages Opfer seiner Beliebtheit geworden.

Das Logartal war schon ein Ausflugsziel, als man das nahe gelegene Örtchen Solčava auch unter dem deutschen Namen Sultzbach kannte und Postkarten die Landschaft in Schwarz-Weiß festhielten. Daran änderten auch die Weltkriege nichts: Besucher aus Italien, Österreich, Kroatien und Deutschland blieben der Gegend treu; die Gästezahlen stiegen kontinuierlich, auch, weil mehr und mehr Einheimische die Reize des Alpentals genießen wollten. In den Achtzigerjahren erkannte die Kommunalverwaltung der Gemeinde

Waldesruh: Avgust Lenars Heimat war „nur noch ein riesengroßer Parkplatz". Jetzt ist das Tal wieder ein lohnendes Ausflugsziel.

Autokino Logartal: Wer das Panorama durch eine Windschutzscheibe genießen will, zahlt fünf Euro Eintritt. Wanderer und Radfahrer dürfen umsonst gucken und staunen.

wegen wirbt er bei seinen Kollegen in den Nachbargemeinden um Zustimmung. Und richtet den Blick hinüber nach Österreich: Ein grenzüberschreitendes Projekt brächte einerseits noch mehr finanzielle Vorteile. Außerdem könnten beide Seiten Erfahrungen besser austauschen und Probleme gemeinsam angehen – schließlich stehen sowohl Slowenien als auch Österreich vor ähnlichen Herausforderungen beim Management von Besuchern und Verkehr. Für den Naturschutz sind großflächige Schutzgebiete ohnehin besser – Tiere und Pflanzen scheren sich nicht um Ländergrenzen.

Die internationale Kooperation hat bereits begonnen: Seit einem von der CIPRA veranstalteten Workshop über Besucherlenkung und Mobilitätsmanagement in Schutzgebieten informieren sich Vertreter des Logartals bei Exkursionen in die Nachbarländer darüber, wie der Tourismus in anderen Schutzgebieten der Alpen organisiert wird. Und sie geben ihre eigenen Erfahrungen weiter. Unterstützung für ihre Initiativen zur Erhaltung der Kulturlandschaft bekommen sie dabei inzwischen auch von Prominenten: Einer der bekanntesten Sportler Sloweniens wirbt für den Regionalpark und setzt auch große Hoffnungen in das grenzüberschreitende Projekt.

Davo Karničar lebt nur ein paar Kilometer vom Logartal entfernt und war für seine Idee „Skiing Seven Summits“ schon auf Bergen wie Mount Everest und Kilimanjaro: Auf allen Kontinenten hat er den jeweils höchsten Gipfel bestiegen – und ist die Berge dann mit Skiern wieder heruntergefahren. Viele Gipfel hat er schon gesehen, doch die Steiner Alpen bleiben für den Ausnahmesportler etwas Besonderes. „Hier gibt es bizarre Eisfälle im Winter und Blumenwiesen im Sommer, hier gibt es schroffe Gipfel und malerische Täler – in ihrer Kombination ist die Landschaft wirklich einzigartig, und vor allem auch für viele Menschen gut erreichbar.“

Karničar sorgt sich indes auch um seine Heimat: „Die Entwicklung der vergangenen Jahre sehe ich sehr kritisch. Immer mehr Menschen wollen als Touristen die Alpen erleben. Doch wirklich hier leben können nur noch wenige. Ein gut durchdachtes Schutzgebiet könnte eine Lösung sein, wenn man die einzigartigen Biotope der Region bewahren und gleichzeitig den dort lebenden Menschen Arbeit geben will.“

Die Planungen für den slowenischen Regionalpark, der 250 Quadratkilometer groß sein soll, sind schon weit fortgeschritten. Im Vergleich dazu ist der Landschaftspark Logartal, der zusammen mit einem außerhalb des Tals liegenden Anhängsel 40 Quadratkilometer misst, geradezu winzig. Sein genossenschaftliches Verwaltungsmodell soll auch für den großen Park Vorbild sein, muss jedoch an die veränderten Rahmenbedingungen angepasst werden. „Mit der Partizipation der Bevölkerung haben wir sehr gute Erfahrungen gemacht. Aber das Logartal-Modell funktioniert nur deswegen, weil wir eine sehr kleine Einheit sind, weil wir uns im Tal alle kennen und mehr oder weniger die gleichen Interessen haben“, sagt Lenar. Er glaubt nicht, dass der geplante Regionalpark exakt gleich organisiert und geführt werden kann. Die Grundidee aber müsse bleiben: „Die Einwohnerinnen und Einwohner müssen ein möglichst direktes und möglichst umfassendes Mitspracherecht haben. Nur wenn der Park eine Basis in der Bevölkerung hat, wird er zum Erfolg.“

Autor: Helge Bendl
Fotograf: Lukas Coch

Zäher Siedlungsbrei: Im Rheintal bei Bregenz gibt es kaum mehr ökologische Freiräume.

06 Rheintal, Vorarlberg Österreich

Jenseits des Kirchturms

***vision rheintal:* 29 Gemeinden zwischen Bregenz und Feldkirch planen gemeinsam die Zukunft – und arbeiten an einem neuen regionalen Bewusstsein.**

Helmut Leite trägt Verantwortung, aber lieber ein legeres T-Shirt als einen Maßanzug mit Krawatte. So kennen die Schwarzacher ihren Bürgermeister, den dienstältesten in ganz Vorarlberg. Seit 28 Jahren führt er die österreichische Rheintal-Gemeinde. Mit breitem Lächeln erzählt der 60-Jährige, wie er in der Vergangenheit so manches Projekt trotz anfänglicher Widerstände durchgeboxt hat. Ein Kommunalpolitiker vom alten Schlag, hemdsärmelig und volksnah. Doch Leite geht bewusst auch neue Wege: „Ich möchte das Wir-Gefühl in der Region stärken", betont er. „Starres Kirchturmdenken wird sich nicht bewähren. Es muss aufgebrochen werden, hin zu mehr Kooperation zwischen den Gemeinden."

Neue Töne im Vorarlberger Rheintal zwischen Bregenz und Feldkirch. Oder nur Lippenbekenntnisse? Leite, so betont er, will seine Ankündigung jedenfalls in die Tat umsetzen – zusammen mit seinem Kollegen Erwin Mohr, dem Bürgermeister der Nachbargemeinde Wolfurt. 320 Bürgerinnen und Bürger aus beiden Ortschaften sind ebenfalls mit dabei. So viele waren im März 2007 zum Start der „Bürger-Planungswerkstatt" gekommen. Dabei geht es um die Landesstraße Nr. 3, die schmale „Hofsteig-Ader", auf der täglich rund 13.000 Autos und Lastwagen durch die beiden Orte donnern. Sie durchschneidet den Ballungsraum zwischen Dornbirn und Bregenz, ist Zubringer in den Bregenzerwald. Und seit Jahren eine lärmende, stinkende Belastung für Schwarzach und Wolfurt.

Jetzt baut der Staat unweit von Schwarzach und Wolfurt einen Tunnel, der an den beiden Hofsteiggemeinden vorbeiführen wird. Er soll den Bregenzerwald mit

Visionärin des Rheintals: Projektleiterin Sibylla Zech ist es gelungen, 29 zum Teil sehr unterschiedliche Gemeinden an einen Tisch zu bringen.

Über die Grenzen schwimmen Durch die Rheinregulierung wird die größte Hochwassergefahr gebannt und dem Rhein sein heutiges Gesicht verliehen. Die Auen des Alten Rheins sind Zeugnis der urtümlichen Flusslandschaft und ermöglichen heute Freizeit und Erholung in einem besonderen Naturraum.

Visionen sichtbar gemacht: Wie hier in den Rheinauen lenken Panorama-Tafeln den Blick auf Landschaften und Orte, an denen die Pläne der *vision rheintal* umgesetzt werden sollen.

rheintal. „Das war eine harte Diskussion und ein Ringen um die Worte", erzählt Zech. Heute machen Broschüren und Schautafeln einer Wanderausstellung sichtbar, wie das Rheintal aussehen soll. Geplante Zukunft: Die letzten großen unzerschnittenen Naturräume bleiben erhalten. Grüne Verbindungen vernetzen Biotope und machen Erholungsgebiete zugänglich. Die Landwirtschaft deckt vorrangig die regionale Nachfrage. Die Siedlungen haben gute Anbindung an öffentliche Verkehrsmittel. Die Bahn fährt in kürzeren Takten, im ganzen Tal gibt es überregionale Radwege. Rund um die Bahnhöfe sind neue Büros, Wohnungen, Geschäfte, Schul-, Sport- und Freizeiteinrichtungen entstanden. An besonders geeigneten Standorten sind Gewerbegebiete gewachsen, die sich durch Erreichbarkeit, gute Entwicklungsfaktoren und hohe Flächenreserven auszeichnen. Kommunen teilen sich Aufwendungen und Einnahmen.

Schöne neue Rheintal-Welt? Noch ist es eine Vision. Und sie hat ein gravierendes Defizit: Die interessierte Bevölkerung wurde zwar beteiligt, doch die große Masse der Rheintalbewohner weiß noch nichts von ihr. Der beim Land angestellte Raumplaner Martin Assmann, seit Sommer 2006 Projektleiter der *vision rheintal*, räumt ein: „Es ist uns noch nicht gelungen, direkt in die Bevölkerung reinzugehen." Ein zweimal im Jahr erscheinendes Magazin, in dem vorbildliche Projekte dargestellt werden, soll mithelfen, das Defizit zu beheben. Genauso eine geplante „Road Show" zur großen Vision. Mancherorts wird die Vision bereits konkret: Die Kommunen Dornbirn, Lustenau und Hohenems, bisher weit mehr Konkurrenten als Partner, haben 2006 das Projekt „Rheintal Mitte" begonnen. Ziel ist ein gemeinsames räumliches Entwicklungskonzept, das auf ein ausgewogenes Verhältnis von Freiräumen, Gewerbegebieten und Verkehr Wert legt. Ein gemeinsamer Zielkatalog ist bereits beschlossene Sache.

An solchen Ansätzen zeigt sich, was pionierartig an der *vision rheintal* ist: Dass sich Vorarlberger Gemeindevertreter inzwischen trauen zu sagen, dass jeder, der glaubt, die gemeinsamen Probleme bei sich im Dorf lösen zu können, den Siedlungsbrei nur noch zäher macht. Ihnen ist bewusst geworden: Um die letzten zusammenhängenden Grünflächen zu retten, muss die Vision die Gemeindegrenzen überwinden und konsequent umgesetzt werden – und die Menschen in den Gemeinden müssen motiviert werden, diese auch einzufordern.

Doch die Dringlichkeit des Großprojekts endet nicht an der österreichischen Grenze. Auf Schweizer Seite gibt es im Rheintal ähnliche Verhältnisse und Probleme. Es gibt zwar erste *visions*-Kontakte zu den eidgenössischen Nachbarn, und Schweizer Raumplaner haben sich bereits über das Vorhaben und einzelne Projekte informiert. Doch von einer Kooperation ist man noch weit entfernt. Ein Manko. Es gibt noch sehr viel zu tun, bis die Vision Realität ist.

Autor: Rainer Nübel
Fotograf: Frank Schultze

DIVISION

07 Kempten, Allgäu Deutschland

Beim Hobeln fliegen Späne: Viele Grundschulklassen kommen zum Basteln ins Kempodium.

Mit Herz und Hand frei gestalten

Das Allgäuer Bürgerzentrum Kempodium bringt Menschen und Ideen zusammen und stellt dabei verloren gegangene soziale Netze wieder her.

Jetzt tanzt der Bursche schon zum dritten Mal mit einem heißen Backblech an, schiebt es auf den Tisch, knurrt „Strudel" und zieht wieder ab. Eigentlich uncool, so ein Backstubenjob, zumindest für einen Siebzehnjährigen mit Gel im Haar und gepiercter Augenbraue. Doch es scheint ihm zu gefallen, dass Annette Feiersinger zustimmend nickt. Sieht ja auch gut aus, was er und seine Klassenkameraden vom Berufsbildungswerk da kredenzen. Jeden Dienstagmorgen haben sie Kochunterricht in der Küche des Kempodiums. Heute gibt es Strudel mit Schinken, Strudel mit Hackfleisch, Strudel mit Kraut und zum Nachtisch Apfelstrudel mit Vanillesoße.

Andächtige Stille herrscht, als die Mitarbeiterinnen und Mitarbeiter des Kempodiums die Strudelvarianten probieren. Annette Feiersinger wartet nicht, bis der Kaffee fertig ist, sondern marschiert durch eine Glastür, die in die Holzwerkstatt führt. Die zwei Stockwerk hohe, 160 Quadratmeter große Halle bietet alles, was eine professionelle Holzwerkstatt haben muss: Hobel-, Schleif-, und Sägemaschinen, dazu das komplette Arsenal an Werkzeugen. Sie war von Anfang an das Herzstück des so genannten Kempodiums, eines Hauses, in dem sich alles ums Selbermachen dreht. Einschließlich Strudel.

Vor acht Jahren war die Schreinerei am Stadtrand von Kempten noch im Privatbesitz. Als der Inhaber Ende der Neunzigerjahre den Betrieb aufgab, sollte das Gebäude geräumt werden. Damals suchte die Münchner Forschungsgesellschaft „anstiftung" einen geeigneten Ort für eine Werkstatt. Die Stiftung hat in Deutschland

Alles selber machen: Das Konzept des Kempodiums hat Annette Feiersinger von Anfang an gefallen. Heute verwirklicht sie dort ihre Ideen.

25 Werkstätten initiiert und finanziert, manche davon relativ bescheiden, allein für die Nachbarschaft konzipiert, andere aufwändiger für einen ganzen Stadtteil eingerichtet. Der größte und vielseitigste Werkstattkomplex ist das Kempodium. Jens Mittelsten Scheid, Anstifter der „anstiftung“ und Erbe des Hausgerätekonzerns Vorwerk, engagiert sich auf diese Weise seit zwanzig Jahren gegen Verfallserscheinungen unserer Gesellschaft, in der Passivität und Konsumwahn um sich greifen, Gemeinsinn verloren geht, Kinder vor Fernsehern abgestellt und Alte in Heime abgeschoben werden.

Als Gegenentwurf sollen Menschen aktiv werden, so viel wie möglich selbst machen. „Mit den Händen und mit dem Herzen frei gestalten, handwerklich, sozial und kulturell, das ist Eigenarbeit“, so sein Credo. „Und Eigenarbeit ist das Gegenteil von Konsum. Kinder verkümmern, wenn sie nicht spielen dürfen, Erwachsene verkümmern, wenn sie nur noch Fähigkeiten nutzen, die Geld bringen. Der moderne Mensch braucht den Gelderwerb, aber er braucht auch das Gefühl, dass das Leben einen Sinn hat. Zu diesem Gefühl trägt die selbstständige Reparatur eines Wasserhahns bei.“ Menschenfreundliche Gedanken von einem, der sehr viel Geld hat, aber nicht nur redet, sondern auch etwas tut.

Auf der Suche nach einem geeigneten Ort für diesen Gegenentwurf standen drei Städte in Bayern zur Auswahl. In Kempten, einer Stadt mit gut 60.000 Einwohnern am nördlichen Rand der Alpen, stieß die Forschungsgesellschaft auf die stärkste Resonanz. Sie weckte das Interesse der lokalen Agenda 21, also jener Bürger, die sich für Nachhaltigkeit und Umweltschutz engagierten. Dazu kamen viele andere Vereinigungen, darunter auch die „Frauenliste“, zu deren Mitgliedern Annette Feiersinger gehört. Die 38-jährige Hausfrau und Mutter von zwei Kindern brachte gute Voraussetzungen für eine Kursleiterin mit. Sie hatte eine Lehre als Schreinerin gemacht und war von der Idee begeistert, in der herrenlosen Schreinerei am Ortsrand hinterm Bahnhof mitzuwirken: Ein Bilderbuchhaus mit Gründerzeitfassade, dahinter ein Neubau mit 650 Quadratmeter Fläche. Allen war klar: Da passt mehr rein als eine Holzwerkstatt. Aber was?

Hundert Leute kamen manchmal zu den Planungstreffen, Arbeitskreise sammelten monatelang Ideen. Die „anstiftung“ half, organisierte, strukturierte, steuerte und leitete, ohne ein fertiges Konzept vorzugeben. „Wir träumten“, erinnert sich Annette Feiersinger. Allen war klar, dass das Kempodium eine Holzwerkstatt haben sollte. Aber warum nicht auch eine Getreidemühle? Oder einen Steinbackofen? Es herrschte kein Mangel an Ideen. Eine Schnapsbrennerei, eine Pilzzucht, ein Fotolabor, ein Laientheater, eine Sauna ... – bis zum Tonstudio und einem schallisolierten Brüllraum war alles Mögliche und Unmögliche im Gespräch. Warum nicht auch ein Kino, ein Zeltplatz nebst Streichelzoo, ein Bier- oder Kräutergarten? Wünsche und Fantasien zuhauf. Die Leute der „anstiftung“ halfen beim Sortieren, so dass man im September 2000, nach knapp einem Jahr Vorbereitung, das Kempodium eröffnen konnte.

In der großen Holzwerkstatt kann man seitdem mit professionellen Maschinen eine Gartenbank oder einen Bauernschrank zimmern, daneben aber auch Malen, Kochen oder Töpfern lernen, mit Filz, Keramik und Speckstein arbeiten, einen Yogakurs belegen oder einfach einen Kaffee trinken. Beliebt ist das Haus auch als Ort für Jazzkonzerte, Kindergeburtstage, Märkte und das Kaufhaus „Allerhand“, das gebrauchte Möbel anbietet. Außerdem wird das Zentrum von Arbeitsgruppen und Initiativen genutzt, deren Anliegen es ist, Perspektiven für die Region als nachhaltigen Lebensraum zu entwickeln. Der Bio-Ring Allgäu beispielsweise gibt Einkaufsführer für Bioprodukte heraus; er ist hier ebenso präsent wie die Kemptener Agenda-Gruppe oder der lokale Tauschring. Und wer seine Feste nach eigenem Gusto ausrichten will, kann dafür Räume und die Kochwerkstatt nutzen. „Allgäuer Zentrum für Eigenversorgung“ nennt sich das

Gründerzeitvilla mit neuem Inhalt: Mit einer ehemaligen Schreinerei am Stadtrand vom Kempten hat die Forschungsgesellschaft „anstiftung" einen idealen Ort für das Projekt gefunden.

Kempodium im Untertitel, der die Programmatik auf den Punkt bringt.

Annette Feiersinger bekam eine Teilzeitstelle als Holzfachkraft. „Mehr wollte ich gar nicht, meine Kinder waren ja noch klein." Weniger aber auch nicht, denn daheim fiel ihr schon seit einiger Zeit die Decke auf den Kopf. Alexander und Andrea, damals sechs und zwei Jahre alt, nahmen sie in Beschlag; ihr Mann Anton, Bauleiter für ein Architekturbüro, das Hotels in aller Welt ausstattete, war ständig unterwegs. „Vor dem Job im Kempodium wurde ich immer unglücklicher und dicker", sagt sie.

Mit der Arbeit änderte sich das. Dreimal die Woche packte sie ihre Kinder ins Auto und fuhr vom zehn Kilometer entfernten Dorf Haldenwang ins Kempodium, wo sie zeigte, wie man Hollywoodschaukeln und Gartenbänke baut. „Ich merkte, dass viele Frauen Angst vor Maschinen hatten. Doch die legt sich, sobald die Handgriffe sitzen." Am Ende steht ein fertiges Bett da. Oder ein Schrank. Oder, wie jetzt gerade, ein Sarg. Annette Feiersinger grinst. Die Leute dürfen bauen, was sie wollen. Das Kempodium zeigt lediglich, wie man es macht.

Inzwischen hat sie zwanzig Kilo abgenommen und verwirklicht Schritt für Schritt ihre Ideen. Die Kinderwerkstatt zum Beispiel. Immer wieder klappert sie Grundschulen ab und erklärt den Rektoren, wie wichtig Selbermachen für das Selbstbewusstsein ist. Ihre Initiative hat Erfolg: Schulklassen, Kindergartengruppen und Kindergeburtstagsgäste sägen Modell-

Mit eigener Hände Arbeit hoch hinaus: „Kinder verkümmern, wenn sie nicht spielen dürfen", sagt Jens Mittelsten Scheid, dessen Stiftung das Kempodium mitkonzipiert und finanziert hat.

flugzeuge, hobeln Waldgeister, schmirgeln Ringwurfspiele und Meerschweinchenhäuser. „Und wenn einem Kind danach ist, zwei Stunden Nägel ins Holz zu schlagen, lass ich das zu." Eine ihrer Ideen war, Küche und Werkstatt zu verbinden „Sägen und backen, das passt doch prima!"

Deshalb ist heute eine dritte Schulklasse da. Jeder darf sich ein Vesperbrettchen machen. Zuerst erklärt Annette Feiersinger die Hobelmaschine. „Das ist wie Bleistiftspitzen", schreit sie durch das Maschinengedröhn. „Schieb das Holz gerade rein!" Die neunjährige Annkatrin schiebt und drückt, zuerst zaghaft, dann energisch und sofort wandert das Holz von allein weiter. „Der Schlauch hier ist der Absauger. Was passiert, wenn ich ihn wegtu?" Schon zerrt sie ihn vom Stutzen herunter und die Hobelspäne sprudeln nach allen Seiten weg. Lautes Gelächter. „Wollt ihr wissen, wie stark der Schlauch saugt?", fragt sie und hält ihn ans T-Shirt eines Buben. Noch lauteres Gelächter. Jeder will mal abgesaugt werden.

Auch in der Küche wird gelacht, doch die Idee, die hinter den Kochkursen steht, ist ernst: „Es gibt viele Kinder, die frühstücken nur Chips oder Milchschnitten oder gar nichts." Während eine Hälfte der Klasse schmirgelt, backt die andere mit der Honorarkraft Edith Kaiser Brot, steckt Obst- und Gemüsespieße zusammen und rührt Erdbeerbutter an. Alle Produkte stammen aus der Region. An die dreitausend Grundschüler haben bisher am Projekt „Backen und sägen" teilgenommen, die Wartelisten sind lang. Sogar

aus der Nähe von München reisen Klassen für diesen Kurs an, den der bayerische Wettbewerb „Nachbarschaft gewinnt“ ausgezeichnet hat.
Eine Auszeichnung von vielen, die das Kempodium bisher erhalten hat, darunter eine der UNESCO als „offizielles UN-Projekt für nachhaltige Entwicklung“. Kleinere Preise aus der Region und vom Bundesland Bayern kamen dazu. 2005 vergab die CIPRA einen Sonderpreis von 5.000 Euro im Rahmen des Wettbewerbs „Zukunft in den Alpen“. Das Geld floss ins Projekt „Backen und sägen“, weil das Kempodium die Teilnehmerbeiträge generell nicht kostendeckend ansetzt, sondern bewusst niedrig hält. Der Kurs „Backen und sägen“ kostet pro Kind sieben Euro, Erwachsene, die die Werkstatt nutzen und fachliche Beratung brauchen, bezahlen 6,60 Euro die Stunde, der große Festsaal kostet 130 Euro Miete pro Abend und zweistündige Kindergeburtstagsfeste in der Holzwerkstatt kosten 45 Euro.
Trotz des Erfolgs gab es auch Rückschläge. Mitarbeiter, die zu Beginn engagiert waren, erschienen plötzlich nicht mehr. „Das hatte zum einen mit den hohen Erwartungen der Gründerzeit zu tun“, erklärt Martin Slavicek, Geschäftsführer im Kempodium. Zum anderen braucht ein Bürgerzentrum dieser Größe professionelle Strukturen. Einige Ehrenamtliche wurden zu Hauptamtlichen bestellt, wodurch sich andere Aktive ausgebootet fühlten. Um die Wogen zu glätten, veranstaltete die Forschungsgesellschaft ein Seminar, in dem sich Ehren- und Hauptamtliche wieder näher kamen. „Wir haben beim Aufbau des Kempodiums viel gelernt“, sagt Annette Feiersinger.
Inzwischen läuft es so rund, dass jeder Helfer wichtig und willkommen ist. Zum Beispiel bei der Ferienbetreuung in den Sommerferien, wenn mehr als 600 Kinder das Kempodium auf den Kopf stellen. Dann verwandelt sich der Garten in einen Zirkus, in eine Ritterburg oder ein Piratenschiff. Im Spiel lernen die Kinder, was vor ihrer Tür, am Fuß der Alpen, wächst. „Meine Tochter hat in den letzten Sommerferien einen Naturteppich gewebt aus Blättern, Ästen, Gräsern, durchbohrten Steinen und Kastanien!“, schwärmt Mutter Feiersinger, die nicht nur Kurse für Kinder, sondern auch für Erwachsene und selbst für pflegebedürftige Seniorinnen und Senioren aus dem Altersheim gibt. Und für die Agnes-Wyssach-Förderschule, in der sie mit dem Rektor verabredet ist. Der hat Geld aus dem Topf der Bezirksregierung für praxisbezogene Projekte bekommen und will mit dem Kempodium zusammenarbeiten. Annette Feiersinger schlendert über den Pausenhof. Da wäre Platz für zwei Bänke, eine Balancierschlange und vielleicht sogar eine stabile Hollywoodschaukel unter den Kastanien. Früher hätte die Schule solche Dinge gekauft. Heute bauen sie die Schüler selbst. „Wir haben die Erfahrung gemacht, dass sie gut auf die Möbel aufpassen, die sie selbst gefertigt haben“ erklärt sie dem Rektor. „Auch nach Jahren ist noch alles heil.“

Das Kempodium kooperiert mit zahlreichen Initiativen aus der gesamten Region.

Bald ist es Zeit für den Heimweg, die Kinder kommen aus der Schule. Annette Feiersinger wird sich noch einmal auf ihren Roller schwingen und aus der Stadt hinausbrausen, über die Dörfer an der Iller entlang, dahinter das Panorama der Alpen. In ihrer Wohnung im 1.500-Seelen-Dorf Haldenwang hat das Kempodium viele Spuren hinterlassen. Man sieht, dass Feiersinger kaum einen Workshop ausgelassen hat. Gefilzte Deckchen, getöpferte Vögel, geschweißte Kunstwerke, eine Trommel aus einem ausgehöhlten Baumstamm, mit Rehfell überzogen. „Das ist typisch Kempodium – eigentlich haben wir nur einen Trommelkurs veranstaltet, aber während des Kurses beschlossen wir, das Ding auch zu bauen. Die Möglichkeit ist ja da.“
Seit einem Jahr unterstützen die Stadt, der Stromversorger Allgäuer Überlandwerk (AÜW), die drei

vario PLUS

Der Funke springt über: Wer zimmert, töpfert, kocht, malt, musiziert oder schweißt, kümmert sich gleichzeitig auch um das eigene Selbstwertgefühl.

Wohnungsbaugesellschaften SWW (Sozial-Wirtschaftswerk des Landkreises Oberallgäu), Sozialbau und BSG (Bau- und Siedlungsgenossenschaft) und der Abfallzweckverband ZAK das Kempodium jährlich mit 40.000 Euro. Der Etat liegt bei 500.000 Euro. Siebzig Prozent davon werden selbst erwirtschaftet. Darauf ist Geschäftsführer Slavicek stolz: Die Quote lag 2002 noch bei 26 Prozent, zwei Jahre später bei 43 Prozent. Das Defizit glich bis zum vergangenen Jahr die „anstiftung" aus, inzwischen schließt Jens Mittelsten Scheid, der Stiftungsgründer, die Lücke.

Langfristig soll sich das Haus selbst finanzieren. Schon heute kooperiert es mit Partnern in der Region wie dem Kinderschutzbund, der Kemptener Agenda 21, der Volkshochschule und den Pfarreien der Stadt. Der Bio-Ring Allgäu veranstaltet Bauernmärkte im Haus, der Lebensmittelmarkt Feneberg sponsert das Frühstück der Kinder. Dieses Netzwerk wird ständig ausgebaut. Ideen, die zusätzliche Einnahmen brächten, drehen sich um einen Baustoffhandel mit Fliesen, Klinken, Türrahmen, Dielen, Ziegeln und Backsteinen, die man aus Abbruchhäusern bergen und anschließend an Bauherren verkaufen könnte, die ihr Eigenheim mit der Patina alter Werkstoffe schmücken wollen. Der Heimatbund Allgäu würde helfen, denn der ist in der Denkmalpflege aktiv und hat 6.000 Mitglieder, von denen viele wissen, wo alte Baustoffe zu finden sind.

Eine andere Idee wurde schon im Mai 2006 gegenüber des Kempodiums in einer ehemaligen Autowerkstatt verwirklicht: das Kaufhaus „Allerhand". Dort werden gebrauchte Möbel, Schmuck, Spielzeug und Bücher aus Wohnungsauflösungen verkauft. Als ein Leiter für das Kaufhaus gesucht wurde, bewarb sich Annette Feiersingers Mann Anton. „Ich war total ausgebrannt von meinem Job. Außerdem gefällt mir die Idee, gebrauchte Sachen zu verwerten, statt sie wegzuwerfen." Allein im Jahr 2006 hat „Allerhand" 200 Tonnen Mobiliar umgeschlagen, das sonst auf dem Müll gelandet und verbrannt worden wäre. Das Kaufhaus hat inzwischen einen Umsatz von 24.000 Euro monatlich und beschäftigt acht Mitarbeiterinnen und Mitarbeiter. Die Einnahmen decken die Kosten, Grund genug, das Geschäft auszuweiten. Anton Feiersinger denkt zum Beispiel daran, alte Möbel von Künstlern zu Designstücken umarbeiten zu lassen.

Es hat sich herumgesprochen, dass man im Kempodium nicht nur ausrangierte Möbel vor dem Verfall rettet, sondern auch Menschen. Immer wieder schickt das Arbeitsamt Menschen wie Tom Reffler, 32, vorbestraft wegen Dealens und unterlassener Unterhaltszahlung. Heute ist er Feiersingers Stellvertreter im Kaufhaus „Allerhand". Einmal pro Woche holt er Senioren aus dem Altersheim, die ihm helfen, Bücher einzuräumen, Porzellan zu sortieren, den Wert von Teppichen zu schätzen, Waschmaschinen auszuzeichnen.

Beim Stichwort „Waschmaschine" prustet Annette Feiersinger plötzlich los. „Neulich hat mein Anton einen Trockner als Waschmaschine verkauft!" Natürlich an einen Mann. „Vielleicht sollten wir auch mal einen Waschkurs anbieten."

Autorin: Uschi Entenmann
Fotografen: Karsten Schöne, Christoph Püschner

Streit um den Schutzwald: Hinterstein ist von Steinschlag, Muren und Lawinen bedroht.

08 Hinterstein, Allgäu Deutschland

Wenn reden Gold ist

In Hinterstein im Oberallgäu stritten sich Jäger und Förster, wer Schuld sei am traurigen Zustand des Schutzwalds über dem Dorf. Getan wurde nichts. Eine Umweltmediation löste den Konflikt.

Im Grunde erscheint es ganz einfach: Man muss nur miteinander reden. Doch bisweilen ist das gar nicht so leicht; zumal in einem Dorf wie Hinterstein im Oberallgäu, wo nicht einmal 500 Menschen wohnen und wo man daran gewohnt war, Konflikte lieber jahrzehntelang vor sich hinschwelen zu lassen als sie offen und fair auszutragen. Dabei war das Problem offensichtlich: Das Dorf entlang der Straße auf der rechten Seite des Ostrachtals ist gefährdet. Gleich hinter den letzten Häusern am Ortsrand steht der Zipfelschrofen, steil fast wie eine Wand. Der Zipfelsbach stürzt in Kaskaden herunter. Der Wald links und rechts der Wasserfälle soll das Dorf im Winter vor Lawinen schützen, im Sommer vor Muren und Steinschlag. Er kann es nicht, licht wie er ist. So gut wie jeder dritte Baum ist dürr und ohne Ast, dazwischen immer wieder kahle Stellen. Die Forstverwaltung versucht, diese mit jungen Fichten zu füllen. Ein langwieriges Geschäft: In einer Höhe von um die 1.500 Metern wachsen die Bäumchen nur ein paar Zentimeter im Jahr. Was da herunterstürzt, wird von nichts aufgehalten. Erst vor ein paar Wochen ist dem Biobauern Sepp Agerer ein tonnenschwerer Steinbrocken in den Garten gefallen. Wenn an dieser Stelle ein Kind gespielt hätte…

Dass der Schutzwald über Hinterstein nicht mehr hält, was sein Name verspricht, ist lange bekannt. Schon 1954 kam eine Lawine herunter und hat ein Schwimmbad völlig zerstört und Schaden an etlichen Häusern angerichtet. Auf der anderen – unbewohnten – Talseite gingen immer wieder riesige Muren ab. Mehr als ein paar Heuschober konnten sie dort nicht

Männer stritten, eine Frau vermittelte: Mediatorin Gaby Müller im Gespräch mit Forstoberrat Klaus Dinser.

mitnehmen. 1990 richteten die Stürme Wiebke und Vivian riesige Waldschäden an, danach kam der Borkenkäfer. Zwar hatte das Wasserwirtschaftsamt schon in den Sechzigerjahren damit begonnen, die gefährlichsten Schneisen im Schutzwald mit Stahlverbauungen abzusichern. Und seit 1988 hat die Forstverwaltung Jungpflanzen gesetzt, die zum Teil von Böcken aus Kastanienholz geschützt werden. Sie hat den Borkenkäfer bekämpft und besonders kritische Stellen so intensiv gepflegt, dass sogar einzelne Bäumchen einen eigenen Schutzzaun bekamen. Insgesamt rund 2,5 Millionen Euro wurden in den Wald investiert, und trotzdem ging es ihm immer schlechter. Die Hintersteiner aber schoben die Schuld am Problem nur vom einen zum anderen.

An den Konflikt zwischen Forstwirtschaft und Jägern hatte sich noch niemand herangetraut.

Die Förster sagten, die Jäger schössen nicht genügend Wild, weshalb in jedem Winter die aus dem Schnee lugenden Jungpflanzen abgefressen würden. Die Jäger wiederum zeigten auf die Tourismus-Veranstalter, die Skitouren-Gänger oberhalb des Schutzwaldes vorbeiführen und damit das Wild erst in die heikle Fläche treiben würden. Oder auf die Eiskletterer, die im Winter die gigantischen Eiszapfen des Zipfelsbachs hinaufkraxeln, weshalb die Tiere nur noch tiefer in den Schutzwald hineinflöhen. Oder auf die Betreiber der Zipfelsalp, die immer wieder ein Stück Wald rodeten, weil die Europäische Union dort oben nur Weidefläche, nicht aber Wald subventioniert. Und als dann Jakob Adelgoß, der Erste Vorsitzende der Jagdgenossenschaft, tatsächlich einmal ernst machte und den Wildbestand drastisch reduzieren wollte, da bekam er sogar Todesdrohungen. Die Lage war ernst – und völlig verfahren. Es bedurfte einer jungen Frau, um den Konflikt zu lösen.

Forstoberrat Klaus Dinser ist auf diese Idee gekommen. Er ist ein geselliger Mann von 48 Jahren, der beim Gang durch den Schutzwald immer wieder stehen bleibt, sich auf seinen langen Wanderstab stützt und frei von der Leber weg plaudert. „Das ist mein Stil", sagt er. „Ich bringe gerne Menschen zusammen, um Probleme zu lösen." Doch im Fall des Problems in Hinterstein konnte er das nicht. Er ist Leiter der Funktionsstelle Schutzwaldmanagement und deshalb eine am Konflikt beteiligte Partei. Also rief er beim Lehrstuhl für Wald- und Umweltpolitik der Technischen Universität München an, und der dortige Lehrstuhlinhaber Michael Suda wusste eine Lösung: eine Mediation, die alle Beteiligten an einen Tisch bringt. Als Leiterin des Verfahrens schlug er Gaby Müller vor, eine Forstwissenschaftlerin, die eben aus dem Entwicklungsdienst zurückgekommen war.

Das war 2002. Müller war gerade 29 Jahre alt. Es war ihr erster Job in Deutschland. Aber unerfahren war sie nicht. „Es ist ja nicht so, dass wir nur Bäumchen pflanzen im Entwicklungsdienst." In Kamerun, Südafrika und in der Mongolei hatte sie „auch schon mit Konfliktmanagement zu tun". Vom Wald versteht sie als Forstwissenschaftlerin ohnehin etwas. Dazu besitzt sie einen Jagdschein. Und sie kommt ebenfalls aus dem Allgäu und versteht den herben im Ostrachtal gesprochenen Dialekt. Lauter gute Voraussetzungen also. Aber da war ihr Alter, und da ist ihr Geschlecht. Beim Konflikt um den Schutzwald in Hinterstein musste sie mit lauter gestandenen Männern verhandeln. „Am Anfang habe ich mich gefragt, ob die das wohl hinkriegt", erinnert sich Herbert Wechs, der Zweite Vorsitzende der Jagdgenossenschaft. „Ich hätte nicht gedacht, dass sie so stark ist."

Müller und die Hintersteiner betraten damals Neuland. Zwar hatte es in Deutschland bereits rund hundert so genannter Umwelt-Mediationen gegeben: Außergerichtliche Verfahren, an denen die Beteiligten eines Konflikts freiwillig teilnehmen und unter der Leitung eines Mediators oder einer Mediatorin nach

Aufklärung für Touristen: Hinweisschilder erklären den Wanderern und Spaziergängern, wie der Wald über Hinterstein wieder dicht werden soll.

einer Lösung suchen. Meist handelte es sich dabei um Straßenbau-Projekte oder Bebauungspläne. An den Konflikt zwischen Forstwirtschaft und Jagd aber hatte sich noch niemand herangetraut. Und das, obwohl der nicht nur in Hinterstein, sondern in unzähligen Gemeinden der Alpen für Ärger sorgt. Vielleicht, weil dieser Konflikt ganz besonders emotionsbeladen ist. „Die Jagd im Gebirge hat das Flair von Freiheit“, weiß Müller. „Das ist eine Ehrensache, eine Herzensangelegenheit. Da geht es schnell sehr deftig zur Sache.“ Und im Traditionen verpflichteten Hinterstein ganz besonders. „Der Prinzregent von Bayern war hier lange Jagdherr“, erzählt Roman Haug, der Bürgermeister von Bad Hindelang, zu dessen Kommune Hinterstein gehört. „Die Jagd hat hier einen ganz besonders hohen Stellenwert.“ Zudem stand eine ganze Menge Geld auf dem Spiel: Betuchte Hobbyjäger aus der Großstadt legen bis zu 10.000 Euro auf den Tisch, wenn sie dafür einen starken Hirsch erlegen und sein Geweih mit nach Hause nehmen dürfen. Je größer der Wildbestand, desto leichter lassen sich solch finanzkräftige Jagdgäste locken.

Aber es ging ja nicht nur um die Jäger. „Ich wollte alle im Boot haben, auf die man irgend eine Schuld schieben konnte“, erinnert sich Müller. Und so waren es dann 20 Männer, Vertreter von 13 am Konflikt beteiligten Gruppen: Natürlich die Jäger des Gebiets und die Jagdgenossenschaft Hindelang, in der die das

Jagdrecht besitzenden Grundstückseigentümer zusammengeschlossen sind. Dazu der Hegering Hindelang und die Untere Jagdbehörde Oberallgäu. Von der Gemeinde Bad Hindelang waren der Jagdreferent und der Waldwart mit dabei, der Bürgermeister und zwei Gemeinderäte. Die Forstverwaltung wurde von der Funktionsstelle Schutzwaldsanierung und vom Forstamt Sonthofen vertreten, als weitere Behördenvertreter saßen je ein Vertreter des Wasserwirtschaftsamts Kempten und der Unteren Naturschutzbehörde Oberallgäu mit am Tisch. Die Sektion Allgäu-Immenstadt des Deutschen Alpenvereins vertrat die Tourismus-Seite. Die Alpgenossenschaft Zipfelsalp schickte einen Vertreter und die von Steinschlag und Lawinen bedrohte Bevölkerung von Hinterstein zwei. Bezahlt wurde das etwa eineinhalb Jahre dauernde Verfahren mit Fördergeld vom Landwirtschaftsministerium in München. Es war ein Pilotprojekt, wissenschaftlich begleitet von der Technischen Universität. Gaby Müller hat die dabei gesammelten Erfahrungen später zu einer Doktorarbeit ausgebaut.

Hätte es diese Unterstützung nicht gegeben, hätte die Gemeinde Bad Hindelang rund 40.000 Euro dafür ausgeben müssen. Ein Klacks im Vergleich zu den 2,5 Millionen Euro, die in den Jahren zuvor in den Schutzwald investiert worden waren. Und trotzdem wäre es fraglich gewesen, ob der Gemeinderat das Geld in die Hand genommen hätte. In Zeiten knapper Kassen, sagt Bürgermeister Haug, „finanziert der Rat lieber etwas, das man unmittelbar sieht“. Bei einem Mediationsverfahren aber ist der Erfolg nicht garantiert. Unter den gegebenen Bedingungen jedoch

Bild links
Todesdrohungen: Jagdgenossenschaftler Jakob Adelgoß streitet für einen für den Wald verträglichen Wildbestand und wurde dafür auch von den eigenen Leuten angegriffen.

Bild rechts
Hier hat ein Hirsch gewütet: Jagdgenosse Herbert Wechs begutachtet einen Wildschaden in der Nähe der neuen Fütterungsstelle.

mussten die Gemeindevertreter nur Zeit investieren, „und diese Zeit war gut investiert“, resümiert Haug. Das erste Treffen aller beteiligten Parteien fand am 21. Oktober 2002 statt. Da ging es zunächst nur um den Ablauf des Verfahrens und um das gegenseitige Kennenlernen. Danach nahm sich Müller jede Gruppe einzeln vor, um mit ihr den Konflikt zu analysieren. „Da hat es oft bloß Beschimpfungen gehagelt“, erinnert sie sich. Beim zweiten so genannten Mediationsforum wurde ein Mediationsvertrag abgeschlossen, der die Regeln der Zusammenarbeit und das Abstimmungsverfahren festschrieb. Danach versuchte Müller, den Konflikt um den Schutzwald in verschiedene Diskussionsfelder aufzuteilen. „Ich wollte den Streit versachlichen, ihn wegbringen von den beteiligten Personen.“ Das war nicht immer einfach. Einerseits gab es zum Teil erhebliche Informationslücken: „Viele wussten gar nicht richtig, was ein Schutzwald eigentlich ist.“ Bei einer Waldbegehung wurde den Beteiligten das Problem drastisch vor Augen geführt. Und dann waren über den eigentlichen Konflikt im Lauf der Jahre persönliche Animositäten gewachsen. Viele redeten nicht oder nur noch das Nötigste miteinander. Vielleicht war es da von Vorteil, dass eine Mediatorin und nicht ein Mediator die Runde leitete. „Man ging ritterlicher miteinander um“, sagt Bürgermeister Haug. Und Herbert Wechs von der Jagdgenossenschaft glaubt: „Ohne sie wäre es sicher heftiger hergegangen.“
Müller hatte in der Entwicklungsarbeit eine ganze Klaviatur von Methoden gelernt, mit der man eine Gruppe aus einer solch verfahrenen Situation he-

834
SDC

Ende gut, alles gut: „Wenn die Situation so bleibt, wie sie jetzt ist, sind wir in 15 Jahren auf der sicheren Seite."

rausführen kann. So ließ sie die Konfliktparteien ihre Sicht der Probleme auf Kärtchen schreiben, um die dann später gemeinsam hierarchisch zu ordnen. Den Männern in der Runde hat das nicht immer gefallen. „Das mit den Kärtchen, das war schon ein bisschen wie im Kindergarten", erinnert sich Jagdgenosse Adelgoß schmunzelnd. Doch die Methodik hatte Erfolg: „Nach einem halben Jahr haben wir begonnen, wie vernünftige Menschen miteinander zu reden." Genau das war das Ziel der Übung. Nach der ersten Hälfte des Mediationsverfahrens „hatten alle ihre ursprünglichen Forderungen vergessen und waren kooperativ", erinnert sich Müller. Dann ging es nur noch darum, einen detaillierten Maßnahmenkatalog auszuhandeln und diesen am Ende in einem für alle verpflichtenden Vertrag festzuschreiben.

Dieser Vertrag wurde am 9. März 2004 bei einer Pressekonferenz und noch am selben Abend bei einer Bürgerversammlung in Hinterstein vorgestellt. Verlierer gibt es in diesem Abkommen nicht. Die Jäger müssen zwar mehr schießen, sind aber gleichzeitig weniger Restriktionen unterworfen: Das Nachtschuss-Verbot wurde gelockert. Die Forstverwaltung verpflichtet sich, in bestimmten Gegenden keine Weißtannen mehr zu setzen. Die mag das Wild nämlich ganz besonders. Die Jagdgenossenschaft aber muss, werden sie abgefressen, höhere Verbiss-Bußgelder bezahlen als für andere Bäume. Im Tal wurden drei Wildfütterungen geschlossen, die im Winter eine Attraktion für Touristen waren. Dafür wurde eine andere abseits des gefährdeten Gebiets errichtet. Die Zipfelsalp stellte dafür den Grund zur Verfügung und verpflichtete sich, Erweiterungen ihrer Weidefläche zu Lasten des Waldes in Zukunft mit den anderen Gruppen abzusprechen. Die Eiskletterer werden auf Informationstafeln gebeten, nur noch zwischen 10 und 15 Uhr zu kraxeln. An der Bergstation des nahen Iseler-Lifts, dem Ausgangspunkt für Touren in der Gegend, werden Skitouren-Gänger auf einer Informationstafel darum gebeten, die Route oberhalb des Schutzwalds zu meiden. Der Deutsche Alpenverein bemüht sich darum, dass diese Routen aus den einschlägigen Führern genommen werden. Jeder gibt ein bisschen, und am Ende gewinnen alle. Ein Kompromiss eben, einer von der guten Sorte.

Noch immer treffen sich die an der Mediation beteiligten Gruppen einmal im Jahr, um zu überprüfen, ob die Ergebnisse des Verfahrens auch umgesetzt werden. Beim ersten Mal war Gaby Müller noch mit dabei. Auch zum zweiten Treffen wurde sie eingeladen, aber da war sie gerade Mutter geworden und blieb zu Hause bei ihrem Sohn. Doch die ehemaligen Konfliktparteien kamen auch ohne sie zurecht. Niemand denkt daran auszusteigen. „Da spielt sicher auch der soziale Druck in so einer kleinen Gemeinde eine Rolle", sagt Forstoberrat Dinser. Es soll ihm recht sein. Der Schutzwald erholt sich ganz langsam. Zwei Waldbrände haben diesen Prozess zwar noch einmal zurückgeworfen. Aber „wenn die Situation so bleibt, wie sie jetzt ist", sagt Dinser, „sind wir in 15 Jahren auf der sicheren Seite."

Autor: Toni Keppeler
Fotograf: Rainer Kwiotek

09 Budoia, Friaul-Julisch Venetien Italien

Wissen, was auf den Tisch kommt: In der Schulmensa in Budoia ist alles bio.

Auf den Geschmack gekommen

Was tun, wenn in der Schulmensa fades Essen auf den Tisch kommt? Einen guten Koch suchen und bei örtlichen Biobauern einkaufen. Die Biomensa in Budoia ist nur eine von vielen Initiativen von Antonio Zambon, der über das Netzwerk „Allianz in den Alpen“ andere Gemeinden zu nachhaltiger Entwicklung anregen will.

Der Bürgermeister atmet den Duft von Olivenöl, Parmesan und Knoblauch, der durch die Schulmensa seiner Gemeinde weht. Es riecht gut und schmeckt auch so. An die hundertfünfzig Kinder an langen Tischen stopfen sich mit Pasta, Fleischbällchen und geschmorten Zucchinis voll. „Alles gesund und bio!“ ruft Bürgermeister Antonio Zambon durch den Lärm. „Und alles aus eigenem Anbau!“ Die Kinder sowieso, aber auch die Zutaten fürs Essen.

Das war nicht immer so. „Vor sieben Jahren, als mein Jüngster in die erste Klasse ging, war uns klar, dass etwas passieren musste“, erklärt Fabia Bares, Mutter von drei Söhnen. Die kleine resolute Frau gehört zu den Mitgliedern der Mensa-Kommission, die sich um das Schulessen kümmert. Sie prüft Speisepläne, Qualität der Zutaten und hilft bei der Essensausgabe. „Damals kaute mein Kleiner auf dem faden Zeug herum, das man hier auftischte. Ich konnte verstehen, dass er es nicht mochte.“

Bürgermeister Zambon, selbst Vater von zwei Töchtern, zieht die Stirn in Falten, wenn er an die Mensakost von damals denkt. Sie stammte aus einer Großküche, die Einheitsgerichte aus mehrheitlich eingefrorenen Zutaten zubereitete, wie es in den meisten Schulen und Betrieben der Provinz Pordenone in Friaul-Julisch Venetien üblich ist. Aufgetaut und aufgewärmt landeten die Portionen schließlich auf den Tellern

Geborener Netzwerker: Budoias Bürgermeister Antonio Zambon hat viele friaulische Gemeinden in die „Allianz in den Alpen" geholt.

Schatten spendende Enge: Budoia in der Region Friaul-Julisch Venetien liegt am Fuß der Alpen und hat zusammen mit seinen beiden Teilgemeinden Dardago und Sacile 2.500 Einwohner.

der Kinder. „Und so schmeckten sie auch!" versichert Mutter Bares. „Wir waren deshalb Feuer und Flamme, als der Bürgermeister vorschlug, die Sache in die eigene Hand zu nehmen."

Bürgermeister Antonio Zambon hatte dabei in erster Linie das Wohl der Kinder im Auge. Darüber hinaus jedoch sah er eine Chance, die Bauern der Umgebung zu unterstützen, die Milch, Käse, Obst, Gemüse und Fleisch liefern sollten. Und weil es um die Gesundheit der Kleinen ging, sollten die Zutaten von Biohöfen der Region stammen. Eine eher ungewöhnliche Idee für einen Italiener. Denn die Vermarktung von Bioprodukten direkt ab dem Hof, die man zum Beispiel in Deutschland seit den Siebzigerjahren kennt, ist in Italien relativ neu, obwohl das Land Europas größter Produzent von Bioprodukten ist. Immerhin ein Drittel der europäischen Produktion an biologischem Obst und Gemüse stammt aus Italien. Aber das meiste davon wird exportiert. Die Italiener selbst verhalten sich beim Kauf ökologischer Lebensmittel zurückhaltend. Im Durchschnitt geben sie pro Jahr dafür nur zwanzig Euro aus, Schweizer dagegen fünfmal mehr.

Doch vom Beschluss bis zur fertigen Kantine brauchte Bürgermeister Zambon mehr als fünf Jahre. „Wir mussten den Weg ebnen für alle, die nachfolgen." Nie hat er im Laufe der jahrelangen Querelen das Ziel aus den Augen verloren, obwohl ihm die italienischen Bestimmungen bisweilen in die Quere kamen.

Antonio Zambon ist ein ruhiger, freundlicher Mensch, Mitte fünfzig, mit einem grauen Schopf über dem gebräunten Gesicht. Aufgewachsen in Brissago bei Locarno in der Schweiz, kehrte er als Vierzehnjähriger mit seiner Familie nach Budoia zurück, der Heimat seiner Eltern in Friaul-Julisch Venetien. Dort, in der Nordostecke Italiens, studierte er auch Elektrotechnik und arbeitet bis heute in einer Zweigstelle von Siemens, für deren Kunden er Computer-Hardware installiert. Sein Job als Bürgermeister ist ein Ehrenamt. Schon immer war Zambon politisch engagiert, aber bewusst auf kommunaler Ebene, „wo man konkret etwas tun kann."

Der linken Partei Democratici di Sinistra nahe stehend, versprach er 1995 als Bürgermeister-Kandidat, den Bau eines Skigebietes zu verhindern, für das die Wiesen und Wälder oberhalb des Dorfes geopfert werden sollten, obwohl es in unmittelbarer Nähe, in Piancavallo, bereits ein Skigebiet gab. Zambon erreichte, dass der Gemeinderat das Projekt ablehnte. Er siegte bei der Wahl im ersten Wahlgang mit 80 Prozent der Stimmen. Er sorgte für einen ökologischen Lehrpfad am Fuß der Berge, Photovoltaikanlagen auf den Dächern der Grundschule und des Rathauses und neue Heizungsanlagen in allen öffentlichen Gebäuden, die Wärme aus Biomasse produzieren. Für die beiden folgenden Amtsperioden wurde er mit ähnlich großer Mehrheit im Amt bestätigt.

Die Gemeinde wächst. Als Zambon Bürgermeister wurde, lebten in dem Städtchen am Fuß der Berge knapp 2.000 Menschen, heute sind es 2.500. Sie finden Arbeit in den örtlichen Fabriken für Möbel, Fenster, Kühlschränke, Metall- oder Wurstwaren. Andere arbeiten in der Provinz oder im 100 Kilometer entfernten Venedig und kommen am Wochenende zurück ins eigene Haus nach Budoia. Der Weg in die schöne Umgebung ist kurz: Er führt über die Piazza zur barocken Kirche und durch die Via Cardazzo mit ihren jahrhundertealten Häusern aus behauenen Steinen. Sie mündet in einen Wald, der im Herbst voller Pilze ist. Bürgermeister Zambon, ein Feinschmecker, weiß, wo sie zu finden sind und wie diese Chiodini und Porcini schmecken: In Balsamico eingelegt und in Olivenöl geschmort, nur mit Pfeffer und Salz gewürzt – ein Genuss! Hinter dem Wald steigen die Alpen abrupt und wie zum Greifen nah aus der Ebene auf. „Sonntags wandere ich da hinauf", sagt er.

Die Geschichte mit der Schulmensa begann vor neun Jahren damit, dass er beim Zulieferer der Großküche Gerichte bestellte, deren Zutaten aus ökologischem Landbau stammen sollten. Ein lohnendes Geschäft, denn die Mensa serviert 180 Mahlzeiten pro Tag, insgesamt 22.000 Mahlzeiten pro Schuljahr. Der Zulieferer sagte zu, lieferte zuverlässig Bioprodukte, wenn auch ein wenig teurer. „Aber das Essen blieb langweilig", erinnert sich Antonio Zambon. „Wir einigten uns deshalb mit der Großküche darauf, dass wir den Einkauf selbst übernehmen würden, wie es die Eltern vorgeschlagen hatten."

Der nächste Schritt war der Eintritt in die Vereinigung der italienischen Bioproduzenten (AIAB), die sich für biologische Landwirtschaft, nachhaltige ländliche Entwicklung und ausgewogene Ernährung einsetzt. Die Eltern bestellten Obst und Gemüse, Fleisch und Pasta bei einer Bio-Kooperative im 55 Kilometer entfernten Udine. „Was die nicht selbst hatten, besorgten sie uns." Für den Anfang reichte es. Aber manchmal kam der Salat aus Holland und das Fleisch aus Österreich. „Aber wir wollten doch so viele Produkte wie möglich aus unserer Gegend, um die Bauern zu unterstützen" – ein Ziel, das die Gemeindevertreter bei einem Treffen der „Allianz in den Alpen" formuliert hatten. In diesem Netzwerk, bei dem Budoia mit Bürgermeister Antonio Zambon 1997 Gründungsmitglied war und wo sich Antonio Zambon heute als zweiter Vorsitzender engagiert, setzen rund 250 Gemeinden aus dem gesamten Alpenraum nachhaltige Entwicklung im Sinne der Alpenkonvention lokal um.

Schließlich fanden die Eltern fünf Bauernhöfe in der Nähe, die seither Obst und Gemüse liefern, dazu mit Franco Rodríguez einen Koch, der viele Jahre ein eigenes Restaurant im deutschen Ostfriesland besaß und

Jeder Mensch ist ein Künstler: Eine Jury aus Eltern sucht den Gewinner eines Malwettbewerbs aus. Die Kinder sollten der Biomensa-Kommission Vorschläge für ein Logo machen.

ein Händchen für die Lieblingsgerichte der Kinder hat: „Sie mögen Pasta, jeden Tag!“ Die Qualität der Bioprodukte lobt Rodríguez in den höchsten Tönen. „Ohne Gift schmeckt doch alles besser! Heute kochen wir zu 98 Prozent bio“, sagt er. „Die restlichen zwei Prozent sind Fisch.“ Eine Mahlzeit kostet sechs Euro; die Eltern bezahlen die Hälfte, die Gemeinde den Rest. Am Jahresende gibt es ein bisschen Zuschuss von der Regionalregierung: 16.000 Euro. „Nicht viel“, meint Zambon, „aber immerhin etwas.“

Beim CIPRA-Wettbewerb „Zukunft in den Alpen“ im Jahre 2005 erhielt die Biomensa einen Sonderpreis über 5.000 Euro. Ein feines, kreatives Projekt, lobte die Jury, nachahmenswert, weil damit nicht nur die einheimische Wirtschaft nachhaltig gestärkt wird, sondern Familien für das Thema Bio sensibilisiert werden, wenn die Kinder ein gesundes Mittagessen bekommen, in Ernährungskunde unterrichtet werden und Bauernhöfe besuchen. Der Preis hat nicht nur Antonio Zambon mit Stolz erfüllt, sondern den ganzen Ort. „Wir erreichten damit Aufmerksamkeit.“ Vor Kurzem berichtete sogar das italienische Fernsehen über die Biomensa und die neue Einkaufsgemeinschaft „GasPedemontana“. Darin haben sich Eltern zusammengeschlossen, um nicht nur die Kinder in der Schulmensa, sondern auch die Familien privat zu versorgen. Sie geben Sammelbestellungen von Bioprodukten bei regionalen Landwirten auf. Andere Ortschaften wie Polcenigo, Aviano und Montereale möchten das Biomensa-Projekt nun nachahmen, ebenso das Städtchen Kamnik, nordöstlich von Lubljana in den slowenischen Alpen gelegen.

Nach dem Besuch der Mensa fährt Zambon hinaus zu Valentino Magris, einem der fünf Bauern, die Gemüse und Obst liefern. Er ist einen Kopf größer als Zambon und streckt dem Bürgermeister seine schwielige Pranke entgegen. Mit seiner Frau Anna-Maria baut er in Malnisio Salat, Tomaten, Mais, Kartoffeln, Zucchini, Äpfel und Birnen an. Gemeinsam schlendern Bauer und Bürgermeister über das sechs Hektar große Anwesen. „Als wir unseren Hof vor acht Jahren auf biologischen Anbau umstellten, traten wir den Verbänden IMC (Istituto Mediterraneo di Certificazione) und Agricoltura Biologica regime di controllo CE bei und das ganze Dorf dachte, wir spinnen", erzählt die Bäuerin. Für biologisch angebaute Produkte bekommt man zwar mehr Geld, hat aber auch viel mehr Arbeit. „Unsere Äpfel verkaufen wir für 25 Cent das Kilo, die herkömmlich angebauten kosten zwanzig Cent." Ein Problem bleibt der Vertrieb, „weil wir zwar vielseitig sind, aber von allem nur wenig haben." Großabnehmer wollen große Mengen, sagt sie. „Wir sind froh, langfristige Abnehmer gefunden zu haben." Fast das gesamte Obst und Gemüse des Ehepaares geht an drei kleine Läden in der Region und an die Biomensa.

Kontakt mit dem Produzenten: Der Bauer Valentino Magris liefert einmal pro Woche Bio-Obst und -Gemüse.

Zambon fährt weiter zu seinem Kollegen Luciano Pezzin in Erto. Sein kleiner Fiat Punto kurvt durch Spitzkehren ins Celina-Tal, am Stausee Lago di Barcis entlang und erreicht nach einer Stunde die engen, steilen Gassen von Erto mit seinen alten Steinhäusern, die über den Steilhang gewürfelt sind. Eine karge Gegend und ein leidgeprüfter Ort, der seit dem Erdrutsch von 1963 ums Überleben kämpft. Bürgermeister Pezzin hat schon oft erzählen müssen, wie sich damals der vom Wasser untergrabene Berg löste, in den Stausee stürzte und eine Flutwelle auslöste, die Teile von Erto und der Nachbardörfer vom Hang wischte. Mehr als 2.000 Opfer waren damals zu beklagen.

Weil es nicht gut ist, mit seinen Problemen allein zu stehen, fiel es Bürgermeister Zambon nicht schwer, den Kollegen in Erto zu überzeugen, der „Allianz in den Alpen" beizutreten. Dank Zambon gibt es in keinem anderen Land eine solche Dichte von Mitgliedschaften wie in Friaul. So oft wie möglich besucht Zambon andere Gegenden und Länder, nimmt Ideen mit und kommt mit Anregungen zurück. Er war in Kirgisistan, Tadschikistan und Kasachstan und ist davon überzeugt, dass es für diese armen Länder in Zentralasien wichtig ist, Erfahrungen auszutauschen, denn „wir haben vor 50 Jahren ähnlich gelebt, wie die Leute dort jetzt. Sie können manches von uns lernen." Beispielsweise, wie man Häuser isoliert. „Im Winter kriechen bei denen die Minusgrade in die Wohnungen. Also haben wir und andere Gemeinden der „Allianz in den Alpen" ein Pilotprojekt finanziert für die

Ohne Gift schmeckt alles besser: Am liebsten essen die meisten Kinder Pasta – die Zutaten sind selbstverständlich bio. Eine Mahlzeit kostet sechs Euro, die Eltern bezahlen die Hälfte, die Gemeinde den Rest.

Isolation von Häusern und den Bau von einfachen, effizienten Öfen." Aber auch Zambon hat gelernt. In den zentralasiatischen Bergen erkannte er, dass die westliche Gesellschaft zwar viel Wissen erworben hat, jedoch alte Werte wie Solidarität und Hilfsbereitschaft verliert. „Wir sind zu egoistisch und zu sehr auf den Konsum fixiert", sagt der Bürgermeister. „Es gibt Dörfer in Kirgisistan, die halten noch immer zusammen wie eine Familie."

Nach seinen Erfolgen hätte sich Bürgermeister Zambon erst einmal zurücklehnen können, wenn nicht im vergangenen Jahr ein bürokratischer Willkürakt seine Mensa in Frage gestellt hätte. Die Carabinieri kontrollierten mehrfach gemeinsam mit ihrer Sondereinheit der Gesundheitsbehörde die Schulküche, überprüften jeden Bestellzettel, jede Abrechnung, vernahmen jedes Mitglied der Biomensa-Kommission und der Kooperative: Wer kauft wo ein, wie viel wird gekauft und zu welchen Preisen? Eine Gemeinde, so erfuhr der überrumpelte Zambon, kann nicht einfach einkaufen, bei wem sie möchte, sondern muss eine Ausschreibung veranstalten, damit sich jeder bewerben kann. So schreibt es das EU-Wettbewerbsrecht vor. „Das kann zum Beispiel dazu führen, dass wir bei einem Importeur Bio-Olivenöl aus Nordafrika kaufen müssen, weil es billiger ist als unseres. Wie sollen dann in Zukunft unsere kleinen Biobetriebe bestehen können?"

Ein Jahr lang dauerte die Untersuchung in Budoia. Die Opposition im Gemeinderat forderte schon den Rücktritt des Bürgermeisters. Doch bei einer Versammlung im überfüllten Gemeindesaal stellten sich Bauern und Eltern geschlossen hinter ihn. So entstand die Idee, ein mit dem EU-Wettbewerbsrecht konformes Verfahren auszuarbeiten, mit dessen Hilfe lange Transportwege für die Produkte vermieden werden könnten und die regionale Wirtschaft gefördert würde. Die Umsetzung wurde möglich durch eine Cofinanzierung von 10.000 Euro aus DYNALP2, einem Förderprogramm der „Allianz in den Alpen", das von der schweizerischen MAVA-Stiftung finanziert wird. Gleichzeitig baut die Gemeinde ihre Mensa weiter aus. „Jetzt bekommen auch zehn Gemeindebediens-tete und etliche alte Menschen, die sich nicht mehr selbst versorgen können, das Mensa-Essen", erzählt Zambon. „Es dürfen noch viel mehr werden." Gefahr von Ermittlungsbehörden droht nicht mehr: Die Ausschreibungsmodalitäten wurden mithilfe eines Juristen so wasserdicht geregelt, dass das Verfahren von anderen Gemeinden mit ähnlichen Problemen einfach übernommen werden kann. Die Ermittlungen gegen den Bürgermeister und Gemeinderat sind vom Tisch. Der zuständige Richter in Pordenone hat die Untersuchungen eingestellt und die Akte geschlossen. Begründung: Der Bürgermeister von Budoia hat im öffentlichen Interesse gehandelt.

Wie wird es weitergehen? „Jetzt müssen wir für unsere Biomensa weitere Nachahmer finden", sagt der Bürgermeister. Und dann sei da noch ein anderes Projekt, das ihm am Herzen liegt, eine neue Kooperative in der alten Käserei, die seit Jahren ungenutzt herumsteht. „Wir renovieren sie, richten einen Laden ein und verkaufen dort unsere Produkte." Milch, Käse, Fleisch, Obst, Gemüse, alles was die Region hergibt. Anderthalb Millionen Euro hat ihm die Regionalregierung für das Projekt bewilligt. „Auf die Kooperative setze ich große Hoffnungen", sagt Zambon. Ein paar junge Bauern seien bereits eingestiegen, freut sich der Bürgermeister: „Geht doch alles, wenn man zusammenarbeitet!"

Autorin: Uschi Entenmann
Fotograf: Ivo Saglietti

Giebel zwischen Gipfeln: Ein Holzhaus, durch und durch aus der Region.

10 Land Vorarlberg Österreich

Wohnkultur aus dem Wald

Die Qualitätsgemeinschaft Vorarlberger Holzbau hat eine nachhaltige regionale Verwertungskette für heimische Holzarten wie Fichten und Weißtannen geschaffen: vom Waldbesitzer über Sägewerke bis hin zu Zimmereien und Architekten.

Im Winter geht Christian Walch mit seinen Kunden in den Wald. Hinauf in die Berge; dorthin, wo in den nächsten Tagen Fichten oder Weißtannen geschlagen werden. „Wenn es schneit, ist es besonders romantisch“, sagt er. Sie suchen dort die Stämme aus, aus denen ihnen Walch ein Holzhaus bauen soll. Im nächsten Winter werden sie darin wohnen.

„60 bis 70 Bäume braucht man für ein Einfamilienhaus aus Massivholz“, sagt Walch. Wenn sie geschlagen sind, werden sie hinunter ins Tal ins Sägewerk gebracht. Von dort gehen sie als Balken und Bretter in Walchs Ökohaus GmbH in Ludesch im österreichischen Vorarlberg, wo sie zu Wänden, Böden oder dem Dachstuhl verarbeitet werden. Walch selbst wohnt – ganz bescheiden – hinter der Montagehalle in einem Tipi.

Ein paar Wochen später verlassen die fertigen Teile die Werkstatt. Dann dauert es noch zwei, höchstens drei Tage, und der Rohbau steht. Rinde und Äste und alles, was im Laufe dieses Prozesses zu Spänen oder Sägemehl wurde, kommt ins Heizkraftwerk nach Gaschurn und wird in Energie umgewandelt. Eine geschlossene regionale Verwertungskette, an der alle Beteiligten verdienen: die Waldbesitzer, die Waldarbeiter, die Sägewerke, die Zimmerer und die Architekten. Und nicht zuletzt nützt sie der Umwelt. Denn Wald ist nicht nur ein nachwachsender Rohstoff und Energieträger. Weil in Vorarlberg mehr Holz nachwächst als geschlagen wird, bleibt seine Funktion als Erholungsraum, als grüne Lunge und als Schutz vor Bodenerosion und Lawinen erhalten.

Seine Werkstatt ist hochmodern, er selbst wohnt in einem Indianerzelt: Christian Walch, Chef der Ökohaus GmbH in Ludesch.

Dass die Verwertungskette funktioniert, sagt Walch, „das ist vor allem dem Ammann zu verdanken". Der hatte mit Holz zunächst eigentlich gar nichts im Sinn. Dr. Matthias Ammann ist studierter Jurist und „Netzwerker und Lobbyist aus Leidenschaft". Es war eher Zufall, dass er zur Wirtschaftskammer Vorarlberg kam und dort unter anderem für die Betreuung der Zimmerer zuständig war. Die waren damals – es ist gut zehn Jahre her – in einer tiefen Krise, weil Flachdächer Mode waren und kaum mehr Dachstühle gebraucht wurden. Ammann suchte nach einem Ausweg und fand ihn: Die Qualitätsgemeinschaft Vorarlberg Holzbau, eine regionale Kooperative aus Waldbesitzern, Sägern, Zimmerern, Zulieferpartnern und Architekten. Das Ziel: Bauen mit Holz, das in Vorarlberg eine Jahrhunderte lange Tradition hatte und erst nach dem Zweiten Weltkrieg in Vergessenheit geraten war, wieder attraktiv zu machen.

In den Betrieben kamen junge Leute ans Ruder, die offen waren für neue Ideen.

1997 wurde die Qualitätsgemeinschaft gegründet. Man kann sich vorstellen, was das für eine Arbeit war: Kleine Handwerker an einen Tisch zu bringen, denen – wie in allen ländlichen Regionen üblich – der eigene Familienbetrieb über alles geht und der Nachbarbetrieb nur lästige Konkurrenz ist. Dafür braucht es einen wie Ammann. Einen der von seiner Mission überzeugt ist. Einen der reden kann wie die Leute und der jedem sofort das Du anbietet. „Ich und wir alle hatten auch einiges Glück", wiegelt er allzu viel Lob ab. „In vielen Betrieben hatte ein Generationswechsel stattgefunden. Junge Leute kamen ans Ruder, die offen waren für neue Ideen."
Der Auftakt zur Qualitätsgemeinschaft war fulminant. Ammann hatte die Idee, dem Bauen mit Holz durch einen Holzbaupreis Öffentlichkeit zu schaffen. Das innovativste Einfamilienhaus aus dem natürlichen Baustoff sollte prämiert werden. 160 Bewerbungen aus ganz Vorarlberg gingen ein. Und bei der Preisverleihung hatten die Holzbauer die ganz große Bühne mit Prominenz aus Politik und Wirtschaft. Inzwischen wird der zweijährig ausgeschriebene Preis auch in den Kategorien Mehrfamilienhaus, öffentliche Gebäude, Gewerbegebäude, Gebäude außerhalb Vorarlbergs und Sanierung vergeben und ist weit über die Grenzen hinaus bekannt. Rund 30.000 architekturinteressierte Touristinnen und Touristen kommen Jahr für Jahr nach Vorarlberg, um die Ergebnisse dortiger Holzbaukunst zu studieren. Ein Nebeneffekt, über den sich Hotellerie und Gastwirte freuen.
In der Qualitätsgemeinschaft arbeiten inzwischen 46 von 70 Zimmereien der Region mit. Dazu kommen 38 Zulieferer, von Waldbesitzern über Sägewerke und Händler bis hin zu Holz verarbeitenden Betrieben. Dazu 14 Architekturbüros. Die Erfolge sind messbar. Schon in den ersten sechs Jahren hat sich der Umsatz der Zimmereien im Holzbau verdoppelt – und das bei allgemein sinkendem Bauvolumen. 35 Betriebe haben seither erweitert. Der Anteil des Holzbaus in Vorarlberg ist von vorher fünf auf heute 15 bis 20 Prozent gestiegen. Nicht nur die Zimmereien profitierten davon. Auch bei Waldbesitzern und Sägewerken blieben 6,6 Millionen Euro hängen.
„Es wäre noch mehr drin", sagt Hubert Malin, der Leiter des größten Forstbetriebs in Vorarlberg. „Wir schlagen weniger Holz als nachwächst." Malin ist Herr über die 8.650 Hektar Gebirgswald des Stand Montafon, eines Zusammenschlusses mehrerer Gemeinden im Illtal. 6.500 Hektar davon werden bewirtschaftet. Der Rest ist reiner Schutzwald, in Lagen, die zu steil oder zu felsig sind, um rentabel zu sein. Waldwirtschaft ist noch immer Knochenarbeit. Man sieht es den Männern an, die in Malins Gebiet am Garfrescha über Sankt Gallenkirch gefällte Fichten mit einer Seilwinde in schonend in den Wald geschlagenen schmalen Schneisen den Berg heraufziehen. Muskelbepackte Kerle arbeiten mit Kettensägen

Der Stoff, aus dem ein Haus entsteht: Aus frisch geschlagenen Stämmen in einem Sägewerk in St. Gallenkirch im Montafon werden Bretter und Balken für die heimische Bauindustrie.

oder im Bagger, dessen Prozessor-Kopf einen Stamm in Sekundenschnelle entasten und auf Länge sägen kann. „Die Arbeit ist hart und gefährlich", sagt Manfred Rupp, der Chef der Truppe. „Wir arbeiten in extremem Gelände. Du musst nur einmal stolpern, und schon gehst du ab."

Reich wird man damit nicht. „Das Sägewerk bezahlt heute deutlich weniger für den Kubikmeter als vor 25 Jahren", sagt Malin. Aber schließlich sei Wald mehr als nur eine Wirtschaftsressource. Und es werden bessere Zeiten kommen, da ist der Forstwirt sicher. Denn Öl geht irgendwann zur Neige. Holz aber wächst nach. „Erneuerbare Rohstoffe werden sich langfristig immer rechnen."

Schon jetzt rechnet Anton Amann, Fachgruppenvorsteher der Vorarlberger Sägeindustrie, viel entspannter als noch vor ein paar Jahren. Früher, sagt er, „waren wir die Sklaven der Papier-, Zellstoff- und Plattenindustrie. Die haben uns die Preise für unser Restholz diktiert. Neuerdings aber setzt Vorarlberg auf holzgefeuerte Heizkraftwerke, und das, so der Säger, „ist einfach super": Garantierte Abnahme und kurze Transportwege machen das Restholz rentabel. Amann, dessen Familienbetrieb mitten im Städtchen Hohenems liegt, setzt vor allem auf Balken und Bretter aus Massivholz: schöne Stämme mit wenigen Ästen, wie sie Walch für seine Biohäuser liebt. „Das ist die Nische des kleinen Sägers."

Einen größeren Marktanteil als Massivholz hat das so genannte Konstruktionsvollholz (KVH), aus dessen Balken Astlöcher und andere Fehler herausgeschnitten und das danach mit Keilzinkenverbindungen wieder zusammengesetzt wird. Es ist genauso stabil wie Massivholz, aber billiger – wenn auch nicht ganz so schön. KVH stellen nur die großen Sägewerke her. „25.000 bis 30.000 Kubikmeter pro Jahr sind das Minimum", sagt Amann, „Sonst rechnen sich die Investitionen in die Maschinen nicht." Die Vorarlberger Säger sind da viel zu klein. Amann verarbeitet um die 10.000 Festmeter im Jahr. Sein Kollege Elmar Marlin in Gortipohl im Montafon überlegt sich die Investition. Er bekommt viel Holz mit Unregelmäßigkeiten angeliefert – und exportiert einen Gutteil seiner Balken in die großen KVH-Werke in Süddeutschland. „Im nächsten Jahr wird die Entscheidung fallen", sagt er. Für KVH spricht schlicht der Preis. Herbert Brunner, Holzbaumeister und Obmann der Qualitätsgemeinschaft, würde gerne nur mit Massivholz bauen. „Aber der Preiskampf wird immer härter, und ein Einfamilienhaus mit KVH ist rund 800 Euro billiger als eines aus Massivholz." Und: Die großen Werke können innerhalb einer Woche liefern. Kleine Massivholz-Säger dagegen brauchen drei bis vier Wochen. „Bei der immer kurzfristigeren Auftragsvergabe ist das ein Problem." Geschäftsführer Matthias Ammann schwebt vor, dass sich irgendwann eine Gruppe kleinerer Vorarlberger Sägewerke zusammenschließt, um die Investitionen für ein KVH-Werk gemeinsam zu stemmen. So, wie schon jetzt mehrere Zimmereien bei Großaufträgen zusammenarbeiten.

Bild links
Im Holzbau steckt Potenzial:
In Österreich wird nur jedes zwanzigste Haus aus Holz gebaut, in Vorarlberg aber mittlerweile jedes fünfte. Hier die Hauptschule in Klaus.

Bild rechts
Neue Ideen und alte Werte:
Matthias Ammann, Initiator der Qualitätsgemeinschaft Holzbau, fährt mit einem Oldtimer-Moped von Termin zu Termin.

Gemeinsam halten die Zimmerer auch die Konkurrenz auf dem Fertigbau-Sektor in Schach. „Vor 15 Jahren waren Fertighäuser im Holzbau noch kein Thema", sagt Brunner. „Heute haben Fertighäuser schon die Hälfte des Marktes." Ein Familienbetrieb kann in diesem Segment nicht alleine mitspielen. „Wir marschieren deshalb als Gruppe von sieben Zimmereien gemeinsam", sagt Brunner. Jeder Betrieb bietet zwei Typen von Fertighaus an, die unter dem Markennamen „Fixhaus" in einem gemeinsamen Katalog vorgestellt und gemeinsam beworben werden. „Das hat eingeschlagen."
Nach zehn Jahren Qualitätsgemeinschaft, stellt Obmann Brunner fest, „sind wir selbstverständlicher geworden. Wir haben eine Decke erreicht und brauchen nun den nächsten Schwung." Potenzial sei noch da: In Österreich werden vier bis fünf Prozent der Häuser aus Holz gebaut. Vorarlberg liegt da mit 15 bis 20 Prozent zwar weit über dem Durchschnitt, in Skandinavien aber sind bis zu 80 Prozent der Neubauten aus Holz. Da ist also noch Luft drin. „Wir müssen die Kunden nur so weit bringen, dass sie ein Holzhaus haben wollen." Ammann weiß auch schon wie: „Wir müssen an die Architektinnen und Architekten ran. Das sind die Materialentscheider."
Wie immer, fängt der leidenschaftliche Lobbyist ganz unten an: So, wie er bereits für Zimmererlehrlinge mit dem Projekt „Holzbau-Zukunft" ein die Ausbildung begleitendes Seminar- und Praxisprogramm ins Leben gerufen hat, sollen nun auch die Architekten schon bei ihrer universitären Ausbildung ans Bauen mit Holz herangeführt werden: Kürzlich wurde in

LOT
HOLZBAU
LOT
HOLZBAU

Gute Aussicht: Haus aus heimischem Holz in Bartholomäberg im Montafon. Drei Monate lang bereiten die Zimmerer die Bauteile vor. Auf der Baustelle dauert es nur drei Tage, bis der Rohbau steht.

Tirol ein zunächst temporärer Lehrstuhl für Holzbau eingerichtet.

Zweimal schon hat Amman einen Ideenwettbewerb für Architekturstudenten ausgeschrieben und die Ergebnisse in großflächigen opulenten Heften präsentiert. Jetzt arbeitet er in seiner Funktion als Geschäftsführer des Verbandes Holzbau Austria an einem ständigen österreichweiten Betreuungsprogramm für Studenten.

Und Ammann träumt davon, dass sich die zukünftigen Architekten auch an hohe Gebäude aus Holz wagen dürfen. Erste Forschungsaufträge laufen bereits. Nach monatelanger Lobbyarbeit gibt es nun den fertigen Entwurf für ein neues Baugesetz in Österreich, das Holzbau auch bei Gebäuden von mehr als vier Stockwerken erlaubt. „Zehn Geschosse", sagt der Lobbyist, „sind überhaupt kein Problem."

Und dann müssen auch noch die Zauderer unter den Bauherren überzeugt werden, die immer noch glauben, Holzhäuser seien Baracken und würden leicht abbrennen. Ammann hat die Argumente bereit: Holzarchitektur ist leicht. Da sind Formen möglich, von denen Architekten bei anderen Materialien nicht einmal zu träumen wagen. Häuser aus Vorarlberger Holz haben eine kaum mehr zu verbessernde Energie- und Umweltbilanz: Kurze Transportwege vom Wald über den Säger bis zur Baustelle. Was die so genannte „graue Energie" angeht, also diejenige, die für Herstellung, Transport und Entsorgen eines Produkts nötig ist, sind Holzhäuser denen aus anderen Baustoffen ohnehin überlegen. Sollte ein sauber gebautes Haus wieder abgerissen werden, scherzt Amman, „kann man es einfach in den Ofen schieben". Und gewinnt dabei sogar Energie zurück.

Bleibt der Einwand der Brandgefahr. Doch der beruht schlicht auf Gerüchten: Holz ist selbst im Brandfall sicher. Tests haben bewiesen, dass ein Balkengerüst länger stehen bleibt als ein Stahlgerüst. Nichts verbiegt sich unter der Hitze. Nichts explodiert überraschend wie eine Stahlbetondecke. Und Holz isoliert besser: Wird eine 20 Zentimeter dicke Holzwand von einer Seite eine Stunde lang mit tausend Grad erhitzt, steigt die Temperatur auf der anderen Seite um gerade zehn Grad. Im Brandfall kann das lebensrettend sein.

Was für Hitze gilt, gilt genauso für Kälte. Holzhäuser, sagt Öko-Holzbauer Walch, haben einfach ein besseres Klima. Sie nehmen Wärme langsamer auf und geben sie auch wieder langsam ab. Sie haben eine um 56 Prozent höhere Speicherfähigkeit als Steinhäuser. Verblüffende Zahlen, die manchmal nicht einmal Experten glauben. Walch, vor zehn Jahren noch ein Einzelkämpfer ohne eigenen Betrieb, kennt diese Skepsis von Anfang an. Schon bei seinem ersten Holzhaus-Projekt hatte er Probleme, einen Partner zu finden. Er baute das Haus eben alleine, in einer angemieteten Werkstatt. Nur ein Rentner hat ihm geholfen. Dann bewarb er sich mit dem Objekt um den ersten Holzbaukunst-Preis der Qualitätsgemeinschaft – und gewann. Inzwischen hat er einen eigenen Betrieb mit 20 Angestellten. Er experimentiert noch immer. Im vergangenen Jahr bewarb er sich um Forschungsgelder für die Entwicklung eines Passivhauses mit Erdwärme, ganz aus Holz. Die Jury lehnte ab: Das könne so nicht funktionieren. Walch baute das Haus trotzdem. Es funktioniert besser, als er vorher errechnet hatte.

Autor: Toni Keppeler
Fotograf: Rainer Kwiotek

Die Aussichten sind gut: Trotz ihrer Abgeschiedenheit hat die Stadt kaum Arbeitslose und viel Kultur.

11 Idrija, Küstenland Slowenien

Das Erbe des Quecksilbers

Wie in der slowenischen Stadt Idrija der Strukturwandel vom Bergbau zum High-Tech-Standort gelungen ist.

Die Unterwelt ist ein einsames Fleckchen Erde geworden. Hinter der quietschenden Stahltür, mit viel Kraft aufgestemmt, wartet ein kalter Lufthauch. Das Einzige, was man hört, ist das Tapp, Tapp von tropfendem Wasser. Die Transportkörbe stehen still, es gibt kein Bohren und kein Hämmern. In der kleinen, in den Stein gehauenen Kapelle blicken die heilige Barbara und der heilige Achatius ins Leere, weil keine Kumpel da sind, die ihre Schutzheiligen um eine sichere Rückkehr aus der Grube bitten. Nur die Totengräber der Mine sorgen noch für Abwechslung: jene 20 Männer, die dafür sorgen, dass die Pumpen laufen und tief unten kein Gestein ausgewaschen wird, damit die viele Meter höher liegende Stadt nicht eines Tages absackt. Und gelegentlich gibt es Touristen, die gebückt durch die niedrigen Gänge des Quecksilberbergwerks huschen, das einst eines der größten der Welt war. Wenn ihr Rundgang beendet ist, hört man nur noch das Wasser: tapp, tapp. Nichts wird mehr gefördert im Antonius-Stollen. Es ist vorbei.

Oben, an der Erdoberfläche, wo sich die slowenische Stadt Idrija dreiecksförmig in zwei enge Alpentäler zwängt, könnte jetzt große Depression herrschen. Idrija könnte eine Stadt sein, die in der Vergangenheit lebt und den goldenen Zeiten nachtrauert, in denen sie wichtig war wegen des Quecksilbers. Eine Stadt, aus der alle nur noch weg wollen. Doch wer heute nach Idrija kommt, trifft auf einen Bürgermeister, der stolz erzählt, man habe bei 6.000 Einwohnern gerade 80 Arbeitslose. In den Cafés sitzen junge Leute, in den Büros präsentieren Geschäftsleute beeindruckende Umsatzzahlen. Der Geologe, der dafür verantwortlich ist, die Mine zu schließen, will den Ort zum Zentrum

Gesteinsproben eines giftigen Metalls: Ab 2010 ist Quecksilber in Europa verboten. „Wir wissen, wie man kontaminierte Flächen saniert", sagt Geologe Bojan Režun.

der Quecksilberforschung machen. Idrija ist ganz und gar keine Stadt des Niedergangs.

„Wissen Sie“, sagt Bürgermeister Bojan Sever, „Idrija ist nur scheinbar eine kleine Stadt am Ende der Welt.“ Die Täler sind so eng, dass nie eine Bahnlinie in den Ort gebaut wurde; der nächste Autobahnanschluss ist 30 Serpentinen-Kilometer entfernt. Die schlechte Anbindung mag ein negativer Standortfaktor sein. Die Entwicklung der Stadt aber wurde dadurch nicht behindert. Zuerst mit der Pferdekutsche, dann mit dem Lastwagen wurde das Quecksilber abtransportiert. Das Metall war kompakt und sehr wertvoll. Als die Mine geschlossen wurde, bedurfte es ebenfalls keines Straßenbauprojekts: Idrijas heutige High-Tech-Industrie braucht nicht täglich Lastzüge voller Material. Wichtiger für den Erfolg ist das Know-how der Beschäftigten. Weil man in Idrija Probleme gemeinsam angegangen ist und gemeinsam Wege aus der Krise erarbeitet hat, ist die soziale Struktur in diesem peripheren Gebiet intakt geblieben, der Strukturwandel gelungen: Niemand muss abwandern. Die Bevölkerungszahl ist stabil, Spezialistinnen und Spezialisten aus ganz Slowenien kommen in den Ort, um hier zu arbeiten.

Zusammen mit Minen in Spanien und Peru entsteht eine weltumspannende „Straße des Quecksilbers“.

Ein Stück weit wiederholt sich hier die Geschichte: Trotz der Abgeschiedenheit kamen in den vergangenen fünf Jahrhunderten Arbeiter aus aller Herren Länder, um die 1490 entdeckten Quecksilbervorkommen ans Tageslicht zu fördern. Gelehrte reisten aus Mailand an und aus Madrid, aus Wien und aus Berlin, um unter der Erde zu forschen und Erfindungen zu erproben. Im Stadtmuseum erfährt man, welche technischen Neuerungen dank der Mine über die Jahrhunderte Einzug hielten: vom vermutlich größten Wasserrad Europas, das ein gigantisches Pumpen-System antrieb und heute noch an seinem ursprünglichen Standort zu sehen ist, bis hin zu riesigen Dampfmaschinen, die unter Tage für Energie sorgten.

Das Ausstellungshaus wurde vor zehn Jahren als bestes europäisches Museum der Technikgeschichte ausgezeichnet. „Das Interesse an der Geschichte der Stadt ist außergewöhnlich groß“, sagt Leiterin Ivana Leskovec. Der Hauptsitz ihres Museums liegt in einer über der Stadt thronenden Burg, in der einst das wertvolle Quecksilber gelagert wurde. „200 Leute unterstützen unseren Förderverein. Wir bieten neben der Ausstellung ein Kulturprogramm, das sich sehen lassen kann“: Vortragsreihen, Konzerte im Burghof und Exkursionen – zum Beispiel zu den so genannten „Slowenischen Pyramiden“, jenen mit großem Aufwand in enge Täler gebauten Schleusen. Hier wurden Gebirgsflüsse aufgestaut. Das nur wenige Mal im Jahr abgelassene Wasser transportierte dann Holz mit großem Schwung viele Kilometer weit zu den Hüttenwerken in der Stadt, in denen das Quecksilber aus Zinnobererz gelöst wurde.

Das technische Erbe Idrijas zieht mehr und mehr Touristen an. In Idrija finden sie ein Drittel aller Maschinen und Gebäude, die in Slowenien wegen ihrer Rolle in der Geschichte der Technik unter Denkmalschutz stehen. Besucherinnen und Besucher können nicht nur die Mine besichtigen, sondern auch einen Großteil des Maschinenparks. Auch ein Knappenhaus wurde restauriert, in dem man Details über das harte Leben der Bergarbeiter und ihrer Familien erfährt. Derzeit ist eine weltweite Kooperation unter Schirmherrschaft der UNESCO in der Vorbereitung: Gemeinsam mit den Museen von Quecksilber-Minen in Peru und Spanien soll eine den Globus umspannende „Straße des Quecksilbers“ initiiert werden.

Das Schuften im Bergwerk war eine Aufgabe für Männer – hart, aber häufig nicht gut bezahlt. Wollten sie ihre Familien durchbringen, mussten die Frauen dazuverdienen. Als im 17. Jahrhundert deutsche und

Eine Stadt behält ihren Glanz: Nach dem Schließen der Quecksilbermine ist Idrija keine Stadt des Niedergangs. Die High-Tech-Industrie boomt.

tschechische Arbeiter in die slowenische Stadt kamen, um unter Tage zu arbeiten, brachten ihre Frauen das Wissen um die Herstellung von Klöppelspitze mit. Die Knüpftechniken wurden in Idrija so perfektioniert, dass „Idrianische Spitze" nach ganz Europa und später auch nach Amerika exportiert wurde. 1876 bekam das Städtchen sogar eine eigene Schule, in der Mädchen das Knüpfen von komplizierten Mustern lernten. Sie existiert noch immer. Für Spitze aus Idrija – eine geschützte Herkunftsbezeichnung – werden Spitzenpreise bezahlt. In fünf Galerien ist das Kunsthandwerk zu besichtigen.

Nach dem Zweiten Weltkrieg jedoch verlangte niemand mehr nach dem Zierat. Die Frauenarbeitslosigkeit in Idrija war hoch, und so wies die damalige sozialistische Regierung einige Staatsbetriebe an, Fabriken für Produkte zu bauen, zu deren Herstellung es vieler flinker Hände bedurfte. Diese politische Entscheidung machte die Frauen zu Industriearbeiterinnen, die elektronische Bauteile zusammensteckten. Was auf niedrigem technischen Niveau begann, entwickelte sich zu einem profitablen Wirtschaftszweig. Bereits Ende der Sechzigerjahre kam ein Joint-Venture mit der deutschen Firma Kautt und Bux zustande. Der Technologietransfer ist schnell gelungen: Bald stellten die Firmen aus Idrija Produkte her, die auch international konkurrenzfähig waren. „Diese Entwicklung erwies sich später als Segen für die Stadt", sagt Bürgermeister Sever. „Als Ende der Siebzigerjahre die Quecksilbermine in die Krise geriet und der

Unter die Lupe genommen: Ein Mitarbeiter der Firma Kolektor prüft Kommutatoren, die später in Elektromotoren eingebaut werden.

Beschluss fiel, sie zu schließen, gab es in Idrija Unternehmen, die qualifiziertes Personal sehr gut gebrauchen konnten."

Das Ende des Bergbaus kam überraschend schnell. „Noch in den Sechzigerjahren bekam man für eine Flasche mit zweieinhalb Litern Quecksilber knapp 850 US-Dollar – das waren goldene Zeiten für die Mine", erinnert sich Bojan Režun, der seit 25 Jahren als Geologe für die Betreibergesellschaft arbeitet und heute die Schließung der Mine koordiniert. In den Zeiten des Kalten Kriegs und des Vietnam-Konflikts gierte die Waffenindustrie nach dem Metall. Später, als die Nachfrage sank und die Produktion der Minen weltweit stieg, sackte der Preis nach unten. Die Mine wurde unrentabel. Anfang 1977 wurde die Produktion eingestellt. In den Achtzigerjahren wurde zwar noch einmal kurzfristig auf niedrigem Niveau gefördert. Nicht, dass es rentabel gewesen wäre. „Das Know-how der Minenarbeiter sollte erhalten bleiben", erklärt Režun. Doch 1988 war es endgültig vorbei. Heute sorgen nur noch 20 Mitarbeiter dafür, dass Wasser abgepumpt wird und dass die unterirdischen Gänge nicht einbrechen.

Doch Režun will, dass das Bergwerk Zukunft hat: Es soll ein Forschungszentrum für Quecksilber werden. „Die Menschen hier haben 500 Jahre lang mit Quecksilber gelebt. Es gibt bei Ärzten, Ingenieuren, Technikern und Wissenschaftlern einen großen

Erfahrungsschatz im Umgang mit diesem giftigen Stoff", sagt der Geologe. „Schließlich hat die Stadt nicht nur vom Quecksilber gelebt, sondern auch darunter gelitten." Man starb früh als Minenarbeiter in Idrija; häufig war eine Quecksilbervergiftung der Grund. Der Fluss war durch giftige Rückstände verseucht, der Erdboden rund um die Schmelzen ist Sondermüll. Erst in diesem Jahr musste die Stadt einen neuen Kindergarten bauen, weil der Grund unter dem alten durch Minenabfälle verseucht ist.

„Ab dem Jahr 2010 wird Quecksilber in Europa verboten sein", sagt Režun. „Wir wissen, wie man mit Quecksilber kontaminierte Flächen saniert. Wir wissen, welche Auswirkungen der Stoff auf die Gesundheit hat. Wir wissen, wie man Minen schließt und so konserviert, dass sie auch auf längere Sicht keine Gefahr darstellen." Die Chancen, dass das Forschungszentrum zustande kommt, stehen gut: Kooperationen mit Universitäten laufen an, für Geologen stehen Gesteinsproben bereit. Und es zeichnet sich noch eine Möglichkeit ab, die alte Mine zu nutzen: Wenn Quecksilber verboten sein wird, muss all das aus Thermometern und anderen Geräten aussortierte Metall irgendwo sicher gelagert werden. Warum nicht in Idrija – dort, wo unter der Erde immer noch 14.000 Tonnen Quecksilber lagern, mehr als zehn Prozent der bekannten weltweiten Vorräte?

Eines Tages könnte es also wieder Bedarf geben für das Know-how der ehemaligen Beschäftigten der Mine. Als das Bergwerk geschlossen wurde, kamen viele von ihnen in den Firmen unter, die einst für die Frauen der Minenarbeiter in Idrija angesiedelt worden waren. „Wir haben allein in der Abteilung der technischen Zeichner damals auf einen Schlag 50 Leute eingestellt", erinnert sich Stojan Petrič an die Zeit Ende der Siebzigerjahre.

Petrič war damals ein junger Ökonom in dem Betrieb, der als deutsch-jugoslawisches Joint-Venture Elektronik-Bauteile produzierte. 30 Jahre später ist er immer noch dort – inzwischen als Präsident einer Firma mit 260 Millionen Euro Jahresumsatz und 1.200 Beschäftigen allein in Idrija. Nebenbei bemerkt der 58-jährige Unternehmer, dass die deutsche Muttergesellschaft übernommen wurde, als diese in finanzielle Schwierigkeiten geraten war. Kolektor, wie das Unternehmen heute heißt, ist Marktführer bei Kommutatoren – Gleichrichter, die in Elektromotoren eingebaut werden – und liefert diese in Millionen-Stückzahlen an die Autoindustrie. Zum Stammwerk sind Fabriken in Südkorea, China, Brasilien, Russland, den USA und im Iran gekommen.

Global Player kann man auch werden, ohne seine Wurzeln zu vergessen: „Wir kommen aus Idrija, und wir bleiben hier auch", verspricht Petrič. Die Firma könne sich zwar nicht gegen den Markt stellen und werde künftig verstärkt in jenen Ländern produzieren, in denen die Lohnkosten niedriger sind als in Slowenien. „Die Zentrale und wichtige Abteilungen wie Forschung und Entwicklung werden wir aber auf jeden Fall hierbehalten."

Kolektor steht nicht allein. Das Unternehmen Hidria ist ebenfalls aus einem früheren Staatsbetrieb hervorgegangen. In Idrija und Zweigwerken in zwei Nachbarorten produzieren insgesamt 1.300 Beschäftigte Heizungssysteme, Klimaanlagen, Ventilationssysteme und Pumpen für die Automobilindustrie. „Wir profitieren von der technischen Tradition in der Region und von der Arbeitsmoral der Menschen", sagt Miloš Šturm, Direktor für die Bereiche Entwicklung und Strategie. „Wenn es hier einen Meter Schnee hat, dann kommen die Leute trotzdem pünktlich zur Arbeit – auch wenn sie von den Bergen runtermüssen." Das einzige Problem des Managers: „Wir finden in Idrija nicht genügend qualifizierte Mitarbeiter."

Hidria und Kolektor werben deshalb in ganz Slowenien und auch darüber hinaus um Spezialisten. Gleichzeitig bemühen sich beide Firmen, in der Heimatstadt Jugendliche für technische Berufe zu begeistern. Ihr Partner dabei ist eine Schule mit langer Tradition: In einem neoklassizistischen Prachtgebäude residiert

Schicht im Schacht: Statt Mineuren huschen nun vor allem Touristen durch das ehemalige Bergwerk. Heute sorgen nur noch 20 Bergleute dafür, dass Wasser abgepumpt wird und die unterirdischen Gänge nicht einbrechen.

seit 1901 das Realgymnasium Jurij Vega. „Wir sind nicht nur eine der ältesten Schulen des Landes, sondern waren auch die erste weiterführende Schule, in der die Schüler auf Slowenisch unterrichtet wurden und nicht auf Deutsch oder Französisch", erzählt Direktor Borut Hvalec. Ihr Ruf war derart gut, dass viele von weit her kamen, um sich ausbilden zu lassen – nebenan gab es in der Quecksilbermine oft den passenden Job. So sammelte sich in Idrija Wissen, das später der Stadt – und den neu angesiedelten Betrieben – zum Erfolg verhalf.

Heute zählt das Realgymnasium noch immer zu den besten Schulen des Landes und ist Vorreiter bei einer neuen Form der Bildungskooperation: Schüler lernen die Firmen der Region nicht nur durch klassische Praktika kennen, sondern suchen gemeinsam mit ihren Mentoren aus der Industrie nach Lösungen für Probleme der Arbeitswelt. Einer hat dann vielleicht die Aufgabe, neue Formteile für Werkzeuge herzustellen; eine Schülerin kümmert sich darum, wie die Laufzeiten eines Fließbands optimiert werden können. „Das Projekt bringt beiden Seiten Vorteile", erklärt Rektor Hvalec: „Die Schüler lernen die Firmen der Region kennen und erfahren, wie es in der Arbeitswelt wirklich zugeht. Und die Firmen haben die Möglichkeit, sehr früh qualifizierte junge Leute an sich zu binden."

Nach dem erfolgreichen Start der Initiative im Realgymnasium Jurija Vege sollen nun andere Schulen der Region das Konzept nachahmen.

Idrija, das kleine Städtchen am Rande der slowenischen Alpen, hat also viele Gründe, trotz der Schließung der Quecksilbermine nicht in Depression zu verfallen. Allein die beiden Firmen Kolektor und Hidria beschäftigen inzwischen doppelt so viele Menschen wie früher das Bergwerk, das wiederum zu einer Attraktion für Touristen geworden ist. Die Verwaltung setzt viel daran, die zur Gemeinde gehörenden Bergdörfer und Einzelbauernhöfe besser an die Stadt anzubinden: Trotz des schwierigen Terrains und insgesamt 370 Straßenkilometern gibt es in der Gemeinde nur noch wenige schlecht instand gehaltene Schotterpisten. Menschen, die in der Region Idrija auf dem Land leben, müssen auf Kontakte in der Stadt nicht verzichten. Dort blüht das Vereinsleben: In 30 Sportvereinen haben sich die Einheimischen organisiert, vom klassischen Turnverein bis zu Gleitschirmfliegern und Mountainbikern. Dazu bereichern 20 kulturelle Gruppen den Veranstaltungskalender: Im Juli und August gibt es zwei größere Kulturfestivals mit Konzerten, Ausstellungen und Shows, bei denen sich Tradition und Moderne mischen. Dazu kommen übers Jahr verteilt weitere Konzerte, Fotoschauen und Lesungen.

Warum ist in Idrija gelungen, was andere ehemalige Bergbauregionen nicht zustande brachten? „Natürlich hatte die Stadt gute Voraussetzungen und auch viel Glück", sagt Bürgermeister Sever: Eine Schule, die für qualifizierte Arbeitskräfte sorgt, und die frühe politische Entscheidung, verarbeitende Industrie als Ersatz für den niedergehenden Bergbau anzusiedeln. „Ohne dies wäre ein Strukturwandel nicht so schnell und ohne große Probleme zu schaffen gewesen." Aber alle guten Voraussetzungen und alles Glück würden nichts helfen, „hätten wir nicht so viele Menschen, die sich engagieren und Idrija attraktiv machen – für die Einheimischen, für Zuwanderer und für Touristen."

Autor: Helge Bendl
Fotograf: Lukas Coch

Hotelburgen stehen anderswo: 1.500 Einwohner verteilen sich auf ein paar Dutzend Ortsteile.

12 Lesachtal, Kärnten
Österreich

Ein Dorf ist aus dem Koma erwacht

Wie die Gemeinde Lesachtal im österreichischen Kärnten mit sanftem Tourismus, vielen kleinen Initiativen und Fördermitteln zu einer ausgezeichneten Berglandschaft wurde.

Von Klagenfurt aus muss man viele Kurven hinauffahren, um in das Hochtal entlang der Gail zu gelangen. Dort liegt Lesachtal, eine Gemeinde, die es erst seit 1973 gibt. Damals schlossen sich die Dörfer Birnbaum, Liesing, St. Lorenzen und Maria Luggau zusammen: 1.500 Einwohner in 450 Haushalten, verteilt auf ein paar Dutzend Ortsteile, die jeweils aus einer Handvoll kleiner Höfe bestehen. Sechs Hektar Grünland bewirtschaftet ein durchschnittlicher Betrieb. Dazu kommen Wald, Bergmähder und unproduktive Flächen – insgesamt 20 bis 30 Hektar pro Hof. Zu wenig, um davon eine Familie zu ernähren. 1986, als Mitglieder der Katholischen Jugend von Haus zu Haus gingen und die Bevölkerung nach ihrem Befinden fragten, lag die Gemeinde im Sterben: Die Umfrage brachte zutage, dass über 90 Prozent der Jugendlichen keine Aussicht auf einen Arbeitsplatz im Lesachtal hatten.

Das ist Geschichte. Inzwischen hat das österreichische Bundeskanzleramt das Lesachtal zur Beispielregion erhoben. Im Jahr 1992 wurde es auf der Stuttgarter Tourismusmesse als „Europas naturbelassenstes und umweltfreundlichstes Tal" gelobt. 1995/96 verliehen ihm die Naturfreunde Internationale das Prädikat „Landschaft des Jahres". Es brauchte keine Hotelburgen, keinen Skizirkus und auch keine Industrieansiedlungen, um das Abwandern der Bevölkerung aufzuhalten. Die Lesachtaler setzten auf naturnahen Tourismus im Kleinen, auf ihre Phantasie und ihre gemeinsame Schaffenskraft. Damit haben sie

Schnellkurs in Betriebswirtschaft: „Ohne Geld", sagt der ehemalige Regionalbeauftragte Hans Windbichler, „gibt es keine Musik."

eine ganze Reihe von Initiativen auf die Beine gestellt, die der Wirtschaft und dem Lebensgefühl im Hochtal gut tun. Dass sie dabei auch findig im Anzapfen von öffentlichen Fördermitteln waren, hat viel geholfen. Denn „ohne Geld", sagt Hans Windbichler, „gibt es keine Musik".

Zehn Jahre lang war der 48-Jährige Regionalbeauftragter von Lesachtal. Als solcher war er verantwortlich für die Entwicklung der Gegend. Heute ist er Tourismusobmann der Gemeinde und Begriffe wie Regionalplan, Nachhaltigkeit und Wertschöpfung gehen ihm leicht von den Lippen. „Ich habe einen Schnellkurs genommen mit Betriebswirtschaftslehre, Kommunikationstechniken und Marketing", sagt er. Um seinen Eggelerhof mit den Kühen, den Fremdenzimmern und der Gastwirtschaft kümmerten sich während seiner Jahre als Regionalbeauftragter seine Frau und seine vier Kinder. Das ging nicht anders, sagt Windbichler, solche Stellen könnten nicht ehrenamtlich besetzt werden. „Das ist nebenher gar nicht zu schaffen. Einer muss zuständig sein und wissen, wo die Fördertöpfe sind und wie man sie abschöpfen kann."

Gemeinsam, so glaubten die Lesachtaler, würden sie in der Bundeshauptstadt eher wahrgenommen. Sie hatten recht.

Am Anfang stand der Verein „Entwicklungshilfe Oberes Gail- und Lesachtal", in dem all diejenigen mitarbeiteten, die etwas gegen das langsame Absterben ihrer Heimat tun wollten. Die Gruppe schloss sich mit acht weiteren solcher Vereine zur Österreichischen Arbeitsgemeinschaft Regionalentwicklung zusammen. Gemeinsam, glaubten sie, würden sie in der Bundeshauptstadt eher wahrgenommen. Sie hatten recht. Das Lesachtal wurde Beispielregion und bekam als Regionalbeauftragten keinen Experten von außen, der fertige Konzepte mitbringt, sondern eben Windbichler. Der war damals gerade 25 Jahre alt. „Meine Philosophie war ganz einfach", erzählt er. „Ich wollte nicht erst Konzepte entwerfen, sondern so schnell wie möglich etwas Konkretes tun. Die Lesachtaler sollten sehen, dass etwas geschieht."

Eines der ersten Projekte war der Bauernladen in Maria Luggau. 40.000 Besucherinnen und Besucher kommen jährlich in den Wallfahrtsort, „aber die Bauern hatten nichts davon." Heute können die Wallfahrer im Laden Kunsthandwerk und Lebensmittel aus der Region kaufen und so profitieren auch Landwirte, die keine eigenen Fremdenzimmer anbieten, von den Touristen. Das Projekt kam an im Lesachtal. Von knapp 50 Höfen wird hier nun Ware verkauft.

Das Gebäude des Ladens wurde mit Fördermitteln erworben. Im letzten Moment: Das alte Bauernhaus war schon in Einzelteile zerlegt und nach Bayern an einen Händler verkauft worden, der die rustikalen Stuben gewinnbringend weiterverkaufen wollte. Die Lesachtaler haben es zurückgekauft und an prominenter Stelle nahe der Wallfahrtskirche wieder zusammengebaut. Seither liefern die 47 Mitglieder des Bauernladen-Projekts Strickpullover und Socken, Kinder-Knickerbocker aus Rehleder, Marmeladen, Löwenzahnblütensirup oder Bauernbrot. Der Laden verkauft auf Kommission und behält 20 Prozent des Verkaufspreises. Von Mai bis September wird Umsatz gemacht, mit jährlichen Steigerungsraten von bis zu zehn Prozent. In der vergangenen Saison waren es 150.000 Euro.

Auch Kräuteröle von Simone Matouch stehen in den Regalen. Die Wiener Biologin war 1993 ins Tal gekommen und von Hof zu Hof, von Acker zu Acker gegangen. Sie war von der Landesregierung beauftragt, eine Biotop- und Kulturlandschaftskartierung zu erstellen. Flächenentwicklung, Wege, Erholungsgebiete, Schutzgebiete, alles sollte erfasst werden, um Grundlagen für ein landwirtschaftliches Förderungssystem zu schaffen. Diejenigen, deren

Wallfahrt und Wertschöpfung: 40.000 Gläubige pilgern jedes Jahr zur Kirche Maria Luggau – und viele von ihnen auch zum Bauernladen.

Land schwer zu bestellen ist, weil es an steilen Hängen oder in Feuchtflächen liegt, sollten mehr Fördermittel bekommen als andere. „Nach den drei Jahren kannte ich jeden im Tal."

Nebenbei organisierte Matouch Kräuterspaziergänge und wollte Kräuterkosmetik produzieren. Doch das hat sich als ziemlich schwierig erwiesen. Nicht etwa, weil es im Tal an Kräutern und dem Wissen über deren Heilkräfte mangeln würde. Es sei die Pharmaindustrie, die mit ihren Patenten im Weg stehe. „Nicht jeder darf ohne Weiteres Kräuterprodukte in den Verkehr bringen", hat Matouch gelernt. Also gründete sie zusammen mit fünf Frauen den Verein „Natur- und Kräuterwerkstatt Lesachtal" und stellte bei den zuständigen Behörden in Wien einen Antrag auf Fördermittel für ein Projekt, bei dem herausgefunden werden sollte, wie selbst produzierte Öle und Salben vermarktet werden können.

Der Großindustrie wollen die Lesachtaler gar keine Konkurrenz machen. Nicht im Pharmabereich und auch nicht im Tourismus. Die Beschlüsse, die schon in den Achtzigerjahren im Dorf gefällt wurden, klingen noch heute revolutionär: Sie wollten keinen Skilift und auch nicht mehr Gästebetten als Einwohner. Damit kann man bis heute Werbung machen, auch wenn das naturnahe Konzept aus der Not geboren wurde. In den Achtzigerjahren war der Kuchen der Skigebiete längst verteilt und ein weiterer Liftverbund hätte

Ein Schatz im Lesachtal: Brigitte Lugger führt Schüler zu den alten Mühlen, die durch ihren Einsatz jetzt wieder klappern. Vor 40 Jahren kam sie als junge Lehrerin. „Wir haben sie nicht mehr fortgehen lassen", sagt ihr Mann Leopold.

Gras wird nicht nur an Tiere verfüttert, sondern auch in Matratzenauflagen gestopft. Diese näht Maria Guggenberger, die Großmutter des Vollerwerbslandwirts. Der Enkel betreibt einen Reiterhof und verbringt zwei Sommermonate auf über 1.900 Meter Höhe auf 20 Hektar Almwiesen: ein Blumenteppich aus Arnika, Knabenkraut, Enzian, Edelweiß, Orchideen und über 120 weiteren Arten. „Eigentlich zu schade zum Verfüttern", fand er. Als ihm die Großmutter erzählte, wie sie sich früher, wenn ihr die Glieder weh taten, ins Heu gelegt habe, da seien sie gemeinsam auf die Idee mit den Decken und Kissen gekommen. Der Wellnessboom hilft dem Geschäft. Nicht nur im Bauernladen von Maria Luggau, auch im Almwellnesshotel Tuffbad werden die Matratzenauflagen verkauft. Und Maria Guggenberger schwört, dass jeder, der mit ihrem Heu ins Bett gehe, „nie mehr Kreuzschmerzen" habe.

Dass es auch Brot im Bauernladen gibt, ist Brigitte Lugger zu verdanken und auch, dass noch fünf Mühlen klappern im Tal. In Maria Luggau wuselt sie im Trachtenrock eine Wiese hoch, hinter ihr her eine Schulklasse. Die pensionierte Lehrerin führt Kinder aus Klagenfurt den Mühlenweg entlang. Vor über 40 Jahren kam sie als junge Lehrerin ins Dorf und hat die „herrliche Bausubstanz gesehen". Altes Gerümpel, sagten die Lesachtaler. Die Lehrerin aber gründete den Mühlenverein. „Wir haben sie nimmer fortgehen lassen", strahlt ihr Mann Leopold und stapft mit seinem blauen Arbeitsschutz, der grünen Strickjacke und dem Tiroler Hut in eine der Mühlen, um den Stadtkindern zu zeigen, wie aus Getreide Mehl wird. Die Führung endet im Bauernladen, und zwischendurch bekommen die Kinder selbstgebackene Kekse aus dem Vollkornmehl der Mühlen. Vor allem für abgelegene Höfe bringe der Laden ein wertvolles Zubrot, sagt Anton Knotz, Schafzüchter und Obmann des Bauernladens. Knotz liefert geräucherten Speck und Würste seiner hundert Tiroler Bergschafe. Er leitet den Verein „Lesachtaler Lamm", auch das eines der zehn Jahre alten Projekte, das bis heute funktioniert. Früher ging es den Schafhaltern in erster Linie um die Wolle. „Nur die alten Schafe wurden gegessen", erzählt Knotz. „Kein Wunder, dass das Fleisch keinen guten Ruf hatte." Von den 15 Schafzüchtern, die es im Lesachtal gibt, ist er der größte. Der Verein vermarktet Fleisch und Wolle gemeinsam. Als kleiner Züchter werde man von den Händlern über den Tisch gezogen, sagt Knotz. „Da hat man keine Chance." Gemeinsam aber könne man gute Preise aushandeln und etwas verdienen. Und wo verdient wird, wandert keiner ab. Denn wenn Geld da ist, würde Tourismusobmann Windbichler sagen, dann spielt auch die Musik.

Autorin: Barbara Schaefer
Fotografin: Barbara Breyer

13 Bauges-Massiv, Rhône-Alpes Frankreich

Auch Idylle braucht Pflege: Bernard Pascal füttert allabendlich seine Eselinnen.

Kein Reservat unter der Käseglocke

Wie im regionalen Naturpark Massif des Bauges die Erhaltung von Traditionen und Landschaft mit wirtschaftlicher Entwicklung kombiniert wird.

Abends ist es am schönsten. Wenn die Sonne ein letztes Mal Kraft schöpft und die schroff aufragenden Kalksteinfelsen zum Leuchten bringt und unten im Tal, das schon im Schatten liegt, Bauernhaus für Bauernhaus die Lampen angeknipst werden. Cocotte, Fanny und Vanette stehen dann in einer verlassenen Scheune und warten auf ihr Abendbrot. Das bringt ihnen Bernard Pascal. Der 58-Jährige geht immer zuerst bei seinen drei Eselinnen vorbei, dann führt er seine Ziegen zur Melkmaschine. Die Landschaft und das Leben von Allèves, auf 600 Metern Höhe am Rande des Naturparks Massif des Bauges gelegen, erscheinen Touristinnen und Touristen aus der Stadt wie unberührt.

Die Region war schon immer abgeschieden und hat nur wenig vom Massentourismus abbekommen, der andernorts die französischen Alpen heimgesucht hat. Es hat ihr gut getan: Die Kulturlandschaft aus Wald und Weiden hat sich seit Jahrzehnten nur wenig verändert. Um den Charakter der Landschaft zu erhalten und ihre Ressourcen zu nutzen, wurde vor zwölf Jahren ein Naturpark gegründet.

„Damit das klar ist: Wir wollen weder eine Käseglocke über das Massiv stülpen, noch sind wir ein Reservat, in dem Mensch und Natur zur Besichtigung durch Touristen freigegeben sind“, sagt Olivier Claude, der Leiter des regionalen Naturparks Massif des Bauges. „Manchen Umweltschützern sind wir vielleicht zu lasch, manchen Politikern zu restriktiv. Diesen Konflikt müssen wir nicht nur akzeptieren, wir müssen ihn austragen: Der Park soll ein Raum sein, in dem

Ausgleich unterschiedlicher Interessen: Nur in der Debatte findet man den Weg zu nachhaltiger Entwicklung, sagt Olivier Claude, Leiter des Naturparks Les Bauges.

Käse mit besonderer Herkunftsmarke: In der Molkerei von Lescheraines reift der „Tome des Bauges". Essbare Souvenirs stehen bei Besuchern des Naturparks hoch im Kurs.

Bonneton. Am Anfang stand nur eine Idee. In alle Briefkästen der Region wurden Fragebogen verteilt, um das Interesse an einem lokalen Radiosender abzuklären. Heute sind dreißig Helfer im Team, Frauen und Männer im Alter von 19 bis 72 Jahren, Alteingesessene wie Neubürger. Die meisten arbeiten ehrenamtlich, doch mithilfe von Fördergeldern konnten auch ein paar 50-Prozent-Stellen geschaffen werden. „Die internationalen und nationalen Nachrichten lassen wir uns zuliefern. Die Lokalnachrichten, das Musikprogramm, die Wortbeiträge und die Moderation machen wir selbst.", erklärt Bonneton. „Radio Alto soll zu einer Kommunikationsplattform für das ganze Massiv werden."

Die Künstler der lokalen Theater- und Musikgruppe La Gueudaine erzählen im Ein-Zimmer-Studio des Senders von ihrer neuen Produktion. Nebenan sitzt Benoit Bonnetons Kollegin mit Kopfhörern am Computer und schneidet einen Bericht über die Mühle von Monsieur Morand, wo man selbst gesammelte Walnüsse abgeben und zu Öl pressen lassen kann. Und Bonneton holt Mikrofon und Aufnahmegerät aus dem Regal, setzt sich ins Auto und fährt zum Vorsitzenden des Bauernvereins im Park. Die Irritationen um die Kühe und ihre Glocken ist für den Radiojournalisten ein willkommener Anlass für eine Reportage über die Rolle der Kühe für die nachhaltige Entwicklung des Massivs.

Cédric Laboret hat einen festen Händedruck. Man merkt ihm nicht an, dass er schon seit fünf Uhr früh im Stall bei seinen 60 Milchkühen arbeitet, sie gemolken hat und dann gefüttert mit dem Heu des vergangenen Sommers. Das Gehöft des 27-Jährigen liegt oberhalb von Lescheraines. Von hier hat man einen guten Blick ins Tal mit seinen hunderterlei Schattierungen in Grün. „Dort wäre jetzt Wald. Dort auch. Und dort, und dort", erklärt der Landwirt dem Journalisten und zeigt in alle Himmelsrichtungen. „Überall würden Bäume wachsen, gäbe es nicht die Bauern mit ihren Kühen. Touristen lieben diese Landschaft, aber sie wissen nicht, dass wir sie geschaffen haben und Tag für Tag erhalten." Die Sache mit den Kuhglocken sei eine Nichtigkeit, lacht er, da werde man sich arrangieren. Wichtiger ist ihm das Verständnis für die besondere Rolle der Landwirte. „Wir haben hier schwieriges Terrain, sehr steil und mit viel Schnee im Winter. Es gibt wenig Platz: Wir können unsere Flächen nicht erweitern. Jedes neu gebaute Haus frisst ein Stückchen nutzbares Land."

Laboret hat nach Möglichkeiten gesucht, um den Landwirten ihre Arbeit besser vergüten zu können. „Dass wir etwas tun müssen, war besonders nach der Krise mit dem Rinderwahnsinn offensichtlich. Unser Fleisch war trotz seiner besonderen Qualität im Laden einfach nichts mehr wert. Zum Teil wurde es für einen Euro pro Kilo verschleudert." Nun hat der Park den Landwirten erlaubt, eine von den Naturparks entwickelte Marke auch für das Rindfleisch aus dem Massiv zu verwenden – das hilft bei der Vermarktung.

Die Idee, Produkte aus dem Gebiet eines Naturparks mit der Marke „Park" aufzuwerten, ist nicht neu. Andere französische Naturparks haben es vorgemacht. Stets geht es um Dinge, die typisch sind für die Region und bei deren Produktion die Umwelt keinen Schaden nimmt. Und es geht um die Menschen: Die besondere Auszeichnung soll dazu beitragen, dass bei Herstellung und Weiterverarbeitung der Produkte in strukturschwachen Regionen Arbeitsplätze erhalten und neue geschaffen werden. So muss, wer Rindfleisch mit der Marke „Park" verkaufen will, nachweisen, dass die Tiere auf dem Territorium des Parks geboren, aufgewachsen und auch hier geschlachtet worden sind, erklärt Laboret. 80 Prozent ihrer Nahrung müssen aus dem Park stammen, und das Fleisch muss vor Ort vermarktet werden. Eine Reihe von weiteren Vorschriften und Einschränkungen soll sicherstellen, dass so nachhaltig und umweltschonend wie möglich produziert wird.

Marken für Rindfleisch, für von Hand geschlagenes und entrindetes Holz und inzwischen auch für naturnahe und authentische Gästehäuser: Solche Projekte sollen im Massif des Bauges dazu beitragen, dass Arbeitsplätze in der strukturschwachen Region Bestand haben. Wie groß der wirtschaftliche Einfluss der regionalen Naturparks insgesamt ist, lässt sich nur schwer abschätzen. Für das Leben im ländlichen Frankreich spielen sie jedenfalls eine große Rolle: 40 Jahre nach der Gründung des ersten regionalen Naturparks nehmen die Schutzgebiete heute 13 Prozent der Landesfläche ein; in den knapp 3.500 beteiligten Kommunen leben drei Millionen Menschen. Zwischen 18.000 und 31.000 Arbeitsplätze seien durch die Aktivitäten der Parks entstanden, steht in einer Studie des französischen Umweltministeriums, vor allem in den Bereichen Tourismus, Handel und bei der Herstellung spezialisierter Produkte.

Doch nicht jede Geschäftsidee, die Arbeitsplätze schaffen könnte, findet die Unterstützung des Parks. So fahren Einheimische und Touristen vierrädrige Quads, geländegängige Motorräder, die von Firmen in der Region verliehen werden. „Menschen und viele Tierarten werden durch den Lärm gestört", sagt Naturpark-Leiter Olivier Claude. Die Gemeinden haben die Parkverwaltung gebeten, an einem runden Tisch mit allen Beteiligten Lösungen zu erarbeiten. Claude fordert eine fein abgestimmte Nutzungsordnung für die Straßen, wie sie im Gesetz bereits vorgesehen ist: Ihre Benutzung mit Motorfahrzeugen ist demnach

Eine Welt muss reichen

Der Schweizer Unternehmer Josias F. Gasser beweist mit seinem Baustoffhandel, dass Passivgebäude nicht nur der Umwelt, sondern auch der Bilanz seiner Firma gut tun.

Am Anfang war sie skeptisch. Ein Haus ohne Heizkörper, fast nur von der Sonne beheizt. Büros hinter gläsernen Schiebewänden, kein Teppich auf dem Boden. Nur zwei kleine Öfen für drei große Stockwerke, und die standen auch noch am hintersten Ende riesiger Räume. Eine Schnapsidee!

Heute lacht Mirta Luscieti, wenn sie an ihre Zweifel an dem Passivhaus denkt, das im Jahre 1999 eingeweiht wurde. Die Leiterin des Personal- und Finanzwesens bei der Gasser Baumaterialien AG in Chur sitzt an ihrem Schreibtisch im obersten Stockwerk des Verwaltungsbaus und blickt durch die verglaste Front auf das satte Grün und die Felsen der Bündner Berge. „Manchmal stöhnen meine Freundinnen im Sommer in ihren Büros bei über 35 Grad", sagt sie und lächelt. „Wir haben hier dann angenehme 25 Grad."

Eine Firmenzentrale in Passivbauweise: Umgesetzt hat diese Idee Josias F. Gasser, Baustoff-Unternehmer in zweiter Generation, ein drahtiger Typ mit grauem Stoppelbart. Schon als Student las er „Die Grenzen des Wachstums", ein Schlüsselerlebnis. Er verschlang die Berichte des Club of Rome, verfolgte den Erdgipfel von Rio de Janeiro im Sommer 1992. „Da flackerte bei mir plötzlich die Idee auf, dass doch etwas gehen muss, was gleichzeitig unternehmerisch nicht schadet", sagt der Betriebswirt. Ökologisch handeln? Gern. Aber es muss auch betriebswirtschaftlich und sozial Sinn machen.

Der Neubau seines Firmensitzes in Chur war 1998 für Gasser der erste Schritt. Als Baumaterialienfachmann wusste er, wie viel Energie Häuser fressen und wie unnötig das oftmals ist. Er ließ von zwei

Entspannt unterwegs: Baustoffunternehmer, Bahnfahrer und Passivhaus-Pionier Josias F. Gasser.

Architekten ein dreigeschossiges Gebäude mit Büros, Lagerhalle, Minibaumarkt und Ausstellungstrakt in Passivbauweise planen. Ein Gebäude mit einer imposanten Glasfront nach Süden, dessen restliche Fassaden mit Lärchenholz vertäfelt sind, gebaut mit „einfachem Hausverstand und ohne High-Tech": Die Wärme soll so gut wie möglich eindringen, gespeichert und auf angenehmen Temperaturen gehalten werden. Gleichzeitig wird für automatische Frischluftzufuhr gesorgt.

Die Wärme der Sonne und der Menschen heizt die Firmenzentrale in Passivhaus-Bauweise.

Passivhäuser verbrauchen gut die Hälfte der Heizenergie eines Niedrigenergiehauses und bis zu 90 Prozent weniger als ein konventionelles Gebäude. Ihr Trumpf: Sie nutzen zum Heizen kaum „Fremdenergie", sondern die Wärme der Sonne sowie die der Menschen und Maschinen im Haus. Die Krux: Ohne eine ausgeklügelte Lüftung, starke Dämmung und geeignete Speichermaterialien würde sich das Gebäude an heißen Sommertagen unerträglich stark aufheizen; im Winter dagegen könnte es sich schnell in einen eiskalten Kasten verwandeln.

An Sommertagen wie diesem ist Abkühlung gefragt. Josias F. Gasser wirft einen Blick auf seinen Computer. Im Freien ist die Temperatur auf 28 Grad gestiegen, im Haus herrschen dagegen weiterhin nur 23 Grad. Der Computer vergleicht die Temperaturen ständig und setzt in der Nacht – sobald die Außentemperaturen tiefer sind – automatisch motorengetriebene Schiebearme an den Fenstern in Gang. Die Treppen sind offen, im Herzen des Hauses ist ein Durchbruch durch alle drei Stockwerke. Ein Effekt wie im Kamin: „Das gibt einen feinen Sog wie in Wüstenbauten", sagt Josias F. Gasser. So sorgt die Nachtauskühlung für angenehme Temperaturen am nächsten Tag.

Anders in der kalten Jahreszeit: Dann sind die Markisen vor den Fenstern eingefahren. Lamellenrollos im Innern schützen vor blendendem Licht und lassen dennoch Sonne durch. Die Lichtenergie wandelt sich in den folienisolierten Fenstern in Wärmeenergie um. Binnen drei Stunden tauscht die Lüftungsanlage das gesamte Luftvolumen des Hauses aus, immerhin zehntausend Kubikmeter. Warme Abluft wird an der Frischluftzufuhr entlanggeführt; so lassen sich neunzig Prozent der Wärme aus der verbrauchten Luft zurückgewinnen. Erst nach Dauerfrost und zwei bis drei sonnenlosen Tagen muss eine konventionelle Wärmequelle angeworfen werden: Holzpellets-Öfen, die selbst in kleinen Stuben Platz hätten und deren Brennmaterial „natürlich aus dem Holz ist, das vor unserer Haustür wächst."

Das funktioniert sogar in einem der kältesten Orte der Schweiz, in Punt Muragl im Engadin, wo Josias F. Gasser mittlerweile ein weiteres gewerbliches Passivhaus errichtet hat. 1.728 Meter über dem Meer, an einem Ort, an dem schon mal eine Woche lang minus 15 Grad herrschen, betreibt der Unternehmer einen Baumarkt, der bei 1.000 Quadratmetern Fläche im tiefsten Winter mit zwei Pellets-Öfen auskommt, sowie einen Baumaterialien-Großhandel mit Büros, die einzig über die Passivhaustechnik mit Lüftung und Wärmerückgewinnung beheizt werden.

„Die Dämmung ist das A und O", erklärt Gasser in seinem Gebäude in Chur. Das Fundament seiner Firmenzentrale ruht auf einem Schotterbett aus Altglas, das mit seiner festgeschütteten und feinkörnigen Struktur keine Wärmebrücke zulässt; eine fünfundzwanzig Zentimeter dicke Schicht aus in Bitumen eingegossenen Schaumglasplatten isoliert das Haus von oben, außerdem ein dicht bepflanzter Dachgarten. Ebenso dick ist die Dämmschicht der Außenwand, die ebenfalls aus einem wirksamen Wegwerfprodukt besteht: aus abertausend Exemplaren der Bündner Zeitung, die zu Zellulosedämmung aufgearbeitet wurde.

Aktiv im Passivhaus: „Wir haben hier immer angenehme Temperaturen", sagt eine Mitarbeiterin in der Firmenzentrale. Selbst im Sommer – trotz Glasfront nach Süden.

Doch gute Dämmung und Lüftung sind noch nicht alles. „Die Besonderheit ist, dass wir uns intensiv mit Speichermaterialien auseinandergesetzt haben", erzählt Josias F. Gasser. Der Betonboden, die Kalksandsteinwände und die Holzkonstruktion an der Decke halten die Wärme im Winter über lange Zeit. Streicht im Sommer eine Brise über die Wände, speichern diese die angenehme Kühle und sorgen für ein mildes Raumklima. Kalksandstein und Holz regulieren überdies die Luftfeuchtigkeit und sorgen für einen angenehmen Geruch.

Ein solches Haus ist ein Vorzeigeobjekt. Gäste aus der ganzen Welt geben sich die Klinke in die Hand, Professoren aus den USA und Kirgisistan, Architekten aus Japan, Unternehmer aus Europa. Der Schweizer Ingenieur- und Architektenverein (SIA) verlieh Gasser 1999 den Preis für nachhaltiges Bauen. Weitere Preise folgten, darunter der Europäische Solarpreis 2000 und eine Auszeichnung der Stiftung „Natur und Wirtschaft", die dem naturnah gestalteten Umfeld des Hauses mit seinen Feuchtbiotopen vor der Haustür und dem üppig begrünten Dach galt.

Immer wieder ist Gasser engagiert dabei, wenn Gäste seinen Hauptsitz besuchen. Auch bei der hundertsten Tour wirkt er nicht müde; dieses Mal ist es eine Schulklasse. Er sitzt im Seminarraum und hält das Modell einer Erdkugel in seiner Hand, dreht und wendet sie und wirft sie ein Stückchen in die Höhe.

Langer Atem: Josias F. Gasser möchte jungen Menschen nicht den Mut nehmen. Er will bewusst machen, dass Veränderung Zeit braucht und jemanden, der damit beginnt.

„Was meint ihr?", fragt er die Schüler, die ihn ein wenig ratlos anschauen, „würde eine Erde reichen, wenn alle Menschen auf der Welt so leben wollten wie wir hier in der schönen Schweiz?" Es dauert ein Weilchen, ehe sich unter den Schirmmützen und bunten Strähnen der Sechzehnjährigen so etwas wie ein Kopfschütteln andeutet. „Richtig!" ruft Gasser, blitzt ein Lächeln in die Runde und tippt auf den fußballgroßen Globus in seiner Linken. „Damit die Menschheit überleben könnte, bräuchte es zwei Erdplaneten – oder gar fünf, wenn alle Menschen auf der Welt leben wollten wie die Bürger der USA." Ein Blick über die Schulter auf die Statistik, die der Beamer an die weiße Wand wirft: Vier Säulen zeigen den Energieverbrauch pro Kopf in verschiedenen Ländern. Bis zur Mitte ragt die Säule, die den eines durchschnittlichen Schweizer Haushalts zeigt, daneben eine, die bis an den oberen Rand reicht und demonstriert, dass ein Haushalt der USA doppelt so viel Strom, Gas, Öl und Benzin verpulvert wie einer in der Schweiz – und daneben die verschwindend kleinen Stümpfchen, die den Pro-Kopf-Verbrauch der Chinesen und Inder zeigen.

Milliarden Menschen leben dort, das wissen die Jugendlichen. „Wenn von denen erst einmal jeder Zweite ein Auto fährt", sagt der 55-jährige Gasser und lässt mit einem Knopfdruck die Jalousien vor den wandgroßen Fenstern hinaufrutschen, „gibt es bald keinen Treibstoff mehr auf der Welt. Ich werde

Die Dämmung ist das A und O: In Punt Muragl im Engadin, an einem der kältesten Orte der Schweiz, kommt Josias F. Gassers Baumarkt mit zwei Pellet-Öfen aus.

das nicht mehr erleben. Aber ihr.“ Er möchte den jungen Menschen nicht den Mut nehmen, aber das Bewusstsein schaffen, dass Veränderung Zeit braucht und jemanden, der damit beginnt. 1997 hat sich Josias F. Gasser den Wunsch zum Wandel selbst ins Stammbuch geschrieben und verankerte Nachhaltigkeit in seinem Unternehmensprogramm. „Nachhaltig Freude bauen“ nennt er die Vision. Er will nicht nur Baumaterialien verkaufen, sondern sein Geschäft mit Energiefragen vernetzen. Er denkt an ganzheitliche Systeme, an die Vermarktung von zukunftsgerechter Haustechnik.

Freilich, in seinen Baumärkten in Chur, Punt Muragl, Davos, Zernez, Ilanz, Walenstadt und Zizers liegt konventionelle Ware in den Regalen. Er steht dazu, dass sein Sortiment nicht zu 100 Prozent ökologisch ist. „Nachhaltigkeit ist kein Rundumschlag einer realitätsfernen Weltverbesserermentalität“, sagt der Firmenchef. Es brauche wohlbedachte Schritte und gute Konzepte. „Vielleicht ziehen wir eines Tages Glühbirnen aus unserem Baumarkt-Sortiment.“ Aber: „Wir können nichts überstürzen. Wir müssen die Märkte sukzessive entwickeln, gemeinsam mit Kunden und Lieferanten.“ Ein nachhaltiger Wandel brauche verschiedene Ebenen, auch die Politik. Und er braucht Netzwerke.

Eines hat der Unternehmer 2004 selbst mitgegründet, die Informationsgemeinschaft Passivhaus Schweiz.

Auf Stelzen der Sonne entgegen: Die Kollektoren auf dem Dach das Baumarktes im Engadin sind auf mannshohe Gerüste montiert, damit sie im Winter nicht im Schnee versinken.

„Was bringt es, wenn Architekten nichts über Passivhäuser und Niedrigenergiebauweise wissen und den Bauherren davon abraten?" An solche Multiplikatoren wendet sich das Netzwerk, um über energieeffizientes Bauen zu informieren. „Jedes Passivhaus oder Niedrigenergiehaus, das mehr gebaut wird, jede Behörde, die sich dafür einsetzt, ist ein Katalysator." Die Presse sprach vom „Club der Pioniere", doch Josias F. Gasser glaubt nicht, dass er noch lange als Exot gilt. „Das Bewusstsein für den Klimawandel wird immer stärker, es wird immer klarer: Wir müssen etwas tun." Und dann spricht der Unternehmer aus ihm: „Es ist wichtig, darauf vorbereitet zu sein, wenn diese Märkte boomen."

Als studierter Ökonom fällt es ihm leicht, die Bilanz aus Ökologie und Ökonomie zu ziehen: Die Gewerbepassivhäuser in Chur und in Punt Muragl kosteten ihn pro Kubikmeter drei bis fünf Prozent über dem in der Schweiz üblichen Preis einer konventionellen Bauweise. Doch auf Dauer summiert sich das Sparpotenzial, das ihm die Sonne beschert. Das Haus in Chur verbraucht für das Heizen maximal 0,5 bis 0,8 Liter Erdöläquivalent pro Quadratmeter genutzter Fläche, das ist nur ein Drittel bis die Hälfte des für ein Passivhaus zulässigen Verbrauchs. „Das liegt zum einen daran, dass wir das Haus nur gewerblich nutzen, also nachts keiner da ist; aber auch daran, dass wir so gutes Speichermaterial haben", erklärt der. Unterm Strich spart er pro Jahr 15.000 Liter Heizöl in Chur, in Punt Muragl sogar bis zu 25.000 Liter.

Am späten Nachmittag eilt Josias F. Gasser aus seinem Firmensitz, vorbei am kleinen Wasserbassin an der Front. Der Wind peitscht die Sträucher gegen die Fenster und rüttelt an den Markisen, die kurz darauf automatisch einfahren. „Wind ist hier nichts Ungewöhnliches", sagt der Baustoffhändler. Unlängst hat er den Antrag gestellt, einen Windrotor aufstellen zu dürfen, um daraus Energie zu gewinnen. Er hätte noch viel zu erzählen. Zum Beispiel, dass er für die Klospülung und das Waschen der Firmenwagen Regenwasser benutzt, dass er das Warmwasser mit einer Solaranlage gewinnt und auf seiner Lagerhalle zwei Photovoltaik-Anlagen Strom produzieren. Außer Baumaterialien verkauft er auch *Greenergy*-Diesel, Solarautos und Solarräder, und er hat – „als Freizeitspaß" – die Zertifizierung nachhaltiger Hotels vorangebracht. Hin und wieder überlegt er, ob er vielleicht in die Politik gehen soll. Doch jetzt ruft das Tagesgeschäft: Er muss weiter zum nächsten Termin.

Mirta Luscieti sieht von ihrem Fensterplatz, wie ihr Chef vom Firmengelände eilt. „Es war mutig, das Haus zu bauen", sagt die Frau, die Mitglied der Geschäftsleitung ist. Sie fühlt sich wohl in dem Bau, der kaum Energie verbraucht und trotzdem zweieinhalb Schlechtwettertage locker wegsteckt. Ausnahmsweise könne es im Winter vielleicht etwas kühler sein im Haus, zum Beispiel nach Weihnachten, wenn lange niemand im Gebäude war. Doch dann werden die beiden kleinen Holzpellets-Öfen am hinteren Ende des Raums angeworfen, und es dauert nur eine Weile, dann ist es angenehm warm.

Autorin: Kirsten Wörnle
Fotografin: Barbara Breyer

Kommunikation fern und nah: Gino Bongulielmi ruft Buchungen ab und spricht mit Sohn Gioele.

15 Poschiavo, Graubünden Schweiz

Die Welt ins Tal bringen

Wie der Polo Poschiavo ein Tal im südlichen Graubünden mit sich selbst und mit der Welt vernetzt.

Poschiavo ist kleiner, als es erscheint. Der Ort im südlichen Graubünden hat gerade einmal 1.700 Einwohner, trägt aber – obwohl in der Schweiz gelegen – das hübsche Gewand einer italienischen Kleinstadt. Herrschaftliche Villen, die sich Rückkehrer, die in der Fremde zu Geld gekommen waren, im 19. Jahrhundert bauen ließen. „Dass Menschen abwandern, ist hier immer Alltag gewesen", sagt Cassiano Luminati. Früher gingen diejenigen fort, die keine oder zu wenig Arbeit hatten. Heute verlassen die Jungen zum Studieren das Tal. Doch viele wollen gerne zurück, und nicht erst im Alter, wie die Auswanderer des 19. Jahrhunderts. Luminati bietet ihnen eine Lösung für ein Problem, das Poschiavo seit Generationen kennt: gerne zu Hause und trotzdem mit der Welt verbunden zu sein. Der 36-Jährige leitet seit dem Jahr 2001 den „Polo Poschiavo", ein Bildungszentrum rund um neue Medien. Dort können sich die Dorfbewohner per Liveschaltung weiterbilden, sich im Marketing über das Internet üben oder lernen, wie im Tal hergestellte Waren im Onlineversand vertrieben werden. Das Internet bringt das Tal in die Welt – und die Welt in das Tal.

Im Puschlav, wie die Gegend auf deutsch heißt, ist ein Internet-Anschluss für die meisten seit Jahren eine Selbstverständlichkeit. Von den 5.000 Menschen, die im gesamten Valposchiavo wohnen, haben 1.100 bereits einen Kurs im Polo Poschiavo belegt, 200 weitere Teilnehmerinnen und Teilnehmer stammen aus dem benachbarten Bergell: Händler, Hausfrauen, Existenzgründer, Hoteliers, Nonnen, Alte, Junge... Der Polo ist ein Erfolgsmodell.

Es ist vielleicht kein Zufall, dass die Puschlaver so offen für die Computerwelt sind. Vernetzt mit der

Arbeiten im Straßencafé auf der Piazza: Cassiano Luminati, Leiter des Polo Poschiavo, geht ohne sein Notebook nicht aus dem Haus.

Weibliche Übermacht: In den Kursen des Polo Poschiavo bilden sich vor allem Frauen weiter. Sie haben weniger Scheu vor der Technik als Männer, sagen die Kursleiter.

Welt waren sie auch schon zuvor. Dafür sorgte eine alte Handelsstraße über die Alpen, die durch Poschiavo führte. Im Gebäude des heutigen Gasthofes Albrici an der Piazza wurde einst die erste italienische Übersetzung von Goethes Werther angefertigt. Der Bernina-Express hält seit nun bald 100 Jahren in Poschiavo, Gäste kommen und gehen. Die Bahn und das Stromunternehmen Rätia-Energie sind die größten Arbeitgeber im Ort. Bewegung und Energie haben hier also Tradition. Und häufig waren es Rückkehrer, die das Dorf nach vorne trieben. Sie brachten Geld mit, frischen Wind und den Blick von außen.

Auch Luminati ist ein Heimgekehrter. Er verließ Poschiavo, um in Mailand Architektur zu studieren, eröffnete in der oberitalienischen Metropole mit Freunden ein Büro und konnte dann doch nicht widerstehen, als er die Stellenausschreibung für die Leitung des Polo Poschiavo sah. Damals, 2001, steckte das Projekt im Umbruch. Es hatte Konflikte gegeben mit der Hochschule in Lugano, die 1995 das Neue-Medien-Zentrum erfunden hatte.

„Die Wissenschaftler aus Lugano suchten damals ein Schweizer Bergdorf, um ein Projekt für Fernunterricht über den PC zu entwickeln", erzählt Danilo Nussio. 1995 war er noch Volksschullehrer im Nachbarort Brusio. Als das Tal als „Versuchskaninchen" ausgewählt wurde, stieg er als Leiter in das Pilotprojekt „Progetto Poschiavo" ein, den Vorläufer des

„Polo“. Mit im Boot des Zwei-Millionen-Franken-Projekts saßen der Bund und die Schweizer Telekom. Internet war zu der Zeit in Poschiavo wie überall in Europa noch so rar wie Schnee im Sommer. Wer ins Netz wollte, musste sich analog als Ferngespräch in den nächsten, weit entfernten Provider einwählen. Mit dem Progetto Poschiavo kam das World Wide Web in den Ort. Schon 1995 wurden die ersten ISDN-Leitungen gelegt, erinnert sich Nussio, ein Jahr später die ersten Websites gebastelt. Ab 2000 gab es DSL im Tal, früher als in mancher Schweizer Stadt, und 2002 schließlich ADSL.

Was als Lehrer-Weiterbildung begann, wurde schnell zum Projekt für die gesamte Bevölkerung.

Skepsis oder Scheu vor dem Zeitalter der Informationstechnologie? „Nein, das gab es überhaupt nicht“, sagt Nussio. Stattdessen viel Euphorie für die Internetwelt. „Die Bevölkerung hat das Progetto sofort als Chance gesehen.“ Was als webgestützte Weiterbildung für Lehrerinnen und Lehrer begann, wurde schnell zum Projekt für die gesamte Bevölkerung. Im Herbst 1996 gab es bereits die ersten Video-Konferenzen, 90 pro Jahr wurden es schließlich. Unter anderem konnten Ärztinnen und Krankenpfleger über den Computer Fortbildungen absolvieren, ohne das Tal verlassen zu müssen.

Im Jahr 2001 lief das Pilotprojekt „Progetto Poschiavo“ aus. Nussio und sein Team hatten bereits ein Jahr vorher eine eigene Firma gegründet, die Schulungen am Computer, Webdesign und grafische Dienstleistungen anbietet. Der Universität in Lugano war die Auslagerung von Know-how ein Dorn im Auge. „Es gab damals Spannungen“, räumt Nussio ein. Aber, sagt Luminati heute, „das Projekt brauchte ohnehin eine Zäsur.“ Es habe sich abnabeln und emanzipieren müssen. Und das gelang auch: Der Polo Poschiavo wurde geboren. Aufbauend auf dem Vorgängerprojekt zwar, aber doch mit neuer Struktur. Statt der Universität sitzen nun der Kanton Graubünden, Regionen und Gemeinden sowie der Handwerker- und Einzelhandelsverband mit im Boot. Finanziert wird die Einrichtung zu 75 Prozent durch Gelder von Bund und Kanton, die restlichen 25 Prozent stammen aus den Kursgebühren.

Außenstelle auf der Piazza: Im Café kann man über den hauseigenen Rechner des Polo ins Internet – wenn man will.

Auch Nussio und seine Firma sind weiter dabei. Sie sind wie früher für den Unterricht verantwortlich, Luminati und seine Sekretärin organisieren den Polo und kümmern sich um neue Allianzen und Projekte. Nach wie vor arbeitet das Zentrum mit der Universität Lugano zusammen. „Aber heute sind wir Partner

Gerne zu Hause und trotzdem mit der Welt verbunden: Dass Menschen abwandern, war in Poschiavo immer Alltag. Die Jungen gehen zum Studieren weg – aber viele wollen wieder zurück, und zwar nicht erst, wenn sie in der Fremde alt geworden sind.

und nicht mehr an der Leine der Hochschule", sagt Luminati. „Wir haben uns ein eigenes Image aufgebaut als Kompetenzzentrum für Weiterbildung und die Begleitung von Entwicklungsprojekten".

Der rasante Fortschritt und die immer neuen Möglichkeiten rund um die Informationstechnologie sorgen dafür, dass dem Polo neue Kursangebote nicht ausgehen. Für den Unterricht treffen sich die Teilnehmerinnen und Teilnehmer im modernen Computerraum in der Berufsschule. 250 bis 300 im Jahr sind es im Schnitt. Dabei sind Frauen eindeutig in der Überzahl. „Sie trauen sich mehr zu als Männer", sagt Nussio, der selbst unterrichtet, „und vor allem trauen sie sich, etwas zu fragen." Ein Teil nutzt den Computer danach lediglich für die private Korrespondenz und zum Surfen. Kleinbetriebe machen damit ihre Abrechnungen und entwickeln Internetseiten. Lehrer und Handwerksmeister bilden sich über virtuelle Lernplattformen weiter. Die Kurse des Polo sind so vielfältig wie die Bedürfnisse der Menschen im Puschlav. Und das Internet macht die Teilnehmerinnen und Teilnehmer unabhängig vom Raum – ein unschlagbarer Vorteil in einem so abgelegenen Alpental, in dem der nächste größere Ort eine kurvenreiche Fahrt mit dem Auto oder Bus entfernt ist.

Ein wichtiger Teil der Arbeit des Polo Poschiavo ist die berufliche Weiterbildung über das so genannte Blended Learning. „Das hat den Polo eigentlich berühmt gemacht", sagt Luminati. Nach einer Einführung im realen Klassenzimmer finden die weiteren

Keine Scheu vor moderner Technik: Der 81-jährige Luigi Gisep ist das fotografische Gedächtnis von Poschiavo. In seinem Computer liegen Bilder aus zwei Jahrhunderten.

Unterrichtseinheiten über das Internet statt. Die Kursteilnehmer können über Videostreaming von zu Hause aus an den Kursen teilnehmen und sind untereinander über eine virtuelle Lernplattform vernetzt. Wer bei den Hausaufgaben Fragen hat, kontaktiert einfach über das Web die Klassenkameraden oder den Kursleiter. Die Antworten werden automatisch an alle versendet. „So lernen alle voneinander", erklärt Luminati.

Die Technik macht es möglich, dass auch Talbewohner, die sonst lange und im Winter oft mühsame Anfahrtswege hätten, ohne Aufwand an den Weiterbildungen teilnehmen können. Im virtuellen Klassenzimmer werden reale Entfernungen bedeutungslos. Auf einer preisgekrönten Plattform haben sich beispielsweise Ziegenzüchter vernetzt, die weit verstreut auf den Almen leben. Über das Internet tauschen sie untereinander und mit Experten aus Mailand Informationen aus und beraten sich.

Andere nutzen das Netz, um den Markt für ihr traditionelles Gewerbe zu erweitern. Wanda Niederer zum Beispiel, die die Weberei „Tessitura Valposchiavo" leitet. Zwischen den großen Webstühlen, auf denen die vier Angestellten mit Kraft und Schwung das Webschiffchen in Fahrt bringen, sitzt die 48-Jährige an ihrem Computer und macht die Abrechnungen. Demnächst soll ihr Internetauftritt auf Vordermann gebracht werden. Die Konkurrenz schläft nicht: Die Handweberei im nächsten Tal hat ihre Seite im Netz bereits modernisiert.

Skeptischer Blick auf den Bildschirm: Für Oberschwester Maurizia (rechts) sind Computer nur ein notwendiges Arbeitsmittel, das sie gerne Schwester Alessandra, der PC-Beauftragten des Klosters, überlässt.

Häufig stoßen die Kundinnen durch die Website auf ihre Weberei, weiß Niederer. Umso wichtiger ist, dass sie ansprechend gestaltet ist. „Da müssen wir unbedingt ran", sagt sie selbstkritisch. Demnächst will die Tessitura ihre Waren auch online verkaufen. Dafür ist ein weiterer Kurs im Polo Poschiavo geplant. Polo-Chef Luminati hat bereits neue Aufnahmen von den in der Weberei hergestellten Kissen gemacht und sie dazu auf einem Designersofa in Szene gesetzt. Und auf seinen Vorschlag hin stellen die Frauen nun auch kleine Täschchen für Handys her – Tradition und Moderne eben.

Auch der Schreiner Gino Bongulielmi aus Brusio, einem Nachbarort von Poschiavo, betreibt Marketing per Internet. Seit der 40-Jährige einen viermonatigen Kurs beim Polo Poschiavo belegt hat, bietet er die Zimmer und Übernachtungslager seiner Alm auf der eigenen Internetseite an. Rund die Hälfte der Buchungen kommt per elektronischer Post. Genauso will Giovanna Tosio ihre Puschlaver Spezialitäten aus Buchweizen von ihrem kleinen Pastaladen unweit der Piazza demnächst vermarkten. Buchführung, Preislisten und individuelle Etiketten für die getrocknete Pasta und Pesto macht sie bereits am Computer. Selbst im Nonnenkloster Monastero S. Maria Presentata delle Suore Agostiniane, seit 1693 eine Institution im Ort, wird die 6.000 Bände starke Bibliothek inzwischen elektronisch archiviert. Sogar die 73-jährige Oberschwester Maurizia wagte im Polo ihre ersten Schritte am Computer. „Ganz leicht ist es mir nicht gefallen", bekennt sie. „Aber man muss ja mit der Zeit gehen."

Sie war beileibe nicht die Älteste. Dass da ein Kurs für über Sechzigjährige angeboten wurde, hat Luigi Gisep mit seinen 81 Jahren herausgefordert. Auch er ist einer von denen, die gegangen und wieder zurückgekehrt sind. In seiner Villa stapeln sich gerahmte Fotografien, die er als junger Ingenieur in Indien gemacht hat. Danach hat er in Schweden und Argentinien gearbeitet – und schließlich im Kraftwerk der Rätia-Energie. Aus seinem Fenster hätte er einen atemberaubenden Blick auf die Berge, aber meistens sind seine Augen auf alte Fotos gerichtet. Seit 30 Jahren sammelt Gisep Bilder aus dem Tal. Tausende sind es mittlerweile. Sie zeigen Arbeiter beim mühevollen Bau der Schienen für den Bernina-Express Anfang des 20. Jahrhunderts, Familien, die in steifer Pose vor dem Fotografen stehen, oder auch die Plätze und Straßen von Poschiavo im 19. und 20. Jahrhundert. „Jede Woche kommt jemand und bringt mir Aufnahmen, die er gefunden hat", erzählt er. Meist macht er Negative von den Abzügen. Dann werden sie penibel in einem elektronischen Verzeichnis katalogisiert. Demnächst will er in einem weiteren Kurs lernen, die Fotos zu scannen und zu bearbeiten. Das Informatik-Zeitalter ist auch bei ihm angekommen.

Vielleicht präsentiert Gisep ja eines Tages seine besten historischen Aufnahmen auf einer eigenen Seite in Netz. Die Macher vom Polo Poschiavo werden ihm dabei sicher helfen. Zuvor aber müssen sie wieder einmal ihren eigenen Internet-Auftritt ansehen. Der wurde – wegen der vielen anderen Aktivitäten – lange nicht mehr auf Vordermann gebracht.

Autorin: Petra Krimphove
Fotograf: Christoph Püschner

Hintergrund

Unter dem Titel „Zukunft in den Alpen“ hat die CIPRA eine aufwändige Studie initiiert. 40 Fachleute aus Wissenschaft und Praxis trugen das vorhandene Wissen zu den wichtigsten Zukunftsfragen zusammen. Die einzelnen Arbeitsgruppen beschäftigten sich mit Wirtschaft, Sozialem, Naturschutz, Verkehr, Partizipation und Politik-Instrumenten im Alpenraum. Außerdem haben sich die Projektteilnehmer mit den Querschnittsthemen Klimawandel und Stadt-Land-Beziehungen auseinandergesetzt. Die Ergebnisse der Studie sind in den folgenden Kapiteln aufbereitet. Sie zeigen: Es gibt Konzepte und Lösungen für eine nachhaltige Entwicklung in den Alpen. Man muss sie nur umsetzen.

Lokal denken, sozial handeln

Viele abgelegene Dörfer verlieren Einwohner, während sich Nutzungskonflikte in den Tourismusorten, den Ballungszentren und deren Umland verschärfen: Abwanderung und Zuwanderung können das soziale Leben in den Gemeinden beeinträchtigen. Wie kann es auch vor dem Hintergrund von Trends wie Individualisierung und Überalterung erhalten bleiben, wie können Konflikte gelöst werden? Eine der wichtigsten Antworten lautet: Frauen an die Macht!

Ein Sonntag im Juli auf der Großen Scheidegg bei Grindelwald im Berner Oberland: Hunderte von Menschen tummeln sich auf dem windigen Pass auf 2.000 Metern Höhe. Senioren steigen aus dem Bus für einen Kaffee und den Blick auf die Eiger-Nordwand. Verschwitzte Mountainbiker in bunten Radlertrikots stürzen Mineralwasser in sich hinein. Im Gasthaus lauschen Einheimische schweigend der Örgeli-Musik, die drei Brüder um die dreißig machen. An den in sich gekehrten, lächelnden Gesichtern der Musiker sieht man, dass sie auch für sich selbst spielen. Die Serviererin spricht lupenreines Hochdeutsch, sie ist Saisonarbeiterin aus Deutschland und verdient das Geld fürs nächste Studiensemester. Hinter dem Wirtshaus lagern viele Dutzend Zuschauer am Hang wie in einer antiken Arena. Die Kampfbahn liegt zu ihren Füßen, in einem aus Sägemehl gestreuten Rund stehen sich massige junge Männer mit runden Gesichtern gegenüber. Sie packen sich an Überhosen aus derbem Tuch und versuchen, ihren Kontrahenten zu Boden zu ringen – „Schwingen" heißt dieser althergebrachte Sport. Über der Arena liegt der Geruch von Raclette-Käse, der an einem Verkaufsstand mit Gasflammen weich gemacht und zentimeterdick auf Brotscheiben geschabt wird. „Einmal so einen Spezial-Cheeseburger, bitte", frotzelt ein deutscher Tourist, die ältere Frau hinter dem Stand blickt verständnislos; ihre junge Kollegin lacht. Japanische Touristinnen fotografieren währenddessen entzückt deutsche Kleinkinder in ihren Lederhosen und Blümchenkleidern – so haben sie sich die Kinder in den Alpen vorgestellt.

Der Sonntag auf der Großen Scheidegg wirft ein Schlaglicht auf die vielen verschiedenen Lebenswelten der Menschen, die in den Alpen aufeinandertreffen. Jung und Alt, Einheimische und Fremde, Bustouristen und Wanderer, Trend- und Traditionssportler – und alle bleiben für sich. Am nächsten kommen sich die drahtigen Radler und die beleibten Schwinger in der Warteschlange am Käsestand. Aber beim Warten wird geschwiegen. Die Sportler trennt wohl mehr als nur ihr Körpergewicht.

Die Individualisierung in der westlichen Welt hat zu einer Vielzahl an Lebensstilen und zur Wertedifferenzierung geführt: die Gesellschaft splittet sich in eine Vielzahl von Gruppen auf. Auch wenn sich einige Einheimische der Volksmusik und alten Sportarten widmen und viele Touristen dieses traditionelle Alpenbild suchen, ist es ein Zerrbild der Realität. Globale Trends setzen sich über Traditionen hinweg; die sozialen Entwicklungen und Konflikte in den Alpen ähneln denen im Flachland – manche werden durch die Gebirgslandschaft noch verstärkt –, zum Beispiel der Wettbewerb um Bauland.

Die zunehmende internationale wirtschaftliche Verflechtung, auch Globalisierung genannt, fördert die wirtschaftlichen Knotenpunkte und benachteiligt die Peripherie. Wer eine gute Arbeit will, muss häufig in die Zentren ziehen, diese wuchern ins Umland. In den Alpenstädten, die von Bergen eingerahmt sind, muss sich das Wachstum zumeist auf die Täler beschränken, in denen das Bauland knapp wird. Die Folgen: Besonders große Nutzungskonflikte in touristischen

Lichtblick für Dellach: Erika Winkler vom Dorfservice (links). Auf die Frage, warum in ihren Reihen nur ein Mann ist, weiß sie keine Antwort.

Gemeinden und in den Dörfern und Städten in den großen Tälern, die zu langen Siedlungsbändern zusammenwachsen. Auch im Zeitalter der Individualisierung gibt es kollektive Wünsche – einer ist der nach einem Häuschen im Grünen. Deshalb fressen sich vor allem Stadtumlandgebiete in die Landschaft hinein. Diese Siedlungen werden vielerorts zu reinen Wohn- und Schlafstätten, in denen soziale Angebote rar sind.

Fast jede dritte Gemeinde hat an Einwohnern verloren.

Als Wohnort sind die Alpen offenbar höchst attraktiv. Die Zahl der Alpenbewohner stieg in den vergangenen fünfzig Jahren von 10,8 auf 14,3 Millionen Menschen. Doch die Verteilung dieser Zuwächse ist sehr verschieden. Wenn die Zentren Gewinner der Globalisierung sind, muss es auch Verlierer geben: Zwischen 1981 und 2000 hat fast ein Drittel der Gemeinden in den Alpen Einwohner eingebüßt. Meist liegen diese in den Seitentälern abseits der Zentren und Verkehrsachsen. In den südlichen Französischen Alpen und im Piemont, wo die Abwanderung bereits im 19. Jahrhundert begann, wurden ganze Täler leer. Vielerorts kann man dort nicht mehr von funktionierenden lokalen Gesellschaften sprechen.
Eine Untersuchung der CIPRA für diesen 3. Alpenreport (siehe Daten S. 259, Tab. 1) bestätigt den Trend zur Polarisierung im Alpenraum. Die „ausgeglichenen Gemeinden", also die Ortschaften ohne wesentliche Aus- oder Einpendlerströme und ohne einen dominierenden Wirtschaftssektor, nahmen in zwei Jahrzehnten um 60 Prozent ab. Während im Jahr 1981 noch jede dritte Alpengemeinde als „ausgeglichen" bezeichnet werden konnte, war es im Jahr 2001 nur noch jede achte Gemeinde.
Die Tourismusgemeinden mit ihrer wirtschaftlichen Monostruktur haben jedoch im gleichen Zeitraum um 38 Prozent auf insgesamt 481 Gemeinden zugenommen. Wie stark das Leben in diesen Gemeinden vom Tourismus geprägt ist, zeigt beispielhaft die Lektüre des aktuellen „Echo von Grindelwald" im Gasthaus auf der Großen Scheidegg. Fast jeder Artikel der Lokalzeitung im Gebiet von Jungfrau, Mönch und Eiger hat mit dem Fremdenverkehr zu tun. Meist bergen die Berichte Konfliktstoff, auch wenn sie kurios anmuten. Die Verwaltung von Interlaken macht mit höheren Gebühren Druck auf Kutscher, die keine „Pferdeäpfelauffangvorrichtungen" benutzen: Man will saubere Straßen haben, doch ein Kutscher weigert sich bislang standhaft, seinen Tieren Windeln anzulegen. Der Tourismuschef von Interlaken will an einem Berg über dem Ort einen Schriftzug mit dem Ortsnamen anbringen lassen – wie in Hollywood. In Grindelwald braucht eine erst kürzlich eröffnete Alphütten-Bar einen Damm zum Schutz vor Lawinen – die Landschaftsschützer sind dagegen. Die Berner Bergbahnen klagen über ein schlechtes Geschäft im vergangenen Winter – ihr Präsident macht dafür die „Klimahysterie der Medien" verantwortlich. Zwar habe es in der Tat wenig geschneit, gibt er zu, aber die Journalisten präsentierten dem Publikum „lieber grüne Wiesen statt perfekt präparierte, weil maschinell beschneite Pisten." Eine Seite weiter berichtet die Zeitung von chinesischen Journalisten, die am Jungfraujoch im Schnee Golf spielen, eine Marketingmaßnahme der Jungfraubahnen und der Organisation „Schweiz Tourismus", um noch mehr Chinesen als die bisher jährlichen 15.000 anzulocken. „Dies ist der schönste Ort, an dem ich je Golf gespielt habe", sagt Chen Kuo Yueh aus Shanghai artig dem „Echo von Grindelwald".
In der Dorfmitte gehen die Bauarbeiten am Swiss Alp Resort „mit einer der größten Baugruben, die in Grindelwald je ausgehoben wurden" zügig voran – nachdem das Bundesgericht die letzten Beschwerden gegen den Bau abgeschmettert hat. Und der Umweltaktivist Franz Weber bekommt zum 80. Geburtstag ein großes Interview, in dem er sagt: „Durch den

Zweitwohnungsbau wird die Schweiz kaputt gemacht, von Ausländern und von Schweizer Spekulanten."

Die Autoren der CIPRA-Studie „Zukunft in den Alpen" untersuchten eine Vielzahl von wissenschaftlichen Aufsätzen zum Thema Tourismus, die alle das Gleiche zeigten: Der Tourismus hat große Auswirkungen auf das soziale und kulturelle Leben der Einheimischen und auf ihre Verhaltensweisen. In Regionen mit intensivem Tourismus herrsche die Wirtschaft über Soziales, Kultur und Umweltschutz. Häufig schließen Restaurants außerhalb der Saison. Die Einheimischen haben kaum noch Möglichkeiten, sich untereinander zu treffen. Die lokale Identität und die Qualität der persönlichen Beziehungen leiden: Alle Kraft wird dem Gast gewidmet. „Es gibt kaum Zeit für Familie und Freunde. Die Kinder leiden am meisten unter dieser Situation", schreiben die Autoren der CIPRA-Studie. Mit den Touristen und Zuzüglern kämen neue Ideen und Wertvorstellungen in die Touristenorte, die von den Einheimischen nach und nach übernommen werden – je nach Standpunkt kann dies als Modernisierung oder als Verlust von Authentizität betrachtet werden.

Der touristische Zweitwohnungsbau ist einer der Gründe, warum man vom „Altersheim Alpen" sprechen kann. Besonders in den touristischen Hot Spots kaufen sich viele wohlhabende ältere Menschen einen prestigeträchtigen Zweitwohnsitz, den sie häufig nur wenige Wochen im Jahr nutzen, während Familien mit Kindern sich auf dem überhitzten Immobilienmarkt keinen Wohnraum leisten können. In St. Moritz etwa kostet Bauland bis zu 35.000 Franken pro Quadratmeter (siehe Reportage S. 76). In Garmisch-Partenkirchen, einer Gemeinde mit knapp 30.000 Einwohnern, gibt es 1.500 Zweitwohnungen. Der Ort in Oberbayern ist als Altersruhesitz beliebt: Jeder vierte Einwohner in der Stadt ist über 65 Jahre alt, im Umland nur jeder fünfte.

In den abgelegenen Gebieten dagegen vergreisen die Täler, weil die jungen Leute keine ansprechende Arbeit finden und fortziehen. In den vergangenen zwanzig Jahren sind die Wanderungsbewegungen indes sehr kompliziert geworden: Einige französische Alpentäler gewinnen wieder an Einwohnern. Es passiert ein Bevölkerungsaustausch: Für die Menschen, die weggezogen sind, kommen Zuzügler, denen die Natur wichtiger ist als eine gute Infrastruktur, teilweise Familien, häufig aber Rentner, die nicht mehr auf die räumliche Nähe zu einem Arbeitsplatz angewiesen sind.

Der Trend zur Überalterung in vielen Alpengemeinden wird sich allein durch die Altersstruktur der europäischen Gesellschaften in den nächsten Jahrzehnten weiter verstärken – eine der großen Herausforderungen vor allem für die Randgebiete. Wenn die Jungen gehen, fehlen den Gemeinden und Regionen Steuern; öffentliche Infrastrukturen und Dienste sind kaum noch zu finanzieren. Deshalb verliert beispielsweise der Kanton Graubünden nach einer Studie durch den „Brain Drain", also der Abwanderung gut ausgebildeter Menschen, jährlich 13 Millionen Franken – Geld, das für die Daseinsvorsorge dringend gebraucht würde.

Wenn die jungen Leute wegziehen, ist der öffentliche Dienst in den Randlagen kaum noch zu finanzieren.

Randgebiete geraten in einen Teufelskreis. Wenn junge Leute und mit ihnen Wirtschaftskraft abwandern, schließen Läden und Wirtshäuser. Wichtige Treffpunkte im dörflichen Leben gehen verloren. Die öffentliche Hand reagiert, indem sie zu sparen versucht und staatliche Aufgaben in größeren Orten konzentriert. Polizeiposten und Postämter werden aufgegeben, Krankenhäuser zusammengelegt, der Busverkehr ausgedünnt, Kindergärten und Schulen geschlossen. Die Folge: Noch mehr junge Leute ziehen dort hin, wo es funktionierende Infrastrukturen gibt, also in die Ballungsräume und deren Umland.

Zum Beispiel Le Sappey en Chartreuse, ein Dorf zwölf Kilometer von Grenoble entfernt. Anfang der Sechzigerjahre wohnten hier nur 230 Menschen. Zwanzig Jahre später hatte sich die Einwohnerzahl mehr als verdoppelt. Heute leben dort 1.000 Menschen. Vor allem so genannte „Bobos", eine Wortschöpfung, die für „bourgeoise Bohemien" steht, sind in den vergangenen Jahren nach Le Sappey gezogen. Erfinder des Begriffs „Bobo" ist der New Yorker Autor David Brooks, aber es gibt sie in Paris genauso wie in Wien – und dem Umland von Grenoble. „Bobos" sind demnach Anhänger eines neuen Lebensgefühls, die auf die „Yuppies" der Achtzigerjahre gefolgt sind. Sie vereinbaren beruflichen Erfolg mit nonkonformistischer Haltung, sanften Materialismus mit einer Prise sozialem Gewissen. Die Väter fahren mit ihren teuren Geländewagen täglich hinunter nach Grenoble, um ihre akademischen Berufe zu bewältigen, die Mütter bleiben zu Hause und kochen den zwei oder drei Kindern Bio-Mahlzeiten.

Ohne diese Zuzügler gäbe es kaum noch Leben in Le Sappey, nur noch etwa 70 Einwohner sind alteingesessen, sagt Bürgermeister Roger Caracache. Aber durch die Zuzügler gibt es funktionierende Infrastrukturen. Niemand in Le Sappey spricht davon, dass der Hausarzt seine Praxis schließen, das Postamt aufgegeben oder die Grundschule geschlossen werden könnte. Und durch die Familien kommt Musik ins Dorf – 90 Kinder lernen auf der örtlichen Musikschule ein Instrument. Die Eltern spielen gemeinsam Theater, fahren Moutainbike, einige sind Natur-Hobbyforscher. Der Bevölkerungsaustausch im Dorf ist jedoch enorm: Wenn die Kinder 15 Jahre alt sind und aufs Gymnasium wollen, ziehen viele Familien zurück in die Stadt. Nicht selten beenden Ehescheidungen oder berufliche Versetzungen das Familienleben in Le Sappey. Deshalb würden pro Jahr nur etwa drei Häuser gebaut, aber jede Menge Häuser verkauft, sagt Bürgermeister Caracache: „Neulich wechselte ein Haus für 600.000 Euro den Besitzer."

Das Beispiel von Le Sappey zeigt, wie das soziale Leben durch Neubürger profitieren kann. Welche Voraussetzungen allgemein dafür gegeben sein müssen, damit sich vor dem Hintergrund von Zu- und Abwanderung die soziale Handlungsfähigkeit in den Alpengemeinden erhalten oder verbessern kann, untersuchten Wissenschaftler und Praktiker in der „Zukunft in den Alpen"-Studie. Soziale Handlungsfähigkeit sei gegeben, wenn die Menschen darin übereinstimmen, wo die gemeinsamen Interessen liegen. Die Soziologen sprechen von „sozialer Kohäsion" – darunter verstehen sie die Fähigkeit einer Gesellschaft, das Wohl all ihrer Mitglieder zu sichern und ungleiche Lebensbedingungen zu vermeiden. Um diesen Zusammenhalt zu schaffen, müssten alle gesellschaftlichen Gruppen möglichst gut integriert werden, schreiben die Autoren der CIPRA-Studie. Eine Gesellschaft müsse mannigfaltig und offen genug sein, um dem Einzelnen die Freiheit zu geben, sich kulturell, wirtschaftlich und sozial zu entwickeln. Die Bedingungen dafür seien ein hoch entwickeltes Wohlfahrtssystem und demokratisch organisierte Gesellschaften – unter Letzterem verstehen die Autoren mehr als den sporadischen Gang zur Wahlurne. An vielen Orten blockieren die lokalen Eliten, seien es Hoteliers, Großbauern oder Gewerbetreibende, Veränderungen und neue Ideen, aus Angst an Einfluss und Macht zu verlieren. Die Autoren in der CIPRA-Studie fordern deshalb: „Entscheidungsfindung unter Beteiligung der Bevölkerung, Toleranz gegenüber Minderheiten und das Einbeziehen aller gesellschaftlichen Gruppen, also auch der Jugend, der Älteren und der Frauen."

Gerade im sozialen Bereich sind Frauen besonders engagiert und ideenreich, was oft übersehen wird. „Meist arbeiten sie im Stillen – traditionellen Rollenmustern entsprechend", sagt Eva Altenmarkter-Fritzer, Initiatorin des sozialen Dienstes Dorfservice: „Das wollen wir endlich aufbrechen." Die Hauswirtschaftslehrerin lebt im Drautal in Kärnten, das viele typische Merkmale einer peripheren Region aufweist. Es gibt

Alles Schöne in der Welt lebt von Menschen, die mehr tun als ihre Pflicht: Eva Altenmarkter-Fritzer ist Hauswirtschaftslehrerin. In ihrer Freizeit hat sie einen innovativen Dienst ins Leben gerufen. Wenn die Nachbarschaftshilfe nicht mehr funktioniert, kommen Ehrenamtliche des Dorfservice ins Haus.

kaum Industrie, viele Männer sind die Woche über weg, manche bauen als Mineure am Gotthard-Basistunnel in der Schweiz mit. Im Tourismus ist kaum noch Geld zu machen. Die Sechziger- und Siebzigerjahre sind vorbei, als die Einheimischen für die Touristen das eigene Schlafzimmer räumten und im Keller oder dem Heuboden schliefen. Aber die einstigen Gäste fliegen heute lieber in die spanische Sonne oder nutzen lieber das vielfältige Angebot in den Alpen-Hot-Spots, als in die altmodischen Pensionen im Drautal zu fahren.

Viele junge Drautaler arbeiten zunächst in den touristischen Boomorten Tirols und entdecken dort, dass ihnen die Welt offen steht: Sie gehen als Kellner nach Mallorca, als Animateurinnen auf Kreuzfahrtschiffe. Andere ziehen für ihre Ausbildung zumindest in die Bezirkhauptstadt Spittal und danach nicht mehr zurück in die Dörfer. „Diese jungen und aktiven Menschen fehlen – bereits jetzt funktioniert die Nachbarschaftshilfe nicht mehr so gut“, sagt Eva Altenmarkter-Fritzer. „Der Anteil der alten Menschen nimmt zu. Unser Dorfservice ist eine Vorbereitung auf eine Situation, die sich noch zuspitzen wird.“

Der Dorfservice ist ein Pilotprojekt in vier Gemeinden, das Aufgaben der klassischen Hilfe zwischen Nachbarn, Verwandten und Bekannten übernimmt.

Lebensraum für Familien: Innovative Projekte wie in der Villa Kamilla in Röthis sind eine Möglichkeit, die soziale Handlungsfähigkeit zu stärken. Die Einrichtung ist eine Kooperation von acht Gemeinden im Alpenrheintal. Je nachdem, wie sie beruflich eingespannt sind, können Eltern dort die Betreuung ihrer Kinder flexibel buchen.

Alte Menschen, Familien, Alleinerziehende oder pflegende Angehörige können den Dorfservice „in Ausnahmesituationen" anrufen – etwa bei plötzlicher Krankheit oder Überlastung. Eine angestellte Dorfservice-Mitarbeiterin kommt dann ins Haus, kümmert sich um Kinder und andere zu betreuende Personen. Um Missbrauch vorzubeugen, gilt dieses Angebot nur für wenige Tage. Die Hilfesuchenden müssen die Leistung bezahlen, mit sieben bis 15 Euro pro Stunde. Dauert die Ausnahme-Situation länger als einige Tage, hilft die Dorfservice-Mitarbeiterin, eine andere Betreuung zu organisieren: Sie informiert über Leistungen und Angebote weiterer Träger.

Eine Schaltstelle für den Sozial- und Gesundheitsbereich zu sein, ist nämlich der zweite Einsatzbereich des Dorfservice: Die Mitarbeiterinnen koordinieren die Angebote von Vereinen, Gemeinden, Unternehmen und Ehrenamtlichen. Zum Beispiel kann die professionelle Dorfservice-Mitarbeiterin die freiwilligen Dorfservice-Mitarbeiter aktivieren: In den Pilotgemeinden haben sich Ehrenamtliche, zumeist Frauen, gefunden, um in ihrer Freizeit Besuche, Kinderbetreuung und Fahrtdienste anzubieten.

Wenn man die Damen von der Dorfservice-Gruppe „Lichtblick" in der Pilotgemeinde Dellach nach ihrer Motivation fragt, sprechen sie von „christlicher

Nächstenliebe“ und von der „Freude am Helfen“. Auf die Frage, warum in ihren Reihen nur ein Mann ist, wissen sie dagegen keine rechte Antwort. Aber von einem sind sie überzeugt: „In einigen Jahren wird diese Art der Hilfe gang und gäbe sein.“ Entscheidend für sie sei, dass ihr Engagement über die Begleitung durch den Dorfservice institutionalisiert und professionalisiert werde. „Wir sind keine Einzelkämpferinnen mehr“, sagt die Ehrenamtliche Erika Winkler. „Wir können uns austauschen, wir bekommen Fortbildungen und letztlich auch Anerkennung.“

Der Dorfservice ist also eine Mischform zwischen ehrenamtlicher Hilfe, gewissen Marktelementen und der öffentlichen Hand: Der Dorfservice bietet Freiwilligen die Mitarbeit an, hat mit staatlichen Geldern eine Koordinatorin und vier professionelle Mitarbeiterinnen eingestellt; die Hilfesuchenden müssen die Leistungen der professionellen Helfer aber zumindest teilweise bezahlen. Experten sehen darin ein Modell der Zukunft. Solche organisatorischen Hybride könnten in Zeiten des schlanken Staates die Daseinsvorsorge im ländlichen Raum gewährleisten. Die „Suche nach neuen, innovativen Wegen, um Dienste aufrechtzuerhalten“ sei eine der Möglichkeiten, die soziale Handlungsfähigkeit zu erhalten, schreiben die Autoren in der CIPRA-Studie.

Sie betonen ausdrücklich, wie wichtig Frauen für die soziale Handlungsfähigkeit sind. „Frauen leiden gewöhnlich vor den Männern, die ja meist für die Erwerbsarbeit zuständig sind, wenn soziale und öffentliche Dienste fehlen. Sie sind als Erste bereit, wegzuziehen“, sagt Bernard Debarbieux, Professor für Humangeografie an der Universität Genf und einer der Experten in der CIPRA-Studie. „Dadurch verschärft sich die Situation weiter, denn Frauen sind hauptsächlich die Trägerinnen sozialer Anstrengungen.“ In vielen traditionell geprägten Tälern spielen sie noch nicht die gleichberechtigte Rolle, die ihnen zusteht und die für „faire und dynamische Gemeinden“ notwendig sei. In ihrem „Memorandum zur Zukunft in den Alpen“ fordert die CIPRA deshalb eine „alpine Entwicklung, in welcher Frauen verstärkt in Entscheidungsfunktionen vertreten sind.“

Frauen bräuchten mehr Möglichkeiten, von Heim und Herd wegzukommen, wenn sie dies wünschen. Das Projekt „Création de structures et de services pour l'enfance“ („Schaffung von Strukturen und Diensten für die Kindheit“) in Bourg d'Oisans im französischen Departement Isère zum Beispiel suchte Lösungen, wie Kinder in den späten Nachmittagsstunden nach Schulschluss betreut werden können, damit beide Elternteile einem Beruf nachgehen können oder Zeit und Kraft für andere Dinge als Familienarbeit haben. Viele Frauen würden sich gerne in Gemeindeparlamenten und informellen politischen Gruppen einbringen. Doch häufig gibt es vor Ort keine Partizipations-Kultur. Die Autoren der CIPRA-Studie fordern die Entscheidungsträger in den Gemeinden und Regionen auf, diese Beteiligungskultur aufzubauen – nicht aus Gutmenschentum, sondern weil diese selbst davon profitieren. Häufig haben Bürgermeister Angst davor, die Bürger zu beteiligen, etwa bei geplanten Infrastruktur-Projekten. Sie fürchten, das Heft aus der Hand zu geben. Doch wenn die Verfahren durchdacht sind und gut gesteuert werden, entsteht daraus nur Nutzen: Konflikte werden entschärft, Verwaltung und Politik gewinnen an Prestige. Vor allem werden aber die Lösungen tragfähig, wenn die Interessen aller betroffenen Gruppen gehört werden. Die Kosten für solche Partizipationsverfahren sind in Relation zu den Projektkosten gering – in der Regel machen sie nur ein bis fünf Prozent aus. Wie Beteiligungsverfahren zu Erfolgen werden, lässt sich im Hintergrundbericht auf Seite 232 nachlesen.

Wenn sich viele Menschen einmischen können, stärkt das auch die lokale und regionale Identität, die für die Autoren der CIPRA-Studie ein weiterer wichtiger Faktor für die soziale Handlungsfähigkeit ist. Nicht von ungefähr versuchen viele Alpengemeinden sich ihrer Identität zu vergewissern, etwa mit Ausstellungen zu

Aus dem „Memorandum zur Zukunft in den Alpen"

Aus den Erkenntnissen der Studie „Zukunft in den Alpen" zur sozialen Handlungsfähigkeit in den Gemeinden leitete die CIPRA folgende Forderungen ab:

· Die Alpen sind vom Gegensatz zwischen der globalen und der lokalen Ebene sowie zwischen urbanen und ruralen Regionen geprägt. Die CIPRA fordert den Aufbau von regions- und sektorenübergreifenden Plattformen und Projekten und fördert entsprechende Partnerschaften, die auch über den Alpenraum hinausgehen.

· Viele Regionen der Alpen sind durch Strukturschwäche und Abwanderung geprägt, andere wiederum durch Übernutzung und Überschreitung der Belastungsgrenzen. Die CIPRA fordert die Stärkung der Attraktivität des Berggebietes durch den Erhalt und die Verbesserung der Qualität von Umwelt und Kultur, durch eine verstärkte soziale Integration, eine zeitgemäße Raumplanung, die Schaffung attraktiver, dezentraler Arbeitsplätze und die Aufrechterhaltung der Basisdienste.

· Die Alpenpolitik ist durch die Vorherrschaft von Männern geprägt. Die CIPRA fordert eine alpine Entwicklung, in welcher Frauen verstärkt in Entscheidungsfunktionen vertreten sind.

regionalen und historischen Themen, durch Slogans und Logos: So sollen soziale und regionale Bindungen erhalten und gestärkt werden. Gerade den Randgebieten rät Gion Caminada „zu mehr selbstbewusster Eigenständigkeit ohne Nostalgie". Wie die aussehen kann, zeigt der vielfach ausgezeichnete Architekt mit seinen identitätsstiftenden Häusern in Strickbauweise: Er schichtet rechteckig geschnittene und glatt gehobelte Balken zu tragenden Wänden – so, dass sie sich über Eck miteinander verschränken. „Bauhaus für die Alpen" loben Architekturkritiker seinen sachlich funktionalen Stil, den er vor allem in seinem Wohnort Vrin in Graubünden umsetzt. „Unauffällig schön stehen Caminadas Bauten da, als gehörten sie schon immer in die Nachbarschaft der jahrhundertealten Holzhäuser" staunte der „Spiegel". Mittlerweile blicken auch einstige Zweifler aus Vrin stolz auf die modernen Bauten, die Fachtouristen aus der ganzen Welt anlocken. Caminadas Einsatz für eine Bauordnung in Vrin, die keinen Alpenkitsch zulässt, hat aber nicht nur Lokalstolz und Identität gestärkt: Die Häuser sind aus regionalem Holz, errichtet werden sie von einheimischen Handwerkern – so wird die neue Architektur auch zu einem wirtschaftlichen Faktor mit hoher regionaler Wertschöpfung.

Wie von keinem anderen Faktor hängt die soziale Handlungsfähigkeit in einer Gemeinde von der Wirtschaft ab, fassen die Autoren der CIPRA-Studie zusammen – schließlich entscheiden neben den Umweltbedingungen vor allem die Zahl und Qualität der Arbeitsplätze darüber, ob Menschen bleiben oder zuziehen: „Die wichtigste Frage für die soziale Handlungsfähigkeit ist, ob Unternehmen in der Lage sind, zu kooperieren, sich in lokalen Projekten zu engagieren und bereit sind zu einem ständigen Lernen." Natürlich arbeiten Unternehmen nur dann zusammen, wenn sie einen Vorteil für sich sehen. Oft ist es auch schwierig, das tief sitzende Konkurrenzdenken zu überwinden. Einer Reihe von Hightech-Firmen im französischen Arvetal in der Haute Savoie ist dies unter dem Schlagwort „coopitition" gelungen – einer Wortschöpfung aus den englischen und französischen Wörtern für „Kooperation" und „Wettbewerb" (auf französisch: „compétition"): Die Automatendrehereien und Präzisionsmechanik-Firmen sind als Zulieferer für viele Schlüsselindustrien Konkurrenten, arbeiten jedoch zusammen in Bereichen, in denen sie alleine zu klein sind. Zum Beispiel organisieren sie gemeinsam eine technische Berufsschule und Messeauftritte in Fernost.

Offenheit über das eigene Tal und die Alpen hinaus sei ein weiterer Faktor, um die soziale Handlungsfähigkeit zu stärken, schreiben die Experten in der CIPRA-Studie: „Je aufgeschlossener lokale Gesellschaften gegenüber der Welt sind und je mehr Einheimische in Netzwerken mit Menschen außerhalb ihrer Gemeinde verbunden sind, desto eher werden Ressourcen in Entwicklung und soziale Handlungsfähigkeit investiert." Vorbildliche Beispiele dafür sind die vielen Verbraucher-Initiativen namens AMAP in Frankreich, die städtische Konsumenten und Bauern auf dem Land miteinander verbinden (siehe Reportage S. 36). Bürgermeister, die junge Leute von außen anlocken wollen, müssten dies mit geeigneten Maßnahmen unterstützen, rät die CIPRA-Studie: Die Gemeinden sollten dafür sorgen, das es genug Mietwohnungen für junge Familien gibt, die sich häufig keinen Hauskauf leisten können.

Wer über seine Gemeinde hinaus blicken will, braucht heute vor allem auch eine schnelle Internet-Verbindung. Dies ist in vielen abgelegenen Gebieten ein Problem, weil für Internet-Anbieter Investitionen in High-Speed-Leitungen nicht profitabel erscheinen. Dies kann schnell zu einem entscheidenden Nachteil im Wettbewerb um Arbeitsplätze und Einwohner werden, denn für viele junge Leute ist das Internet in Beruf und Freizeit inzwischen das wichtigste Medium geworden. Es gibt aber auch Beispiele, die das Gegenteil beweisen:

Im Puschlav in Graubünden dachten viele Menschen, sie lebten in einer Gegend, in der sich Fuchs und Hase gute Nacht sagen. Eine Initiative, die Bildungskurse über Internet anbietet, hat diese Wahrnehmung reduziert und die Bürger selbstbewusster gemacht (siehe Reportage S. 160).

Hinter den meisten vorbildlichen Projekten zur Stärkung der sozialen Handlungsfähigkeit stehen einheimische Projektmacher. Ohne Förderung und Unterstützung läuft ihr Engagement jedoch ins Leere. Es gibt Grenzen, wie weit der Staat sich zurückziehen kann, warnt die CIPRA-Studie: Es brauche eine vernünftige „Hardware" aus Strukturen, damit sich die „Software", nämlich der Einsatz der Menschen, entfalten könne.

Der Dorfservice von Eva Altenmarkter-Fritzer würde ohne öffentliche Förderung – aus der Landeshauptstadt Klagenfurt, aus Wien und aus Brüssel – nicht funktionieren, gleichwohl erreicht die öffentliche Hand mit wenig Geld große Wirkungen.

Das Geld zu bekommen, war gar nicht so leicht. Zwei Jahre dauerte es, bis sie alle Entscheidungsträger überzeugt hatte. Warum Eva Altenmarkter-Fritzer so lange durchgehalten hat? „Ich wollte einfach sehen, ob die Idee, die ich schon lange hatte, sich tatsächlich umsetzen lässt." Ihr Modell kann überall Nachahmer finden, wenn es durchdachte und ausreichend dotierte öffentliche Förderprogramme gibt, die kreative und selbstbestimmte Projekte ermöglichen. Diese allerdings funktionieren nicht ohne engagierte Männer und Frauen wie Eva Altenmarkter-Fritzer, die auf eine Wand in ihrem Büro einen Zettel mit einem Spruch gepinnt hat: „Alles Schöne in der Welt lebt von den Menschen, die mehr tun als ihre Pflicht."

Autor: Bernd Hauser

Neue Werte

Wollen ländliche Gebiete wirtschaftlich überleben, müssen sie sich auf ihre Ressourcen besinnen. Innovationen in Holzindustrie, Energie- und Landwirtschaft werden immer noch unterschätzt, ebenso wie die allerwichtigsten Rohstoffe in den Alpen: die Kenntnisse der Menschen. Um sie besser zu nutzen, braucht es eine neue Zusammenarbeit von Privatleuten, Wirtschaft, Behörden – und eine Politik, die sich an Nachhaltigkeit orientiert.

Die rechte Hand von Laurent Tornay fühlt sich an wie trockenes Leder. Die Finger sind rissig wie verkarsteter Fels. Unter den Nägeln hat er dunkle Ränder wie ein Bergarbeiter. Diese Hand, die von körperlicher Arbeit erzählt, will nicht so recht zu dem städtischen Wohnzimmer mit riesigem Sofa und Kaffeetisch passen. Nicht in eine Wohnung, zu der ein Aufzug hinauf führt, in einem Mehrfamilienhaus, das in Steinwurfweite vom Bahnhof liegt. Und sie will nicht zu dem glatten und gepflegten Gesicht passen, das einem Bankangestellten gehören könnte. Laurent Tornay ist Bauer in Orsières im Val d´Entremont nördlich des Großen Sankt Bernhard.

Seine 15 Kühe sind woanders. Jeden Morgen steht der 52-Jährige um vier Uhr auf, steigt in seinen Mitsubishi-Pickup und schraubt sich den Weg von seiner Wohnung in Orsières zweihundert Höhenmeter hinauf nach La Rosière, ein Weiler mit einem Dutzend Häuser, die sich unterhalb des Bannwaldes am Hang festklammern. Die Häuser stehen so eng, dass der Wagen kaum zwischen ihnen durchkommt. Hier oben ist Tornay mit sieben Geschwistern aufgewachsen. Seinen Kindern wollte er das nicht zumuten. „Es wäre nicht gut gewesen für sie", sagt er. „Wie sollten sie zum Volleyball kommen und zur Klavierstunde?"

Also nahm er vor zwei Jahrzehnten mit seiner Frau die Wohnung im fünf Kilometer entfernten Orsières, Endstation des Saint-Bernard-Express, wo die Kinder Anschluss an die Welt hatten. Sie entwickelten sich prächtig dank Volleyball und Klavier und zahlreicher Freunde. Jetzt, erwachsen geworden, wollen sie alle in Orsières bleiben. Der älteste Sohn, Mitte zwanzig, betreibt mit Tornay die Landwirtschaft, der zweite Sohn lässt sich bei der Kantonalbank zum Finanzfachmann ausbilden, die zwanzigjährige Tochter wird Grundschullehrerin, die jüngste Tochter Einzelhandels-Kauffrau. Dass sie bleiben wollen und wohl auch bleiben können, ist für den Vater ein großes Glück. Er weiß, dass das nicht selbstverständlich ist.

Viele ländliche Gebiete in den Alpen bieten nur eine kleine Auswahl an Berufen. Junge Leute, die für eine Ausbildung in die Städte ziehen, finden nach ihrem Abschluss häufig keine passenden Stellen in der Heimat. In der Landwirtschaft gibt es immer weniger Arbeitsplätze, und in Industrie und im Dienstleistungssektor fehlen qualifizierte Beschäftigungsmöglichkeiten. Die Folge ist „Brain Drain" – vielerorts mangelt es an jungen, kompetenten Leuten, um das soziale und wirtschaftliche Leben auf dem Land zu erhalten.

In den vergangenen drei Jahrzehnten wurden die Lebensbedingungen immer ungleicher. In den Städten und den Tälern, die ihr Einzugsgebiet bilden, verdichten sich Bevölkerung und Wirtschaftskraft. Zwar machen diese Boom-Regionen nur ein Fünftel der Alpenfläche aus, doch konzentrieren sich hier acht von zehn Arbeitsplätzen. Dagegen leiden die ländlichen Räume, die von den Boomregionen nicht profitieren,

Alleine ist die Gefahr größer: Handwerker bleiben geschäftlich leichter im Gleichgewicht, wenn sie sich gegenseitig stützen – über Kooperationen.

Naturschutzinitiativen und Behörden denken meist nur an ihre eigenen Interessen – die nachhaltigen und besten Lösungen bekommen keine Chance. „Deshalb braucht es neue Plattformen", sagt Johannes Heeb. Man könnte auch Runde Tische dazu sagen oder Zukunfts-Werkstätten – wichtiger als die Bezeichnung ist der Zweck. In diesen neuen Runden sollen die Mandatsträger ihr Mandat vergessen. Ohne Scheren im Kopf überlegen. Neue Wege gehen. Sich als Personen einbringen, nicht als Interessenvertreter. Für viele Entscheider in Wirtschaft, Verwaltung und Politik klingt das zunächst idealistisch. Dabei ist Kooperation keine Frage des Gutmenschentums, sondern Notwendigkeit. Die Entscheidungsgrundlagen werden komplexer, neben kommunalen und nationalen Bestimmungen gibt es immer mehr internationale Gesetze und Richtlinien. Bei Planungen werden die Vorarbeiten umfangreicher, bei Umweltverträglichkeitsprüfungen etwa müssen eine Vielzahl an Verwaltungsebenen und Fachbehörden gehört werden. Und wirtschaftlicher Erfolg wird zunehmend von weltweiten Faktoren und internationalen Märkten bestimmt, die der Einzelne kaum noch überblickt.

Wenn in den Zukunfts-Werkstätten die Stärken einer Gemeinde, einer Talschaft oder einer Region definiert sind, können sich die Teilnehmenden Strategien überlegen, wie man sie in klingende Münze verwandelt. Es geht dabei nicht nur um das Marketing der Landschaft für Touristen und den Verkauf von Gamswurst oder Bergkäse an Städter, die auf der Suche nach dem Unverfälschten sind. Auch Kenntnisse und Fähigkeiten der Menschen können zu Unique Selling Points werden. So gibt es auf vielen Bauernhöfen brachliegendes Wissen der Bäuerinnen, die nach einer nicht landwirtschaftlichen Ausbildung ihrem Mann auf den Hof gefolgt sind. Mehrere sozialpädagogische Programme in der Schweiz machen sich das zu Nutzen, indem sie städtische Jugendliche mit sozialen Problemen zur Betreuung in Bauernfamilien schicken. Die Bauernfamilien müssen nachweisen, dass sie auf das Zusatzeinkommen durch die Aufnahme des Jugendlichen nicht notwendigerweise angewiesen sind – etwas anderes als Geld soll hinter der Motivation stehen: die Lust der Bäuerin, sich in ihrem erlernten Beruf als Sozialpädagogin zu betätigen.

Ein Beispiel dafür, wie traditionelle Kenntnisse weiterentwickelt werden und in moderne Wertschöpfung münden, ist „Heu-Vital" in Pfronten. Andernorts ist Heu nichts als in der Sonne getrocknetes Gras, per Hand oder Maschinen gemähtes Viehfutter. Die Gemeinde im Allgäu jedoch hat es als Gesundheits- und Wellness-Mittel entdeckt. Das Heu stammt ausschließlich von geschützten Bergwiesen, hier wachsen bis zu 70 verschiedene Heilkräuter. Aus diesem Rohstoff entstehen unter anderem: Heu-Schnaps, Heu-Öle, Heu-Kosmetik und Heu-Wickel – in Leinensäckchen gefülltes Kräuter-Heu, das mit Dampf auf 50 Grad erwärmt wird. Damit hat sich für manche Bauern eine attraktive und dabei rein ökologische Einkommensquelle aufgetan. Die Gemeinde Pfronten, eine Vermarktungsgesellschaft, der Hotel- und Gaststättenverband und weitere lokale Initiativen beteiligen sich an der Idee, die nebenbei der Landschaftserhaltung dient und von der viele profitieren, vom Heulieferanten über die Hersteller der Heu-Produkte, über Masseure bis zum Vier-Sterne-Hotel.

Dass das Heu-Konzept Erfolg hat, ist ein Indiz dafür, dass sich der Tourismus in den Alpen verändert: Laut Zukunftsforscher Matthias Horx geht der Trend zu häufigen Kurztrips und „Wohlfühl"-Urlaub. Fernreisen verlieren ihr Prestige, als Gegentrend zur Globalisierung gibt es die „Glokalisierung", die bewusste Wertschätzung dessen, was vor der Haustüre liegt – eine Chance für den künftigen Alpentourismus genauso wie das Phänomen des „Down Aging". Künftig wird der Anteil älterer Menschen in der Gesellschaft steigen, die sich jung und reiselustig fühlen. In den USA wächst das Segment der Ökoreisen derzeit dreimal mehr als konventionelle Reisen. Der „Öko-Jetset", schreibt die „Neue Zürcher Zeitung", vergnügt

Laurent Tornay verwandelt Blüten in harte Währung: Pro Jahr verkauft Tornay 100 Kilogramm getrocknete Holunderblüten an die Bonbonfabrik Ricola. Mit den Spezialkulturen der Kooperative Valplantes lassen sich hohe Umsätze auf kleinen Flächen erzielen – im Schnitt 40.000 Franken pro Hektar.

sich in einem Fünf-Sterne-Resort in Wyoming „mit Klettertouren und Studien über die lokale Fauna und Flora". In einem Hotel in San Francisco „gehen biologisch abbaubare Putzmittel, Energie- und Wassersparpogramme einher mit urbanem Boutique-Stil, WiFi-Internet und Beauty-Behandlungen. Ein Resort im kalifornischen Napa Valley „verbindet Vorhänge aus Hanf, Solarpaneele, Fahrräder, Bio-Gärten mit dem genießerisch-eleganten Lifestyle des Weingebietes." Die bereits heute spürbaren Trends zu Authentizität, Regionalität und Qualitätserwartungen werden weiter steigen, es wird eine Zunahme der Nachfrage nach Ruhe, Einkehr, Natursehnsucht und Bildung geben. Wenn sich die ländlichen Regionen in den Alpen auf die Trends einstellen, können sie den Rückgang des Skitourismus durch die Klimaerwärmung nicht mehr als Bedrohung, sondern sogar als Chance sehen – sind die neuen Tourismusformen doch relativ unabhängig vom Wetter.

Während „Heu-Vital" seine Wellness-Nische gefunden hat, gibt es alpenweit einen anderen Rohstoff mit hohem Potenzial, das noch viel zu wenig genutzt wird: Holz. Zu Pellets gepresst kann es als klimafreundlicher Brennstoff Öl und Gas ersetzen. Immer noch ist

Die Sägereien in Vorarlberg haben viel zu tun: Viele Bauherren haben erkannt, wie unsinnig es ist, Holz aus Sibirien oder Kanada einzukaufen. Die heimische Industrie liefert mindestens genauso gute Qualität. Die Initiative „Holzbau-Kunst" hat die Nachfrage für das Bauen mit Alpenholz verdoppelt.

der ökologische Unsinn weit verbreitet, Bauholz aus Skandinavien, Sibirien und Kanada in die waldreichen Alpen zu karren. Laut einer in der CIPRA-Studie zitierten Umfrage liegt das daran, dass die Holzpreise so niedrig sind, dass sich die Ernte im Alpenraum für die Waldbesitzer kaum lohnt. Vor allem aber sind die Bauherren und Architekten skeptisch, was die Qualität des heimischen Holzes angeht und bestellen lieber Holz aus dem hohen Norden – eine Tatsache, die sich nur mit der Macht der Gewohnheit erklären lässt, denn natürlich ist das in großen Höhenlagen langsam wachsende Holz in den Alpen von guter Qualität. Dass unsinnige Gewohnheiten bewusst gemacht und geändert werden können, zeigt das Projekt „Holzbau-Kunst Vorarlberg" auf eindrucksvolle Weise, das die Nachfrage für das Bauen mit Holz verdoppelte und architektonische Maßstäbe setzt (siehe Reportage Seite 110).

Das Konzept der Zusammenarbeit aller Beteiligten in der Holzverarbeitung bis zum fertigen Möbel oder Haus funktioniert nicht nur in Vorarlberg, sondern auch anderswo in den Alpen. Im Schweizer Kanton Luzern haben sich Waldbesitzer, Zimmerer und Händler zur Plattform „Mehrwert Holz" zusammengetan, um dort zu erreichen, was sie alleine nicht schaffen: eine professionelle Vermarktung ihrer Produkte und die Förderung der Holzenergie. Die Verbraucher sollen erkennen, welche Schätze in der Region zu finden sind. Im österreichischen Großen Walsertal war es ein Augenarzt, der den Handwerkern die Augen öffnete. Der Arzt wollte ein baubiologisch optimiertes Holzhaus für seine Familie. Die örtlichen Handwerker hatten so viel Spaß am Bau und den Erfahrungen, dass sie den gemeinsamen Erfolg wiederholen wollten: Aus der Zusammenarbeit eines Forstbetriebs, einer Sägerei, eines Zimmerers und eines Schreiners entstand im Jahre 2002 das Projekt „Bergholz". Holz mit einem Herkunftszertifikat aus dem Biosphärenpark Großes Walsertal soll im Tal zu hochwertigen Produkten veredelt und selbst vermarktet werden. Heute sind alle Gemeinden des Tales, die größeren Forstbetriebe und zehn Handwerksbetriebe beteiligt. Im Tal werden Arbeitsplätze gesichert und sogar neue geschaffen. Das Gemeindezentrum in Blons entstand aus Bergholz, in Brand ließ ein Wellness-Hotel seinen Innenausbau von einem Bergholz-Schreiner ausführen.

Im Großen Walsertal entstand eine neue regionale Wertschöpfungskette – vom Waldbesitzer über die Sägerei zum Zimmerer, Schreiner und Ofensetzer profitieren alle Glieder in dieser Kette vom erzeugten Mehrwert. Für die von der CIPRA beauftragten Experten ist der Aufbau solcher regionstypischer Wertschöpfungsketten, die auf Rohstoffen und Kenntnissen vor Ort beruhen, ein wesentliches Instrument nachhaltiger Entwicklung. Sie können sogar zu einem kleinen Gegengewicht zur Globalisierung werden, denn immer mehr Verbraucher entscheiden sich bewusst gegen anonyme Massenproduktion und für regionale Produkte und Dienstleistungen. Im Jahr 2006 bildete sich nach einer Gewerbeausstellung, die von den Bergholz-Leuten organisiert war, der „Verein Wirtschaft Großes Walsertal" – die Menschen auf dem Land lernen, wie wichtig Kooperationen sind. Häufig ist das ein großer Schritt für alle Beteiligten. Bisher haben sich Handwerker, Händler und ganze Gemeinden vor allem als Konkurrenten gesehen.

Die Arbeit in derartigen Netzwerken wird immer wichtiger, nicht nur auf lokaler und regionaler, sondern auch auf nationaler und internationaler Ebene. „AlpEnergyWood" ist ein europäisches Projekt unter französischer Führung, das angesichts der Klimaveränderung „einen Ausweg über einen natürlichen lokalen Rohstoff finden will." Experten, Gemeinden, Bürger und Bürgerinnen im gesamten Alpenraum arbeiten in Workshops zusammen, vernetzen sich via Internet und versuchen, Energie aus Holzchips und Holzpellets weiter bekannt zu machen und zu verbreiten.

Die CIPRA war vor über zehn Jahren an der Gründung des Gemeinde-Netzwerks „Allianz in den Alpen" beteiligt. Daraus hervorgegangene Programme fördern zahlreiche nachhaltige Initiativen: Die Gemeinde Budoia (siehe Reportage Seite 100) stärkt die lokalen Bauern, indem sie bei ihnen sämtliche Zutaten für die Schulküche bestellt. Im Naturpark Nagelfluhkette haben sich bayerische und Vorarlberger Gemeinden zusammengetan, um einen Ausweg aus der Abhängigkeit von Erdöl zu finden – bis zum Jahr 2015 wollen sie das durch Energiesparen und erneuerbare Energien schaffen.

Um die Wirtschaft ins Boot zu holen, hat die CIPRA im Jahr 2006 das „Network Enterprise Alps" (NENA) angestoßen. Kleine und mittlere Betriebe aus allen Alpenstaaten sollen Innovationen in den Bereichen Bauen und Energie besser nutzen. „Die Ideen sind da. Aber aus Mangel an Zeit und Austausch werden sie oft nicht realisiert", erklärt CIPRA-Geschäftsführer Andreas Götz. Die „Tiroler Zukunftsstiftung" beispielsweise, eine der Projektpartnerinnen, versucht diesem Mangel mit „Innovations-Assistenten" zu begegnen: Gut ausgebildete junge Leute sollen Firmen oder Wertschöpfungsketten helfen, Neuerungen einzuführen. NENA, unter anderem mit EU-Geldern finanziert, trägt den Großteil der Personalkosten.

Wertschöpfungsketten und Netzwerke allein werden die ländlichen Regionen aber nicht retten, warnt Martin Boesch, Professor für Wirtschaftsgeografie an der Universität St. Gallen. Dazu sei der „territoriale Darwinismus“ zu stark: In bisher nicht gekannter Schärfe entfalte sich in der globalisierten Wirtschaft der Wettbewerb um Investoren, Unternehmen und Einwohner. In der Regel versuchten alle Regionen, den Wettkampf mit den gleichen Mitteln zu gewinnen: Sie kommen Firmen und Einwohnern bei Abgaben und Steuern bis zur Schmerzgrenze und darüber hinaus entgegen. „Infrastruktur und öffentliche Dienstleistungen sollten möglichst günstig sein, am besten zum Nulltarif. Da alle Regionen das gleiche Rezept anwenden, resultiert daraus ein Wettlauf nach unten“, analysiert Boesch. Die Regionen verschulden sich und bauen Leistungen ab, die im globalen Wettkampf als weniger wichtig betrachtet werden – also die so genannten „weichen Standortfaktoren“ wie der gesellschaftliche Zusammenhalt in einer Region oder die Umweltqualität.

In diesem mörderischen Kampf bekommen die Städte und Haupttäler als Verkehrsknoten und Wirtschaftszentren einen immer größeren Vorsprung vor den peripheren Gebieten. Eine entscheidende Verbesserung könne durch die Marktkräfte allein nicht erwartet werden – im Gegenteil, sie verschärfen die Situation, urteilt Boesch. „Die Politik muss dafür sorgen, die entsprechenden Leitplanken zu errichten. Die Zukunft peripherer Regionen ist ein Abbild des politischen Willens und der entsprechend eingesetzten Ressourcen.“ Bisher ist der Ruf nach solchen Leitplanken allerdings häufig ein frommer Wunsch – ein Schlaglicht darauf werfen zum Beispiel die enormen Fördersummen, die für das milliardenschwere Transrapid-Projekt zum Münchner Flughafen reserviert werden, während die dringende Erweiterung des Fuhrparks der touristisch bedeutsamen Bayerischen Oberlandbahn von München in die Bayerischen Alpen auf die lange Bank geschoben wird.

Gegen den Trend, dem ungezügelten Markt das Wort zu reden und staatliche Regulierung als verwerflich zu betrachten, setzt die CIPRA in ihrem „Memorandum zur Zukunft in den Alpen“ die Forderung, öffentliche Förderung und Gesetzgebung auf Nachhaltigkeit auszurichten. „Solange die Politik die Weichen auf ungebremste Globalisierung stellt und beispielsweise die Umweltfolgekosten von Transport nicht den Verursachern anlastet, wird der holländische Käse in den Alpen weiterhin die Hälfte von regionalen Produkten kosten“, gibt CIPRA-Chef Götz ein Beispiel. Politische Programme und Förderungen müssten ständig überprüft werden, ob sie auch wirklich im Sinne der Nachhaltigkeit wirken. „So wurden beispielsweise Pisten für die Skiweltmeisterschaft im italienischen Bormio im Jahr 2005 auf dem Gebiet des Nationalparks Stilfser Joch mit staatlichem Geld unterstützt, weitere Ausbauten werden aktuell diskutiert.“

Dass andernorts aber ein Umdenken in Richtung Nachhaltigkeit begonnen hat, zeigt das Departement Isère, das bis ins Jahr 2003 große Summen in den Skitourismus steckte, nun aber ein neues Leitbild erstellt hat. Danach werden nur noch wenige, auch angesichts des Klimawandels zukunftsfähige Ski-Infrastrukturen gefördert. Über die Hälfte des Budgets geht in Maßnahmen, die auch an Umweltkriterien gemessen werden. Insgesamt orientieren sich regionale, nationale und internationale Förderprogramme aber noch zu wenig an Nachhaltigkeitszielen. So seien auch die aktuellen Subventionen in der Berglandwirtschaft nicht mehr als „eine Herz-Lungen-Maschine“, erklärt Johannes Heeb, Experte in der CIPRA-Studie: „Stellt man sie ab, stirbt der Patient.“

Natürlich kann die Berglandwirtschaft kaum ohne Subventionen auskommen, aber sie müssten anders eingesetzt werden. So führe etwa die aktuelle Subventionspolitik in der Schweizer Landwirtschaft dazu, dass die Biodiversität in den Berggebieten abnehme, konstatieren Wissenschaftler des nationalen Forschungsprogramms „Landschaften und Lebensräume

Elektroindustrie in Idrija: Nicht alle abgelegenen Gemeinden kommen mit dem globalen Wettbewerb so gut zurecht wie die Firmen in der slowenischen Stadt, die auf eine lange industrielle Tradition aufbauen können. Die Politik ist deshalb gefordert, bessere Rahmenbedingungen für die Entwicklung peripherer Gebiete zu schaffen.

der Alpen." Die Bergbauern halten anspruchsvollere Kuhrassen, die aufgrund ihres höheren Gewichtes zu Erosion führen, mähen häufiger als früher und verwenden zu viel Kunstdünger. Eine nachhaltige Politik würde bedeuten, die produktorientierten Subventionen einzudämmen. Stattdessen müssten die Bauern unterstützt werden, wenn sie besonders artenreiche Lebensräume pflegen, die traditonelle Kulturlandschaft erhalten oder Naturgefahren abwehren. Diese werden sich durch die Klimaveränderung verstärken. So erwarten Klimaforscher künftig häufigere und gewaltigere Hochwasser. „Die technischen Lösungen wie riesige Rückhaltebecken können wir uns auf Dauer gar nicht mehr leisten. Einfacher wäre es, wenn man den Bauern anbietet, sie für Auenflächen zu entschädigen, die sie für intensive Nutzung aufgeben und die künftig überflutet werden dürfen", sagt Johannes Heeb. Ganz nebenbei bekäme die Landschaft so naturnahe Flächen zurück.

Dass die aktuelle Subventionspolitik eine wirklich nachhaltige Regionalentwicklung vielfach behindert, zeigt die Kräuter-Kooperative Valplantes im Wallis. Die Bauern würden ihre Kräuterfelder gerne ausdehnen: „Wenn wir könnten, würden wir verdoppeln",

Die Schatzkammern

Naturschutz und Wirtschaft brauchen sich nicht zu bekämpfen. Schutzgebiete können gleichzeitig die biologische Vielfalt und die regionale Wertschöpfung steigern – und zu Modellregionen nachhaltiger Entwicklung in den Alpen werden.

Für Grüne und Beamte der Naturschutzbehörden galt das Entlebuch lange Zeit als äußerst schwieriges Gelände. Trauten sie sich, das Tal westlich von Luzern zu betreten, trafen sie auf verschlossene Gesichter, geballte Fäuste und manchmal sogar auf bedrohlich gereckte Heugabeln. Bei einer Pressekonferenz unter freiem Himmel protestierten die Entlebucher auf kuriose Weise gegen die Naturschützer. Der Kurdirektor der Gemeinde Sörenberg sah aus wie ein Häuptling in einem Hollywood-Western, denn er hatte sich als Indianer geschminkt und mit Federn geschmückt. Seine Botschaft: „Der Naturschutz macht uns zu den Indianern der Schweiz! Wir werden in ein Reservat gesperrt, in dem wir keine Chance haben zu überleben!"

Ende der Achtzigerjahre schlugen die Wogen hoch im Entlebuch. Naturschutz und wirtschaftliche Entwicklung schienen gegensätzliche, unvereinbare Pole, besonders in dieser Region, die sich als Opfer der so genannten Rothenthurm-Initiative sah. Im Jahre 1987 hatten nämlich die Schweizer in einer Volksabstimmung entschieden, das Militärgelände Rothenthurm und alle anderen wichtigen Moore des Landes unter Schutz zu stellen. Überraschend hatten 58 Prozent der Stimmberechtigten dafür votiert.

Im Entlebuch gab es seit jeher viele wertvolle Moore, mit der Folge, dass plötzlich ein Viertel des Bodens unter Schutz stand, in der Gemeinde Flühli, zu der die größten Moorgebiete der Schweiz gehören, gar zwei Drittel. Die Bauern empfanden das neue Gesetz als Einschränkung ihrer Landwirtschaft, zu der sich wenig Alternativen boten, denn in der Region gibt es nur wenig Industrie, und in Flühlis Teilort Sörenberg mit seinen 19 Liftanlagen war der Ski-Tourismus eine wichtige Einkommensquelle, die nun der Moorschutz zu bedrohen schien. Anlass genug für Kurdirektor Schnider, in die Rolle eines Ureinwohners zu schlüpfen, dem man die angestammten Jagdgründe streitig gemacht hatte.

Zwölf Jahre später tauchte er wieder in den Medien auf, aber dieses Mal in einer anderen Rolle: Sein Entlebuch, das sich mit Händen und Füßen gegen den Moorschutz gesträubt hatte, war im Jahr 2001 von der UNESCO als Biosphärenreservat ausgezeichnet worden – und Theo Schnider gehörte zu den Leitfiguren, die unermüdlich für dieses Ziel geworben, Konzepte entworfen und Info-Abende bestritten hatten.

Nichts könnte den Umschwung im Entlebuch besser illustrieren als Schniders Entwicklung zum Öko-Befürworter, was manche Einwohner der tiefkatholischen Region als Wandlung „vom Saulus zum Paulus" bezeichnen. Doch sie klingt nicht mehr so außergewöhnlich, wenn man bedenkt, dass seit den Achtzigerjahren ein Paradigmenwechsel im Naturschutz stattgefunden hat.

Traditionell wurde Naturschutz als Konservierung ökologisch wertvoller Flächen betrieben. Dafür steht das viel zitierte Bild vom „Naturschutz unter der Käseglocke", er wurde „von oben herab" verordnet, weshalb ihn die Menschen vor allem in Form von Verboten wahrnahmen – nicht gerade ein Grund, sich mit seinen Zielen zu identifizieren.

Ungewohnte Perspektive: Erst auf den zweiten Blick wurde vielen Entlebuchern klar, was die Biosphäre für Mensch und Natur bringt.

Immer mehr gewinnt ein anderer Ansatz an Boden, der auf die nachhaltige Entwicklung einer Region mithilfe des Naturschutzes zielt. Der Naturschutz dient darin als Leitlinie, die zeigt, wie sich die ökologische und die ökonomische Situation verbessern lassen. „Schützen durch nutzen" heißt das Schlagwort für diesen integrativen Ansatz, der wirtschaftliche Aktivitäten grundsätzlich nicht mehr als störend für den Naturschutz einschätzt, sondern häufig sogar als Voraussetzung für den Erhalt von Landschaften und Arten sieht.

Die Artenvielfalt in den Alpen entstammt der traditionellen Nutzung durch den Menschen.

Unter diesem Aspekt lassen sich größere Schutzgebiete zu Modellregionen nachhaltiger Entwicklung gestalten. Für die CIPRA bildete der neue Ansatz die Grundlage, eine Studie zu Schutzgebieten in Auftrag zu geben. Eine Reihe von Planern und Planerinnen beschäftigte sich mit den Fragen: Unter welchen Bedingungen können die ökologischen Schatzkammern gleichzeitig zur Regionalentwicklung wie auch zur Erhaltung der Biodiversität beitragen? Wie muss man ein neues Schutzgebiet vorbereiten und umsetzen, damit es ein Erfolg wird?

Regionalentwicklung bedeutet dabei nicht nur, die wirtschaftliche Wertschöpfung zu verbessern, sondern insgesamt die Lebensqualität zu heben. Also fallen darunter auch der öffentliche Nahverkehr, soziale Dienste und kommunale Gremien, die es der Bevölkerung ermöglichen, an politischen Entscheidungen teilzuhaben.

Biodiversität ist ein vieldeutiger Begriff, der meist als Synonym für Artenvielfalt verwendet wird, aber auch die Vielfalt von Ökosystemen und die Vielfalt innerhalb einer Art bezeichnet, also die genetischen Unterschiede zwischen Individuen und Populationen. In den Alpen finden sich pro hundert Quadratkilometer etwa 2.000 bis 3.000 verschiedene Pflanzenarten – doppelt so viele wie im mitteleuropäischen Flachland. 400 Arten, wie Triglav-Enzian, Gletscher-Nelke oder Südalpen-Mohn, sind nur im alpinen Raum zuhause. Vor rund 150 Jahren war die Artenvielfalt in den Alpen noch höher, weil die Landschaft noch kleinräumiger genutzt wurde: Je mehr sich verschiedene Nutzungen verzahnen, desto zahlreicher die Arten. Die kleinräumig-mosaikartige Nutzungsstruktur, die in den Alpen nicht nur vom Boden, sondern viel stärker als im Flachland auch von der Sonneneinstrahlung und der Höhenlage abhängt, erhöht die biologische Vielfalt. Die Artenvielfalt in den Alpen entstammt also zu einem großen Teil der traditionellen menschlichen Nutzung, ohne diese nimmt sie ab. Wo beispielsweise Magerwiesen aufgegeben werden, weil sich die Beweidung nicht mehr rentiert, geht sie zurück: Die natürlichen Pflanzengesellschaften, die sich die Fläche zurückerobern, sind in der Regel artenärmer.

Die von der CIPRA beauftragten Expertinnen und Experten durchforsteten die Fachliteratur zum Thema, nahmen aber vor allem eine Reihe von Schutzgebieten unter die Lupe. „Zunächst die gute Nachricht", sagt Michael Jungmeier vom Planungsbüro E.C.O. in Klagenfurt, einer der beauftragten Experten: „Der Erhalt der Biodiversität und Regionalentwicklung können gleichzeitig erreicht werden." Und die schlechte Nachricht? „Es ist nicht leicht, beide Ziele zu verbinden, und es funktioniert nur unter bestimmten Voraussetzungen." Eine der wesentlichen Bedingungen für das Gelingen eines Schutzgebietes: „Man muss ökonomische Nutzen finden, die aktuell brach liegen, aber über das Schutzgebiet entwickelt werden können."

Das zeigt das Entlebuch, Heimat der einstigen Moorschutz-Gegner. Es ist eine Landschaft wie von einem Kind gemalt. Durch das offene Tal ziehen sich sanft gewellte Hügel in vielen Grünschattierungen, darauf getupft Hecken, Wäldchen und Höfe, und auf dem höchsten Punkt der Hügel steht häufig ein einzelner Baum. Auf 400 Quadratkilometern leben nur 17.000 Menschen, es gibt kaum Industriebetriebe, aber 1.200 Bauernhöfe. Über ein Drittel der Beschäftigten arbeitet immer noch in der Landwirtschaft. So liebreizend das Entlebuch auch ist, in der Konkurrenz mit vielen spektakulären Hochgebirgslandschaften der Schweiz fiel es bis zur Moorschutz-Diskussion nicht weiter auf.

„Wir haben uns Anfang der Neunzigerjahre gefragt: Wie ist eine wirtschaftliche Entwicklung noch möglich, wenn die Hälfte unseres gesamten Raumes unter Schutz steht?", erinnert sich Theo Schnider, heute 50 Jahre alt und inzwischen Direktor der „UNESCO Biosphäre Entlebuch". Um aus der Not eine Tugend zu machen, versuchte der ehemalige Touristikmanager mit regionalen Mitstreitern ein „Moor-Kompetenzzentrum" zu etablieren. „So kam der Stein ins Rollen. Uns fiel auf: Wir haben nicht nur Moore. Wir haben auch besondere Karstgebiete. Die nächste Frage war: Wo bleibt der Mensch, wie ist die Bevölkerung einbezogen? So stießen wir auf das Konzept der UNESCO Biosphärenreservate."

Biosphärenreservate sind eine von zahlreichen Schutzgebietskategorien, die sich in ihren Zielen stark unterscheiden. Sie sind der Bewahrung einer Kulturlandschaft und nachhaltiger Entwicklung verpflichtet. Nationalparks dagegen sind ein klassisches Instrument, wenn der Naturschutz Vorrang vor menschlichen Eingriffen haben soll. „Natura 2000"-Gebiete wiederum gehen auf die Initiative der Europäischen Union zurück, die ein Schutzgebiets-Netz für wild lebende Arten und deren Lebensräume über die Mitgliedstaaten hinweg schaffen will. Die national bestimmten Naturparks sollen wie die Biosphärenreservate Kulturlandschaften bewahren, Vorgaben und Ziele unterscheiden sich jedoch von Land zu Land. So soll in deutschen Naturparks explizit der nachhaltige Tourismus gefördert werden. Die österreichische Gesetzgebung betont, dass Naturparks auch mit Bildungsangeboten, etwa Führungen und Katalogen, aufwarten müssen. Je nach Land unterscheiden sich die Auflagen, die vorschreiben, wie streng ein Schutzgebiet gehandhabt wird oder welche Eingriffe erlaubt sind – gerade bei den Naturparks sprechen viele Naturschützer gar von „Etikettenschwindel", weil die Auflagen zu lax seien. Manche Gebiete haben gleich mehrere Hüte auf: So ist die Voraussetzung für die Ausweisung eines Naturparks in Deutschland, dass große Teile seiner Fläche bereits als Natur- oder Landschaftsschutzgebiet ausgewiesen worden sind. Gleichzeitig kann es sein, dass dieses Gebiet auch als „Natura 2000"-Fläche geführt wird.

Die Schutzgebiete brauchen Qualitätskriterien, die überall in den Alpen gelten.

All dies hat dazu geführt, dass Schutzgebiete keine einheitlichen Standards besitzen und folglich kaum miteinander zu vergleichen sind. Die CIPRA fordert deshalb in ihrem „Memorandum zur Zukunft in den Alpen", dass „für die alpinen Schutzgebiete aller Kategorien alpenweit verbindliche Qualitätskriterien eingeführt werden sollen." Das Instrument dafür liegt vor: Mit dem Protokoll „Naturschutz und Landschaftspflege" der Alpenkonvention könnten sich die Ziele harmonisieren lassen.

Grundsätzlich sei die Vielzahl der Schutzgebietskategorien zu unübersichtlich, zumal über ein Drittel der gesamten Alpen in einem geschützten Gebiet liegen, urteilen die von der CIPRA beauftragten Experten. Viele Besucherinnen und Besucher verstünden die Unterschiede zwischen einem Nationalpark und einem Naturpark häufig nicht. Wo ein Schutzgebiet ausgewiesen werden soll, erleben die Planer in der Bevölkerung häufig „die Urangst vor Einschränkungen", sagt Michael Jungmeier. „Dabei ist beispielsweise ein Naturpark eine Auszeichnung, die gewöhnlich keine zusätzlichen Gebote oder Verbote für die Landschaftsnutzung bringt."

Deshalb müssten die Schutzgebietsmanager untereinander zusammenarbeiten, um ihr Profil zu schärfen. Zwar gibt es seit Mitte der Neunzigerjahre das gut funktionierende Netzwerk Alpiner Schutzgebiete ALPARC, doch viele Manager in den einzelnen Parks nutzen die Möglichkeiten dieses Austauschs nicht genug. „Außerdem sollten die Naturparks eines Landes starke Dachverbände einrichten, wo Lobbyarbeit und Marketing professionell betrieben werden." Darüber hinaus käme es vor allem darauf an, dass jedes Schutzgebiet versuche, sich eindeutig zu profilieren. „Die Schutzgebiete müssen wie Marken sein. Sie brauchen ein unverwechselbares Gesicht, der Besucher muss verstehen, was das Besondere an dem Gebiet ist."

Entscheidend für regionale Akteure, die ein neues Schutzgebiet einrichten wollen, sei zunächst die Überlegung, welche Kategorie zu ihrer Region passt und von der Bevölkerung mitgetragen wird. „Es macht keinen Sinn, eine Werbeagentur zu beauftragen, um ein Imagekonzept zusammenzuzimmern." Die Regionen müssten sich selbst ihrer Stärken bewusst werden und die Menschen sich klar werden, was sie wollen – und was nicht. „Ein Konzept muss authentisch sein. Nichts erfinden! Das funktioniert, wenn alle Interessengruppen von Anfang an einbezogen werden."

Der Begriff Biosphärenreservat elektrisierte die Macher im Entlebuch aus dem gleichen Grund, aus dem Naturschützer ihn manchmal kritisieren: Weil bei dieser Kategorie so viel Wert auf wirtschaftliche und gesellschaftliche Entwicklung gelegt wird, der Naturschutz also nur ein Ziel unter mehreren ist. So ist in einem Biosphärenreservat weiterhin Skisport möglich – in Sörenberg, wo Pisten auch durch Moorgebiete führen, würden dafür zu viele und zu sensible Flächen aufgewendet, geben Naturschützer zu bedenken. Was den Leuten im Entlebuch allerdings nicht gefiel, war der Begriff „Reservat". Er erinnerte zu sehr an die Indianer-Diskussion und die Pressekonferenz des Häuptlings Schnider. „Lange hatten wir mit dem Image des Moor-Schutzgebietes gekämpft, eines Raumes, der von großen Teilen menschlicher Aktivität entleert werden soll und der Natur zu opfern ist", erklärt Theo Schnider. „Es war ein großer Schritt für uns, die Chancen aus den vermeintlichen Einschränkungen zu nutzen."

War es dem Vordenker schon nicht leicht gefallen, diesen Schritt zu tun, schien es der Bevölkerung noch schwerer zu fallen, ihn nachzuvollziehen. Entscheidend war der Einsatz einiger weniger Schlüsselakteure. „Ich arbeite schon viele Jahre als Berater für Schutzgebiete, und mir wird immer klarer, dass der Erfolg letztlich vor allem auch von den Persönlichkeiten abhängt, die das Projekt vorantreiben", sagt Michael Jungmeier vom E.C.O.-Institut. Es kommt dabei nicht so sehr darauf an, dass diese Schlüsselpersonen die bedrohten Arten der Roten Liste herunterbeten können. Vielmehr müssen sie wissen, wie man Menschen die Angst vor Neuem nimmt, sie von den Vorteilen des Neuen überzeugt, sie einbezieht und motiviert.

Theo Schnider und zwei Mitstreiter tingelten monatelang durch die Dörfer und präsentierten rund dreihundertmal das Projekt vor Bauernvereinen, Gemeindeparlamenten, Seniorenclubs, Musikkapellen, Sportgruppen. Hartnäckige Kritiker wurden zuhause aufgesucht: „Wir haben sie eingeladen, ihre Widerstände mit uns zu diskutieren. Am Schluss hatten wir ihre Argumente entkräftet."

Es half, dass Theo Schnider ein Insider ist. Im Entlebuch aufgewachsen, war er als Kurdirektor von Sörenberg allen Honoratioren bekannt. Er engagiert sich auch gesellschaftlich – bis heute fungiert er jedes Jahr als Regisseur eines Lustspiels, das er selbst schreibt und mit dem Jodelverein von Sörenberg inszeniert. „Es war nicht genug, den Leuten zu erzählen, dass sie keine neuen Gesetze zu erwarten hätten.

Der Häuptling: Theo Schnider hat in seinem Leben schon viele Rollen ausgefüllt. Er war Touristikchef, Indianerhäuptling, Lustspiel-Regisseur, ließ sich auf öffentlichen Veranstaltungen als „Grüner" und „Linker" bezeichnen, was im Entlebuch als Beschimpfung zu verstehen war. Heute ist er vor allem Direktor der UNESCO Biosphäre.

Es ging darum, zu erklären, was es ihnen bringt", betont Schnider. Er und seine Mitstreiter ließen sich auf öffentlichen Veranstaltungen als „Grüne und Linke" bezeichnen, was im Entlebuch als Beschimpfung zu verstehen war – und warben weiter in einer Sprache, die verstanden wurde: Sie sprachen über Wachstumschancen im Tourismus, die bessere Vermarktung lokaler Produkte, neue Ausgleichszahlungen im Vertragsnaturschutz. Nach den Bestimmungen der UNESCO müssen Biosphärenreservate in drei Zonen gegliedert sein: eine Kernzone, die streng zu schützen ist, eine Pflegezone, in der eine schonende, naturnahe Landnutzung stattfinden soll, und eine Übergangszone, in der die Wirtschaft unter Kriterien der Nachhaltigkeit entwickelt werden soll.

Langsam sickerte die Erkenntnis in die Köpfe, dass das Projekt Chancen bot. Im Jahr 2000 ließen die Initiatoren in den Gemeindeversammlungen der Talschaft darüber abstimmen, ob die Bürger bereit seien, pro Kopf und Jahr den geringen Betrag von vier Franken für das Biosphärenprojekt auszugeben. Bei der ersten Abstimmung in der Gemeinde Flühli mit ihrem hohen Anteil an geschützten Moorflächen waren noch etwa ein Viertel der Bürger dagegen, aber in den anderen Dörfern war die Zustimmung größer. Am Schluss hatten 94 Prozent für die Einrichtung der

wenn der Schnee ausbleibt? Überleben können wir nur, wenn das ganze Jahr über Gäste kommen. Wir haben uns entschlossen, unser Haus zu einem Wellness-Hotel auszubauen." Er hat zum Jahresanfang 2006 seine Bettenkapazität auf 60 verdoppelt und acht neue Leute eingestellt, darunter Masseure und Kosmetikerinnen. Wintergäste haben nun eine Alternative zum Skifahren, und im Sommer buchen Pärchen ein romantisches Wochenende mit Kräuter-Peeling, Kerzenlicht und Sprudelbad unter dem Namen „Biosphären-Wellness für sie und ihn". „Wenn es die Biosphäre nicht gäbe, wäre es uns viel schwerer gefallen, die Erweiterung zu wagen", sagt Kuster. „Unser Haus baut seine Zukunft darauf."

Wie die elf anderen Gastropartner der Biosphäre hat er sich dazu verpflichtet, drei Viertel seiner Rohwaren von Lieferanten zu beziehen, die in der Region produzieren. Im Gegenzug vermittelt das Biosphärenmanagement Konferenz- und Exkursionsgäste. Die Teilnehmer an den Naturexkursionen haben sich im vergangenen Jahr auf 7.500 verdoppelt.

Kooperationen dieser Art entwickelt das Gastro-Forum. Solche Foren dienen in der Biosphäre als maßgebliches Instrument, um Berufs- und Interessengruppen einzubinden. Hotelchef Kuster nennt sie „Zukunftswerkstätten". Das Tourismus-Forum hat das gemeinsame Marketing mit der Stadt Luzern vorbereitet: Touristen sollen in Luzern Stadt und See genießen und dann ins Entlebuch fahren, zum „Döreschnufe", zum Durchatmen. Auch wenn der Wintertourismus stagniert, zur Sommerzeit steigen die Übernachtungszahlen im Entlebuch jedes Jahr um zwei bis vier Prozent.

Das Energie-Forum treibt einen Energielehrpfad voran. Das Holz-Forum hat einen Biosphärentisch initiiert. Das Holz kommt aus heimischen Wäldern und wird von regionalen Sägereien geschnitten. Einheimische Schreiner produzieren den Tisch, der über ein Entlebucher Möbelhaus verkauft wird. Das Landwirtschafts-Forum versteht sich vor allem auch als Lobbygruppe auf Kantons- und Bundesebene. „In Luzern gibt es große Tal- und Sonderkulturbetriebe, die viel Einfluss nehmen. Es ist aber wichtig, dass auch die Stimmen der Entlebucher Bauern mit ihrer Milchvieh- und Alpwirtschaft gehört werden", betont Stefan Heller, Geschäftsführer des Landwirtschafts-Forums.

Lobbyarbeit, Wertschöpfung – wo aber bleibt die Biodiversität? Für „Pro Natura" kommt sie viel zu kurz. „Die Biosphäre vermarktet die Moore, kümmert sich aber nicht um deren Schutz", klagt Urs Tester, Artenschutzexperte bei dem großen Schweizer Naturschutzverein. So würden im Entlebuch die Pufferzonen um die Moore nicht ernstgenommen. Außerdem brauche es eine verbesserte Besucherlenkung, damit bedrohte Arten wie das Auerhuhn ruhige Plätze behalten, wo sie sich fortpflanzen können. Dass er sich nicht als Naturschützer der alten Schule fühlt, gibt Direktor Schnider offen zu. „Wir verstehen uns als Entwicklungs-Agentur." Naturschutz sei ein entscheidender Baustein. „Aber wir können ihn nur etablieren, wenn wir die Menschen erreichen – und das gelingt am ehesten über wirtschaftliche Argumente."

Die Analyse zahlreicher vorbildlicher Projekte in Schutzgebieten bestätigt Schniders Meinung in gewisser Weise. Laut der CIPRA-Studie konzentrieren sie sich meist auf eines der beiden Hauptziele, also entweder auf die Regionalentwicklung oder darauf, die Biodiversität zu erhalten und zu fördern. Das jeweils andere der beiden Ziele werde aber meist mitgezogen und profitiere ebenfalls.

Hohen Nutzen gleichzeitig für beide Ziele hätten vor allem Projekte, die auf neue Angebote und Produkte setzen, die stark mit Biodiversität verknüpft seien. Als Paradebeispiel nennen die Autoren den Naturpark Pöllauer Tal in der Steiermark, dessen Landschaft durch Streuobstwiesen und Birnenalleen geprägt ist. Mithilfe des Naturparks ist es gelungen, ein neues Bewusstsein für die einheimische Hirschbirne zu schaffen. Siebzig Bauern verkaufen in einem

Anteil an Entwicklung: Im Frühjahr 2007 führte die „Entlebucher Spezialitäten Käserei AG" eine Kapitalerhöhung durch. Viele Kunden von außerhalb zeichneten Anteile. „Sie haben uns als Biosphärentouristen kennengelernt und wollen nun einen Bezug zu unserer Firma", sagt Geschäftsführer Franz Troxler.

vereinseigenen Laden Säfte, Brände, Essig, Dörrobst und Marmeladen. Über eine Million Euro setzt das Geschäft pro Jahr um – für den Obmann des Erzeugervereins ist das nur „die Spitze des Eisbergs". Viele Bauern der Gegend kopieren die Anstrengungen und verkaufen Erzeugnisse ab Hof – mit dem Ergebnis, dass keiner mehr die artenreichen Streuobstwiesen aufgibt.

Doch Wertschöpfung und Naturschutz lassen sich nicht immer so leicht kombinieren. Wenn es statt Hirschbirnen, aus denen man Schnäpse machen kann, um Spinnen und Würmer als bedrohte Arten geht, greift eine rein monetäre Argumentation nicht. Dass man am Naturschutz verdienen kann, ist deshalb ein wichtiges, aber nicht das einzige Kriterium. Es gibt viele Versuche, den ökonomischen Wert von Naturschutz zu errechnen. Meist kommen dabei enorme Summen heraus, zum Beispiel, wenn man berechnet, was die Klimaregulierung durch Wälder wert ist oder was Bienen und andere Insekten, die Obstbäume und Feldfrüchte bestäuben, für die Landwirtschaft bedeuten. Tatsache ist aber, dass der Wert von Naturschutz und der biologischen Vielfalt sich nicht immer in Euro und Cent beziffern lässt, er reicht viel weiter, von ästhetischen und kulturellen Gesichtspunkten bis zur Lebensqualität eines Raumes. Die CIPRA warnt in ihrem „Memorandum zur Zukunft in den Alpen", dass der Beitrag der Schutzgebiete zur

alpenkonvention convention alpine
convenzione delle alpi alpska konvencija

Grands espaces protégés des Al
Großflächige Schutzgebiete der Alpen - Z

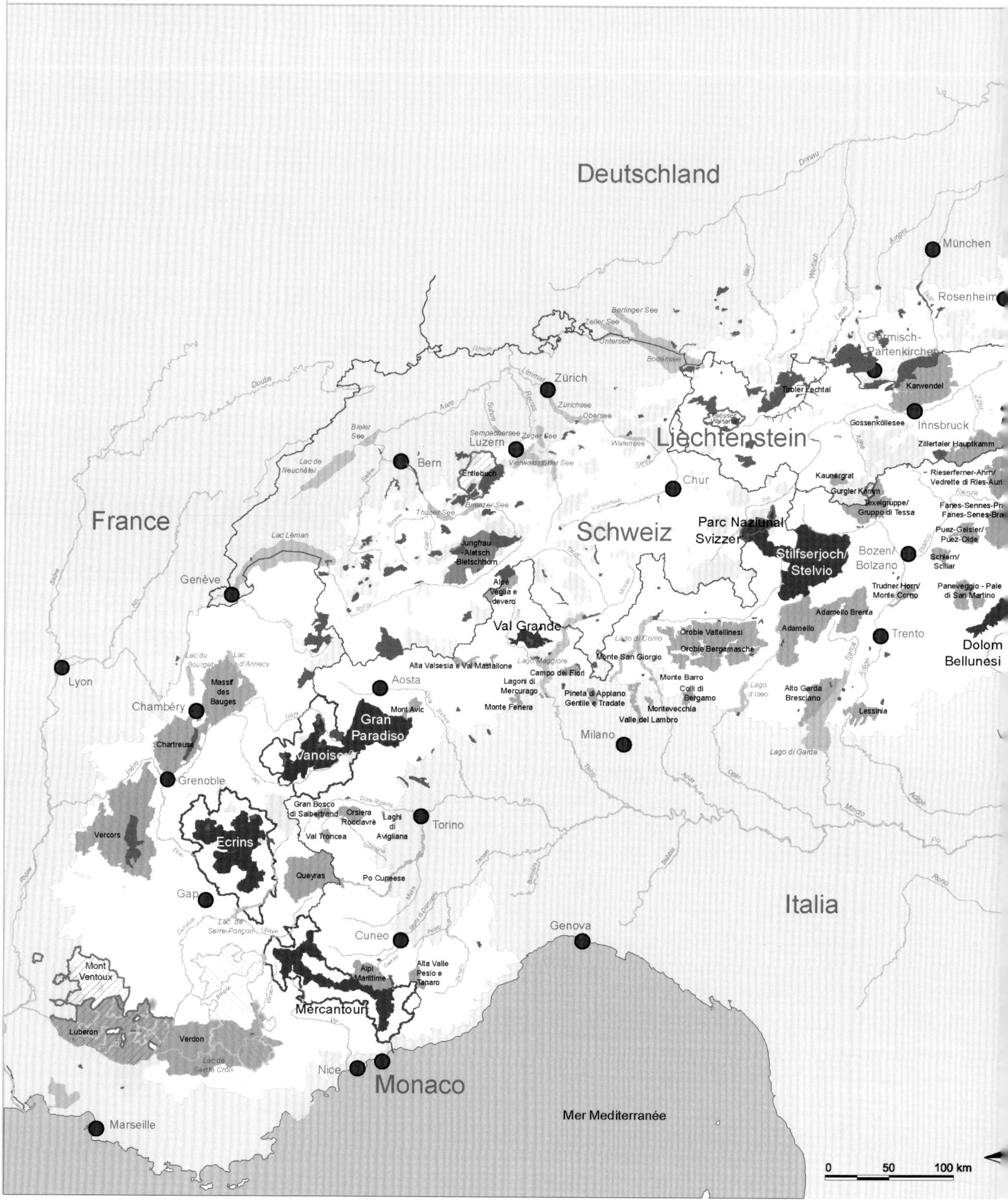

; - Grandi aree protette delle Alpi
arovana območja z veliko površino v Alpah

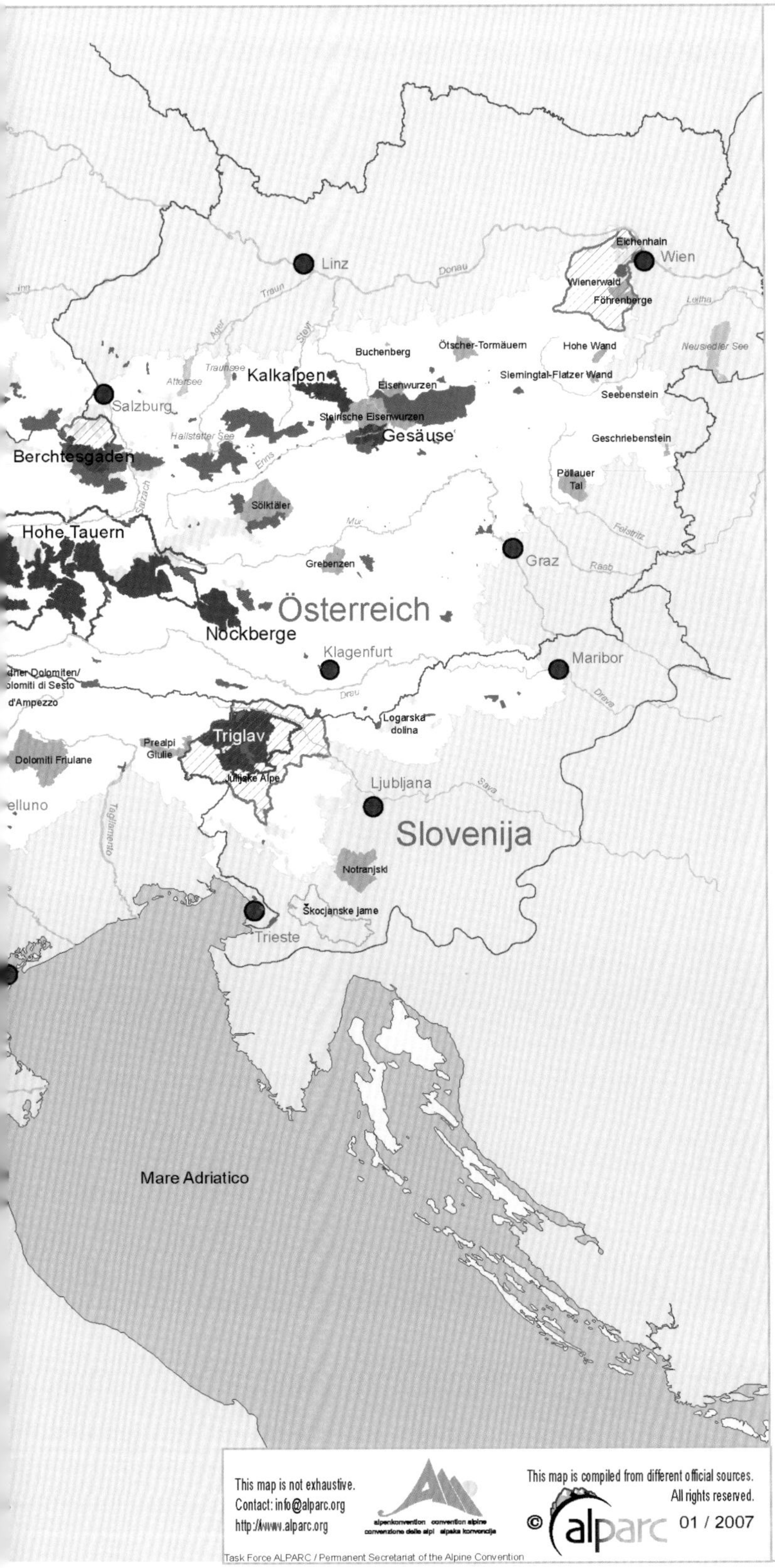

Parc national, zone périphérique
Parco Nazionale, zona periferica
Nationalpark, Außenzone
Narodni park, Robno območje

Parc naturel régional, zone périphérique
Parco Regionale o Naturale, Zona periferica
Regionaler Naturpark, Außenzone
Regijski park, Robno območje

Réserve naturelle
Riserva Naturale
Naturschutzgebiet > 100 ha
Naravni rezervat

UNESCO
Patrimoine mondial naturel de l'UNESCO
UNESCO Patrimonio naturale mondiale
UNESCO Weltnaturerbe
UNESCO svetovna naravna dediščina

Réserve de biosphère
Riserva di Biosfera
Biosphärenreservat
Biosferni rezervat

Réserve naturelle géologique
Riserva naturale geologica > 100 ha
Geologisches Naturschutzgebiet
Geološki naravni rezervat

Protection particulière
Protezione particolare
Sonderschutzform > 100 ha
Posebna zaščita

Zone d'application de la Convention alpine
Limite di applicazione della Convenzione delle Alpi
Anwendungsgebiet der Alpenkonvention
Območje izvajanja konvencije

Réseau hydrographique
Rete idrologica
Gewässernetz
Vodotoki

Limite d'Etat
Confine di Stato
Staatsgrenze
Državna meja

Ville
Città
Stadt
Mesto

Aus dem „Memorandum zur Zukunft in den Alpen"

Aus den Erkenntnissen der Studie „Zukunft in den Alpen" leitete die CIPRA folgende Forderungen zu Naturschutz und Schutzgebieten ab:

· In den Alpen wurden in den vergangenen Jahrzehnten und werden auch weiterhin zahlreiche neue Schutzgebiete eingerichtet. Diese bilden eine wichtige Stütze für die nachhaltige Regionalentwicklung und sind Horte der Biodiversität. Die CIPRA fordert eine qualitativ hochwertige Schutzgebietsentwicklung und den Verzicht auf Etikettenschwindel. Für die alpinen Schutzgebiete aller Kategorien sollen alpenweit verbindliche Qualitätskriterien eingeführt werden.

· Große Defizite bezüglich Naturschutz bestehen im fehlenden ökologischen Kontinuum in den Alpen und ihrem Umland. Die CIPRA fordert die stärkere räumliche Vernetzung der Schutzgebiete und die Schaffung von ökologischen Korridoren zwischen ökologisch wertvollen Gebieten. Auch außerhalb der Schutzgebiete und in Gebieten mit hohem Nutzungsdruck müssen die Artenvielfalt und die ökologische Funktionsfähigkeit erhalten und gefördert werden.

· Schutzgebiete sind an vielen Orten Vorbildregionen und Plattformen für die nachhaltige Regionalentwicklung, wobei den Gemeinden eine wichtige Funktion zukommt. Die CIPRA weist darauf hin, dass der Beitrag der Schutzgebiete zur Regionalentwicklung nicht eindimensional über die Wertschöpfung, sondern vielmehr aufgrund des allgemeinen gesellschaftlichen Wertes von Schutzgebieten beurteilt werden sollte.

Regionalentwicklung nicht eindimensional über die Wertschöpfung beurteilt werden dürfe, sondern aufgrund ihres gesellschaftlichen Wertes.

Viele Schutzgebiete befinden sich in großer Höhenlage. Bedroht ist die ökologische Vielfalt aber auch in den Tälern. Die Autoren der CIPRA-Studie betonen, wie wichtig es für die Biodiversität des Alpenraumes sei, ökologische Korridore zwischen den häufig isolierten Schutzgebieten einzurichten. Dazu müssten deren Manager viel stärker als bisher zusammenarbeiten, um zu versuchen, aus ihren Insellagen herauszukommen und ihre Gebiete zu vernetzen. Innerhalb der Schutzgebiete funktioniere diese Vernetzung bereits häufig über Verträge mit Bauern, betonen die Autoren. Die Bauern bekommen Kompensationen, wenn sie bestimmte Flächen in einer ökologisch gewünschten Form bewirtschaften. „Dieses Instrument wurde meistens zuerst in den Schutzgebieten eingesetzt, hat sich dann aber auch häufig in die benachbarten Gebiete ausgedehnt."

Das Landwirtschafts-Forum der Biosphäre hat im Entlebuch in sämtlichen Gemeinden die Biotop-Vernetzung angestoßen, in den meisten der Dörfer ist sie bereits umgesetzt. Zunächst nahm ein Fachmann den Ist-Zustand der Landschaft auf und machte in Arbeitskreisen mit Gemeindeverwaltung und Bauern Vorschläge, wie ökologische Korridore geschaffen werden könnten. Ein Großteil der Bauern macht mit, in der Gemeinde Hasle etwa zwei Drittel der Betriebe. Sie pflanzen auf freiwilliger Basis Hecken oder bringen auf bestimmten Wiesen keine Gülle mehr aus. Dafür erhalten sie von Bund und Gemeinden Geld.

Diese Kompensation scheint aber nicht der Kern der Motivation zu sein. „Andere können billiger produzieren als wir. Über den Preis können wir nicht bestehen. Also müssen wir über Qualität punkten. Indem wir den Kunden etwas Besonderes bieten, nämlich eine ökologisch wertvolle Bewirtschaftung", erklärt ein Bauer aus Hasle.
So erfolgreich ist das Entlebuch, dass sogar Gäste aus Norwegen und China kommen, um zu erfahren, wie auch sie eine Modellregion schaffen können. Mit Power-Point-Präsentationen werfen die Biosphärenmacher dann ihre „Lessons learnt" an die Wand. Zum Beispiel: „Der Aufbau einer zweckmäßigen Struktur, die alle Interessen berücksichtigt, ist zeitaufwändig, aber unabdingbar." Das gilt besonders auch für die so genannte „Vogelschau Entlebuch", das vielleicht eindrucksvollste Einzelprojekt, das zum Motor der politischen Veränderung wird. Etwa 100 Menschen diskutieren in acht Arbeitsgruppen über die künftige politische Struktur: Sind acht Gemeinden mit insgesamt nur 17.000 Menschen bei immer leerer werdenden öffentlichen Kassen noch sinnvoll? Könnte man die Kräfte nicht bündeln, Synergien bilden, aus den acht Gemeinden drei Kommunen machen? Oder gar nur eine, die auf Kantons- und Bundesebene eine gewichtige Stimme besäße? Sie könnte vielleicht Nachteile für die klein strukturierte Landwirtschaft abwenden und Schulen und andere Einrichtungen in der Region halten. In diesem Fall würde ein „Talrat" mit drei Dutzend Abgeordneten als Parlament fungieren. Konservative Kräfte in der Region sind tendenziell gegen den Zusammenschluss, die Progressiven wollen die große Lösung, wie sie die Projekt-Arbeitsgruppen „Finanzen" und „Raumplanung, Bildung und Verwaltung" empfehlen. Der Arbeitskreis „Zukunft Entlebuch" ist ebenfalls für eine Fusion, weist aber darauf hin, dass nicht so sehr die Verwaltungsform entscheidend sei, sondern „das optimale Zusammenwirken aller Bevölkerungskreise", schließlich sei ja auch das Einführen der Biosphäre in der jetzigen Struktur möglich gewesen. Im Jahr 2008 soll es eine Volksabstimmung geben. Das Biosphärenmanagement treibt das Projekt nur vorsichtig voran. Eile mit Weile ist das Motto. Auch das ist ein Rat für die Gäste aus Norwegen und China: „Die Menschen dürfen sich nicht überfahren fühlen. Eine zu schnelle Gangart kann den Prozess um Jahre zurückwerfen."

Auf den Boden kommt es an: Die rostblättrige Alpenrose (Foto) liebt die sauren Hochmoore. Die bewimperte Alpenrose ist am Blattrand leicht behaart, sie liebt den kalkigen Untergrund der Schrattenfluh, einer eindrucksvollen Karstlandschaft. Beide Arten kommen im Entlebuch mit seinem mosaikartigen Wechsel der Landschaft in Mengen vor.

Autor: Bernd Hauser

Mit und ohne Auto mobil

Wenn Politiker Regionen fördern wollen, fällt ihnen häufig nur der Ausbau von Straßen ein – eine Fehlleistung. Zusätzliche Straßen bringen kaum nachweisbare positive Effekte für die regionale Entwicklung. Viele neue und innovative Mobilitäts-Projekte wollen stattdessen das Auto mit umweltfreundlichen Verkehrmitteln ergänzen oder ersetzen. Bisher in den Alpen völlig unterschätzt: das Fahrrad.

Der Wanderer ist brutal ermordet worden. Pathologen entdeckten eine Pfeilspitze in seinem Rücken, außerdem tiefe Schnitte in seinen Handflächen. Offenbar hatte er versucht, einen Messerstecher mit bloßen Händen abzuwehren. Das Mordmotiv scheint klar: Die Wegelagerer dürften den etwa 45-Jährigen überfallen haben, weil er wertvolles Metall bei sich trug: Kupfer.

Vieles spricht dafür, dass der Mann auf einer gängigen Handelsroute unterwegs war. Von den Lessinischen Bergen unweit des Gardasees führte seine Route durch Etsch- und Schnalstal über die Ötztaler Alpen. Über Ötz- und Inntal ging sie weiter bis ins Chiemgauer und Salzburger Alpenvorland.

Tod eines Handlungsreisenden vor 5.350 Jahren: Sechs Geräte aus Feuerstein, die aus den Lessinischen Bergen stammten, hatte „Ötzi" bei sich, dessen mumifizierte Leiche das Eis beim Hauslabjoch vor 15 Jahren freigab. Von Norden kam ein anderer begehrter neuer Werkstoff: Kupfer vom Mitterberg im Salzburger Land. Dort hatte sich der Gletschermann offenbar länger aufgehalten, denn in seinem Haar finden sich Rückstände von Arsen und Zink, die im Kupfererz enthalten sind. Aufgewachsen ist er aber in den südlichen Alpen. Seine Knochen weisen dieselbe Isotopenverteilung auf wie Bodenproben im Eisacktal bei Bozen.

Offenbar gab es schon im 4. Jahrtausend vor Christus regen Handel in den Alpen, mit dem Austausch von Waren und Wissen im gesamten Alpenbogen, wie viele Werkzeugfunde an verschiedenen Orten vermuten lassen. Eine Erkenntnis, die ähnlich spannend ist wie der Krimi um den Mord am Gletschermann – widerspricht sie doch dem Mythos außerhalb der Alpen, dass das Gebirge eine schier unüberwindbare Barriere zwischen Nord und Süd gebildet hätte, wie es Generationen von Schülern im Feldzug des Karthagers Hannibal gegen Rom gelehrt wurde. Die Darstellungen sind widersprüchlich, aber wahrscheinlich kamen die meisten seiner 37 Kriegselefanten und viele seiner Soldaten beim winterlichen Überqueren der Alpen ums Leben.

Das Gebirge war immer gleichzeitig Hürde und Handelsraum. Die Zentren an den Transitrouten wurden reiche Städte – so wie Innsbruck, Bozen und Trient, die alle an der gleichen Route liegen. Die Schweiz hat sogar ihre Entstehung der besonderen Verkehrssituation der Alpen in Europa zu verdanken: Nicht zuletzt, um die Kontrolle über den steigenden Handel zwischen Norditalien und den Märkten Hollands und der norddeutschen Hanse zu bewahren, vereinigten sich Ende des 13. Jahrhunderts Uri, Schwyz und Unterwalden zur Urschweiz.

Einerseits relativ schwer erreichbare Gebirgsstöcke und Seitentäler, andererseits Täler, in denen starker Verkehr herrscht – das ist heute die paradoxe Situation in den Alpen. Am stärksten betroffen vom Autoverkehr sind die Hauptachsen wie das Inntal und

Ein August-Sonntag im Pustertal: Die Lastwagen haben Fahrverbot. Die Straße gehört den zahlreichen Touristen und Ausflüglern allein.

die Routen in Nord-Süd-Richtung. Acht Prozent des gesamten Verkehrs in den Alpen ist reiner Transit, der sich auf einer Handvoll Straßen konzentriert. Über den Brenner-Pass, der Verona mit München verbindet, dröhnen in Hauptreisezeiten jede Minute dreißig Autos – pro Tag insgesamt 40.000. Hinzu kommen pro Tag etwa 10.000 schwere Lkw. Die Anwohner leiden unter Lärm und Abgasen, besonders bei den häufigen Inversionswetterlagen, wenn sich wärmere Luftschichten über die kalte Luft in den Tälern schieben und sich die Abgase im Tal konzentrieren. Tourismus- und Ausflugsfahrten sind für 20 Prozent des Verkehrs im Alpenbogen verantwortlich. Den Löwenanteil stellt laut der CIPRA-Studie „Zukunft in den Alpen" der Binnenverkehr mit 72 Prozent. „Der permanente Ausbau der zweispurigen Autostraßen neuen Typs durch lange Tunnelstrecken, große Brückenbauwerke und Ortsumfahrungen, der auf den ersten Blick wenig spektakulär aussieht, trägt erheblich dazu bei, diese Strecken schneller zu machen. Dadurch werden weiträumige Wirtschaftsverflechtungen erleichtert und die Tagespendler-Entfernungen wachsen", urteilt der Geograf Werner Bätzing. „Der Regionalverkehr wird weiter zunehmen, so dass die Verkehrsbelastungen hier allmählich an die Transitrouten heranreichen."

Viele Menschen träumen vom Landleben, aber außerhalb der Stadt finden sie nur Vorstadt.

Diese Probleme würden in der Öffentlichkeit aber selten thematisiert, kritisiert Bätzing – eine erstaunliche Beobachtung, denn gerade die Berufspendler prägen auf Dauer das Gesicht einer Landschaft. Statt dort zu wohnen, wo sie arbeiten, nämlich in den städtischen Zentren, entscheiden sich viele Arbeitnehmer für ein „Haus im Grünen". Weil aber viele vom Landleben träumen, finden sie außerhalb der Stadt kein Dorf mehr, sondern nur noch Vorstadt. In den Tälern erkennt man als Fremder häufig nicht mehr, wo die eine Gemeinde aufhört und die nächste beginnt: Die einmal dörflich geprägten Ortschaften wachsen zu einem einzigen Siedlungsband zusammen. So frisst der motorisierte Lebensstil die Landschaft. In der Schweiz wird laut Statistik jede Sekunde ein Quadratmeter unbebauter Boden mit Asphalt und Beton zugepflastert. In den Ballungszentren der Alpen nahm die Anzahl an Gebäuden zwischen 1981 und 2001 um 57 Prozent zu, in ihren Einzugsgebieten immerhin um ein Drittel (siehe Daten S. 272, Tab. 15).

Andererseits gibt es in den Alpen viele Gebiete, die darunter leiden, dass sie schlecht erreichbar sind, auch wenn sie manchmal nur wenige Kilometer Luftlinie von Hauptverkehrslinien und -knoten entfernt sind. Auf kleinem Raum existieren also sehr große Unterschiede in der Erreichbarkeit. In kleinen Seitentälern gibt es häufig kaum öffentliche Verkehrsmittel, was vor allem Behinderte, Senioren, Kinder und Jugendliche benachteiligt. Zum Skateboard-Fahren in die Halfpipe? Zu Kaffee und Kuchen ins Kleinstadt-Café? Unmöglich für viele Junge und Alte, wenn sie nicht Verwandte oder Nachbarn haben, die den Fahrdienst übernehmen. Wer ein Auto hat, fährt zum Einkaufen zu der billigen Supermarktkette in den Hauptorten – schließlich müssen die Dorfläden aufgeben. Wer kein Auto hat, kann dann nicht einmal mehr Waren des täglichen Bedarfs einkaufen.

Die Planungen zum Transeuropäischen Verkehrsnetz (TEN) in Brüssel werden die Menschen in ländlichen Regionen der Alpen ebenfalls weiter benachteiligen. Bis zum Jahr 2020 soll das Netz aus neuen Hochgeschwindigkeits-Verbindungen fertig sein, beispielsweise soll eine Achse Berlin mit Palermo verbinden, eine andere von Lyon über Triest und Ljubljana über Budapest bis zur ukrainischen Grenze führen. Die Europäische Kommission erwartet positive Effekte für die Gesamtwirtschaft. Die Erreichbarkeit und damit die Attraktivität der alpinen Zentren an diesen

Linien wird enorm steigen. Doch wo es Gewinner gibt, sind immer auch Verlierer: ländliche Regionen werden weiter abgehängt. Der Fokus einer nachhaltigen Verkehrspolitik sollte deshalb auf innerregionalen Lösungen liegen. Wie kann man die Dörfer stärker an die Städte anbinden? Wie kann man etwa kleine Stichbahnen in den Seitentälern erhalten oder stillgelegte wieder in Betrieb nehmen?

Die CIPRA hat sich in ihrem „Zukunft in den Alpen"-Projekt deshalb bewusst auf die Folgen der inneralpinen und regionalen Mobilität konzentriert. Unter Mobilität verstehen Wissenschaftler mehr als Verkehr, der Begriff umfasst auch Entscheidungen des Reisenden. „Unter Mobilität wird verstanden, wie ich den Raum überwinde, um von A nach B zu kommen: Welchen Weg nehme ich? Zu welcher Zeit? Welche verschiedenen Verkehrsmittel kombiniere ich?", erklärt Helmut Hiess vom Planungsbüro „Rosinak und Partner". Hiess ist einer der Experten, die im Auftrag der CIPRA den Zusammenhang zwischen Mobilität und Regionalentwicklung untersuchten.

Die landläufige Sichtweise von Politikern zitiert er mit ironischem Unterton: „Ohne Ausbau der Verkehrs-Infrastruktur werden wir abgehängt! Die Betriebe werden abwandern. Am besten, wir bekommen einen Autobahnanschluss! Das wird uns retten." Doch die Expertinnen und Experten in der CIPRA-Studie fanden keine einzige wissenschaftliche Untersuchung, die „auf regionaler Ebene einen nachweisbaren Zusammenhang zwischen einzelnen Straßenverkehrsprojekten und der Wirtschaftsentwicklung aufzeigte."

Offensichtlich eine bedenkliche Fehlleistung, dass Politikern häufig nur die Forderung nach Straßenausbauten einfällt, wenn sie Wirtschaftsförderung meinen. Hiess weiß, warum das so ist: „Straßen bauen ist ein simples Instrument. Man kann nachweisen, dass man aktiv ist." Politiker können sich beim ersten Spatenstich fotografieren lassen und beim Durchschneiden des Bandes, wenn die Straße eröffnet wird. „Und für die Kommunalpolitiker ist das Allerbeste: Es ist eine Investition, die sie nicht selbst bezahlen müssen." Das Geld kommt schließlich vom Land oder Bund. Historisch gesehen ist der Straßenausbau in der Tat ein entscheidender Faktor für den heutigen Wohlstand in den Alpen gewesen: „Selbstverständlich ist die Vorstellung, mit einem Pferdefuhrwerk auf einer Sandstraße unterwegs zu sein, ein Armutsszenario." Aber nachdem nun bis in die hintersten Winkel Asphaltstraßen gelegt sind, sei die Erreichbarkeit nur ein Standortfaktor unter vielen. In Zukunft würden für die wirtschaftliche Entwicklung der Regionen andere Faktoren wichtiger sein.

Ein Autobahnanschluss ist nicht wirklich die Rettung.

Steyr ist ein Beispiel für eine Region, die nicht an Schlagadern des Verkehrs liegt. Und dennoch hat BMW dort im Jahre 1982 ein Motorenwerk eingerichtet. Die Löhne sind niedriger als in München – und es stehen hoch qualifizierte Arbeitskräfte zur Verfügung, weil dieser Teil Oberösterreichs zu den früh industrialisierten Regionen Österreichs gehört. 2.700 Menschen arbeiten heute in dem BMW-Werk und stellen pro Jahr 700.000 Motoren her – die auf langen Wegen zur Weiterverarbeitung in andere Werke des Unternehmens transportiert werden müssen: Nicht einmal die Automobilindustrie stört sich folglich an einer relativ schlechten Erreichbarkeit. „Wichtiger als die Nähe zu einem Verkehrsknoten ist für den Autohersteller, dass die Just-in-time-Lieferungen funktionieren. Und die hängen nicht davon ab, ob die Lastwagen auch mal eine halbe Stunde über Landstraßen fahren müssen ", erklärt Helmut Hiess.

Manchmal kann eine gute Erreichbarkeit sogar negative Effekte für eine Region haben, wie es die Situation im Alpenraum zwischen Turin und Verona vermuten lässt: Eine schwache Region, die gut an starke Nachbarn angebunden ist, kann dadurch weiteres

Potenzial an Arbeitsplätzen, Betrieben und Wertschöpfung verlieren.
Für periphere Gebiete gilt zwar häufig, dass das Auto nur schwierig zu ersetzen ist. Ohne den motorisierten Individualverkehr wären viele Arbeitsplätze und damit die Bevölkerung oft nicht zu halten, Abwanderung wäre an manchen Orten die Folge, heißt es in der CIPRA-Studie. So gesehen, kann das Auto in peripheren Gebieten auch einen Beitrag zu einer nachhaltigen Entwicklung leisten. Aber der Weg in eine nachhaltige Zukunft führt keineswegs über noch mehr Beton und Asphalt.
Bevor man neue Straßen baue, müsse deshalb eine genaue Analyse in den einzelnen Regionen stattfinden, die ergründet, ob sie wirklich gebraucht würden oder gar schaden könnten, heißt es in der CIPRA-Studie. Politiker, Planer und die Bevölkerung sollten diskutieren, ob die Wirtschaft vor Ort den Straßenausbau wirklich braucht oder sich damit sogar Konkurrenz ins Haus holt, mit der sie nicht fertig wird. Zu fragen sei auch, ob es realistische Zeichen gibt, dass die Investition neue Betriebe anlockt. Welche anderen Möglichkeiten werden durch die neue Straße verbaut? Wie würde sich die Bevölkerung entscheiden, wenn sie das Geld für das Projekt selbst in die Hand bekäme?
Vielleicht würde sie es ja lieber für nachhaltige Verkehrsprojekte einsetzen, wie sie die Experten im Rahmen der CIPRA-Studie untersucht haben. Sie kosten nur einen Bruchteil großer Infrastruktur-Maßnahmen und verfolgen praktisch alle die gleichen Ziele: nämlich die Fahrten von Privatautos und damit Emissionen zu reduzieren und natürliche Ressourcen zu schonen. Viele Projekte beginnen damit, die Menschen auf Alternativen aufmerksam zu machen und sie zum Umsteigen zu bewegen – in Busse und Bahnen, aber auch aufs Fahrrad.
Bad Vöslau am Ostrand der Alpen ist an einem derartigen Projekt beteiligt. Im 19. Jahrhundert bauten sich Künstler und Großbürger in dem Kurstädtchen schlossähnliche Villen, die den Charme des Ortes am Rande des Wienerwaldes ausmachen. Robert Schlumberger produzierte im Jahre 1843 hier gar den ersten österreichischen Sekt, was ihm einen Adelstitel einbrachte. Diese glanzvollen Tage sind lange vorbei, heute ist Bad Vöslau vor allem Wohnstadt im Vorhof von Wien, kaum einer kurt hier noch, die meisten fahren einfach durch: 20.000 Autos muss die Kleinstadt mit ihren 12.000 Einwohnern täglich ertragen. Wie anderswo auch riefen Bevölkerung und Bürgermeister nach einer Umfahrung, die sie in den nächsten Jahren über zwei Anschlussstellen an die nahe Autobahn auch bekommen werden. Aber zusätzlich zu dem Bypass fanden die Bad Vöslauer noch eine sportliche Antwort auf den Verkehrsinfarkt: das „Verkehrsparen Wienerwald".
26 Gemeinden nahmen drei Jahre lang an dem Programm der niederösterreichischen Landesregierung teil. Unter dem Motto „Weniger Auto fahren – mehr Lebenslust" sollten die Menschen Alternativen wiederentdecken – im öffentlichen Verkehr, aber vor allem auch bei den täglichen Wegen, die ganz ohne Motorkraft auskommen könnten: Ein Drittel aller Autofahrten in Niederösterreich sind weniger als drei Kilometer lang – können also auch mit dem Rad zurückgelegt werden. 15 Prozent der täglichen Fahrten sind gar unter einem Kilometer lang – ein flotter Spaziergang von zehn Minuten Länge: Anlass für den Slogan „Gehen geht!" Das Projekt ist vor allem der Versuch, das Bewusstsein der Menschen zu wandeln. „Viele Pendler fahren mit dem Zug nach Wien – aber mit dem Auto zum Bahnhof", sagt Gerald Burger: „Wer zum Bahnhof läuft oder das Rad nimmt, kommt morgens besser in Schwung und baut abends den Stress des Tages besser ab." Die Stadt subventionierte ein „Verkehrspar-Rad" bei einem örtlichen Händler. Die Gemeindezeitung „Stadtanzeiger" kürte einen „Radfahrer des Monats". Gerald Burger ließ ein neues Verkehrsleitsystem für Fußgänger und Radfahrer aufstellen. „Das Besondere ist, dass die Geh- und Fahrzeiten auf den Schildern angegeben sind,

Kundenorientierung statt Dienst nach Vorschrift: Im Südtiroler Vinschgau wurde die alte Schienenstrecke mit einer modernen Bahn wiederbelebt. Für Staatsbahnen sind solche Nebenstrecken Klötze am Bein. Doch wenn sie mit einer regionalen Organisation und einem kundenfreundlichen Fahrplan betrieben werden, steigen viele Einheimische auf die Bahn um. Im Vinschgau haben zahlreiche Menschen ihr Auto verkauft. Im Jahr 2007, im dritten Jahr ihres Bestehens, wurden die Prognosen mit zwei Millionen Fahrgästen weit übertroffen.

dadurch erkennen die Menschen, dass sie zu Fuß oder mit dem Rad oft genauso schnell ankommen wie mit dem Auto."

Auch die anderen Wienerwald-Gemeinden waren kreativ. Königstetten warb: „Fahr nicht fort, kauf im Ort!" Die Ersparnis sei nämlich gar nicht so groß, wenn man im Einkaufzentrum auf der grünen Wiese einkaufe, rechnete die Gemeinde Pressbaum ihren Bürgern vor, allein die Autofahrt dorthin koste sieben Euro. Und an vielen Orten warben Schulen und Kindergärten dafür, dass Kinder und Jugendliche von Mama oder Papa nicht unnötig herumkutschiert werden sollten. Die örtliche Polizei hielt den eifrigen Privatchauffeuren bei Elternabenden den Spiegel vor: Jeden Mittag stehen und parken unzählige Autos kreuz und quer vor den Einrichtungen, auch in zweiter Reihe. Wie leicht könnte es passieren, dass ein Kind im täglichen Durcheinander der An- und Abfahrten unter die Räder kommen könnte! Kinder, die dagegen den Schulweg allein bewältigen, lernen dabei:

Eine sportliche Antwort auf den Verkehrsinfarkt: Wer das Rad zur Arbeit nimmt, kommt morgens besser in Schwung und baut abends den Stress des Tages besser ab. Die Unternehmensleitung der Liechtensteiner Firma Inficon hat ihre Mitarbeiter mit finanziellen Anreizen aufs Rad gelockt. Das Beispiel zeigt: Fahrräder können eine echte Alternative zum Auto sein.

Sie entdecken ihre Stadt ganz anders. Polizei, Lehrer und einsichtige Eltern übten mit den Kindern, wie sie zu Fuß und per Rad sicher zur Schule kommen.

Das Fahrrad als alltagstaugliches Verkehrsmittel im Alpenraum – eine naive Vorstellung? Dass beispielsweise in der Großstadt Kopenhagen jeder Dritte mit dem Fahrrad zur Arbeit fährt, begegneten Kritiker immer mit dem Killer-Argument, dass im Gebirge andere Bedingungen herrschen als im flachen Dänemark. Umweltreferent Burger in Bad Vöslau lässt das nicht gelten: „Nur ein Drittel unserer Bevölkerung lebt am Hang." Alpenweit wohnen die meisten Menschen in den Tälern. Eine Befragung zum Verkehrspar-Projekt zeigt, dass Fahrräder in der Tat eine echte Alternative zum Auto sind. Das Ergebnis: Die Zahl der Radfahrten hatte sich nahezu verdoppelt. Wurden im Jahr 2003 nur fünf Prozent aller Wege per Fahrrad zurückgelegt, waren es drei Jahre danach bereits neun Prozent. Die Mobilitätsentscheidung für das Auto nahm entsprechend ab, von 52 Prozent aller

Wege auf 48 Prozent. Insgesamt wurden so 16 Millionen Autokilometer eingespart – ein kleines Gegengewicht gegen den Trend, dass Autofahrten und Benzinverbrauch auf österreichischen Straßen im Jahr 2006 zunahmen.

Schuld daran haben auch die 200.000 „Sport Utility Vehicles", riesige Geländewagen mit im Wortsinn atemberaubenden Benzindurst, von denen heute doppelt so viele über österreichische Straßen brummen wie vor zehn Jahren. In einem Test der deutschen Zeitschrift „Auto-Bild" soff ein Porsche Cayenne auf 100 Kilometern und bei Vollgas und Höchstgeschwindigkeit 66,7 Liter Sprit – so viel wie ein Schützenpanzer der eidgenössischen Armee. Nirgendwo auf der Welt gibt es so viele Luxus-Geländewagen, gemessen an der Zahl der Bevölkerung, wie in der Schweiz, wo sie vor allem in den bestens asphaltierten Städten herumfahren. Grund genug für die „Jungen Grünen", Unterschriften für eine Volksinitiative zu sammeln, um die Prestigeobjekte verbieten zu lassen. Offenbar hegt die Mehrheit eine Abneigung gegen die Geländewagen, von denen einer so viel Kohlendioxid ausstößt wie drei Kleinwagen. In einer Umfrage des Schweizer Nachrichtenmagazins Facts waren 51 Prozent der Befragten dafür, diese Luxusautos zumindest mit einer Sondersteuer zu belegen.

Angespornt durch die Erfolge des Verkehrspar-Projektes hat die niederösterreichische Landesregierung ein Folgeprojekt gestartet, das noch gezielter das Fahrrad im Alltagsverkehr fördern will. „Natürlich werden die Fahrradfahrer allein das Klima nicht retten", erklärt Umweltreferent Burger aus Bad Vöslau. „Aber unsere Lehre ist: Nutze die Vielfalt." Es kann, aber es muss nicht immer das Auto sein. Am besten lassen sich Entscheidungen für andere Verkehrsarten fällen, wenn man über alle Alternativen Bescheid weiß – „und genau daran hapert es häufig", erklärt Ingrid Briesner, die Mitte der Neunzigerjahre in Graz die erste Mobilitätszentrale Österreichs aufbaute: „Im Radio kommen alle halbe Stunden Staumeldungen – Informationen rund um die Uhr. Aber wer eine Reise mit Bus und Bahn plant, wurde bislang allein gelassen." Nicht alle Reisewilligen sind mit dem Fahrplanangebot im Internet vertraut oder wollen sich so viel Zeit nehmen, für einen Sonntagsausflug die Fahrpläne von regionalen Busdiensten und der Staatsbahn miteinander abzugleichen. Wer bei den verschiedenen Verkehrsträgern anruft, um seine Route zu planen, muss bei manchen Strecken vier Telefonate führen – aus Bequemlichkeit nehmen viele das Auto.

Hier setzt die Mobilitätszentrale Graz an. Ihre Beraterinnen und Berater geben am Telefon Auskunft über alle Fahrpläne und Tarife der steirischen Verkehrsanbieter, sie verstehen es, die unterschiedlichen Buslinien und Bahnen miteinander zu verknüpfen. Der Service ist gratis. Finanziert wird das System von der Stadt Graz, dem Land Steiermark und dem österreichischen Postbus-Unternehmen. Offenbar schließt der Service eine Bedarfslücke: Aus einem „eineinhalb Frauen-Betrieb" wurden im Laufe der Jahre neun Mitarbeiterinnen und ein Mitarbeiter, die monatlich 5.000 Anfragen bearbeiten. In einer Studie gaben acht von zehn Anrufern an, dass sie nach dem Gespräch öffentliche Verkehrsmittel benutzten. Jeder fünfte Anrufer sagte, dass er seine Reiseroute alleine nicht herausgefunden hätte. Nach vorsichtigen Schätzungen der Mobilitätszentrale würden den öffentlichen Verkehrsträgern ohne den Service jährlich 700.000 Euro Umsatz verloren gehen.

Initiatorin Briesner will nun aus dem Zentrum ein Mobilitätsnetz für die gesamte Steiermark machen. Die Zentrale in Graz wird zur „Netzwerk-Mutter", die Mitarbeiter der teilnehmenden Gemeinden schult. Vor allem für Tourismusorte, die ihre Gäste anregen wollen, öffentlich zu fahren, ist die Idee interessant. Das Netzwerk arbeitet mit gemeinsamer Telefonanlage und Software, das schafft Synergien und ermöglicht den Zugriff auf die Datenbanken der Grazer. Dass Ingrid Briesner so erfolgreich ist, liegt vielleicht auch an dem Motto, mit dem sie ihr Geschäft organisiert:

Mit Rossini über die Pässe: Wenn der Postbus den futuristischen Churer Busbahnhof verlassen hat und sich durch enge Kurven windet, warnt er Entgegenkommende mit seinem Signalhorn – der Dreiklang erinnert an die Ouverture von „Wilhelm Tell“. Die „Poschtis“ vereinen Tradition und Zukunft: Für eine nachhaltige Entwicklung ist es unverzichtbar, den regionalen öffentlichen Verkehr auszubauen.

außerdem, wie die Beharrlichkeit einer Minderheit zum Erfolg geführt hat (siehe Reportage S. 26). Mehr als ein Jahrzehnt kämpften Umweltschützer für den Bewusstseinswandel und den Beschluss, den heute alle für gut befinden: Die Wiederbelebung der alten Schienenstrecke im Vinschgau mit einer hypermodernen Bahn. „Für Staatsbahnen sind solche Nebenstrecken Klötze am Bein“, sagt Helmut Hiess, Experte in der CIPRA-Studie. „Dabei können diese Strecken durchaus so betrieben werden, dass die Menschen sie in großer Zahl nutzen – mit einer regionalen Organisation, mit neuen Fahrzeugen, kundenorientiertem Angebot und mit Engagement statt mit Dienst nach Vorschrift.“

Unter solchen Voraussetzungen seien auch Berufspendler bereit, ihr Auto stehen zu lassen. Gerade beim Berufspendeln gäbe es viel Potenzial zu einer neuen, nachhaltigen Mobilität, urteilt die CIPRA-Studie. Leider seien Initiativen wie die der Liechtensteiner Firma Inficon (siehe Reportage S. 46) noch viel zu selten. Mitarbeiter werden mit Geld belohnt, wenn sie nicht mit dem Auto kommen. Nicht weil die Chefs

Aus dem „Memorandum zur Zukunft in den Alpen"

Aus den Erkenntnissen der Studie „Zukunft in den Alpen" leitete die CIPRA folgende Forderungen zur Mobilität im Alpenraum ab:

· Gesellschaftliche und wirtschaftliche Prosperität hängt nicht allein von der verkehrsmäßigen Erreichbarkeit der Regionen ab. So bestehen viele Beispiele in den Alpen, wo die Verbesserung der Erreichbarkeit zum Wegzug von Betrieben in die Zentren und damit zu einer weiteren räumlichen Polarisierung geführt hat. Gleichzeitig gibt es zahlreiche Beispiele, wo eine hohe Prosperität mit einer geringen Erreichbarkeit verbunden ist.
Die CIPRA fordert einerseits, dass Modelle wirtschaftlichen Erfolgs ohne harte Erschließungsmaßnahmen gefördert werden und andererseits, dass die Erforschung der Erfolgsfaktoren solcher Modelle vorangetrieben wird.

· In touristischen Regionen geht die Verbesserung der Erreichbarkeit mit der Verkürzung der durchschnittlichen Aufenthaltsdauer einher. Dadurch sind für die gleichen Nächtigungszahlen höhere Belastungen, z. B. durch den An- und Abreiseverkehr, in Kauf zu nehmen.
Die CIPRA verlangt von den Alpenstaaten und vom Tourismus die vermehrte Förderung von Maßnahmen, welche statt der Verbesserung der Erreichbarkeit die Verlängerung der Aufenthaltsdauer der Gäste attraktiver machen.

· Investitionen in die transnationalen Netze verstärken die Disparitäten und bringen hohe ökologische und wirtschaftliche Kosten mit sich.
Die CIPRA fordert den Erhalt und den Ausbau der regionalen Träger des öffentlichen Verkehrs, weil hier mit weniger Mitteln wesentlich bessere Effekte erzielt werden können als mit Investitionen in die transnationalen Netze.

radikale Umweltschützer wären, sondern weil das Unternehmen profitiert – es spart sich den Bau einer teuren Tiefgarage und hat gesündere Mitarbeiter. Das CIPRA-Expertenteam rät, solchen Pendler-Modellen in Politik und Planung viel stärkere Aufmerksamkeit zu widmen. Sie sollten erforscht, weiterentwickelt und verbreitet werden.

Ein erster Anfang zu einer neuen Mobilität ist gemacht, mehr aber auch nicht. Das zeigt selbst die „Verkehrspargemeinde" Bad Vöslau. Das Städtchen ist über die Bahn gut an Wien angebunden. Doch im offiziellen Stadtplan der Kurverwaltung fehlen Hinweise zur Anreise mit öffentlichen Verkehrsmitteln. Stattdessen gibt es Tipps für die Anfahrt mit dem Auto. Man sei außerdem in der glücklichen Lage, in Vöslau-Kottingbrunn „einen Flugplatz mit eigener Passabfertigung" anbieten zu können, schreibt die Kleinstadt-Kurverwaltung, für Gäste, die „mit dem eigenen Flugzeug" anreisen wollten: Der Weg ist noch weit zu einer nachhaltigen Mobilität in den Alpen.

Autor: Bernd Hauser

Kooperation oder Konkurs

Die Beziehungen zwischen Stadt und Land in den Alpen müssen neu definiert werden, wenn die vielfältige Kulturlandschaft nicht bald in Waldmeeren und Siedlungsbrei versinken soll.

Es war mitten im kalten November 2006, als die „Alpenrose" neu erblühte. In den Jahren zuvor war das Gasthaus in der Gemeinde Gadmen im Schweizer Kanton Bern von einem Pächter zum nächsten gereicht worden; glücklos hatten sie versucht, das urige Haus am Ende des Dorfes, dort, wo die Straße auf den 2.200 Meter hohen Sustenpass beginnt, zum Anziehungspunkt für Einheimische und Touristen zu machen. Jetzt probieren es erneut zwei Männer, diesmal zwei Städter aus Bern und Olten, Pädagoge und Geograf der eine, Organisationsentwickler der andere. Sie brachten Betreuer, Lehrer und Sozialpädagogen mit ins Hochtal, und bislang sieben Jugendliche und junge Erwachsene. Hier oben, auf 1.200 Metern Höhe und in einer 270-Einwohner-Gemeinde, deren Fläche zu zwei Dritteln aus Gletschern, Firn und Felsen besteht, sollen die jungen Menschen finden, wonach sie in der Stadt vergeblich suchten: Arbeit, Anerkennung, stabile Beziehungen, Selbstbewusstsein und einen neuen, klaren Blick für ihren weiteren Weg ins Erwachsenenleben.

Für die 15 jungen Menschen, die das Projekt „qualifutura" einmal betreuen soll, gibt es viel zu tun in den Bergen. Einer der Jugendlichen lebt bei einer Familie im Ort, in deren Landwirtschaft er mit anpackt; andere absolvieren in einer Schreinerei, in einer Kfz-Werkstatt und in Hotels in der Umgebung Praktika oder beenden eine abgebrochene Lehre. Der größte Teil der Gruppe aber betreibt die „Alpenrose", das einzige Hotel-Restaurant im Hochtal, das ganzjährig geöffnet hat: Während die jungen Teilnehmer im ersten Teil der Woche wie in der Schule unterrichtet werden, gemeinsam klettern, wandern oder das Gasthaus weiter renovieren, servieren sie von Donnerstag bis Sonntag im Restaurant oder richten die sechs Hotel-Zimmer für neue Gäste.

„In der Stadt wären unsere Jugendlichen in der Gefahr, hin- und hergeschoben zu werden zwischen den Institutionen und Standorten. Und auf ihren Lehr- und Praktikastellen stünden sie permanent in Konkurrenz zu anderen", sagt Initiatior und Projektleiter Matthias Hehl. Die „Alpenrose" und die kleine Berggemeinde Gadmen dagegen bieten einen halbwegs geschützten Raum für die zum Teil labilen Jugendlichen. „Die Bedingungen für einen Neuanfang sind hier ideal", findet Hehl.

Aber auch für die kleine Gemeinde ist das ungewöhnliche Projekt von Vorteil. Nicht nur, weil Gadmen jetzt immer wieder in den Medien auftaucht. Viel wichtiger ist, dass zum ersten Mal seit Langem wieder Menschen ins Hochtal gekommen sind, um dauerhaft zu bleiben und so eine immer weniger genutzte Infrastruktur neu beleben: Sie mieten Wohnungen, beauftragen Handwerker, bringen frischen Wind ins Dorf; in der „Alpenrose" sitzen jetzt auch immer häufiger Einheimische beim Feierabendbier, selbst das eine oder andere Leichenmahl hat hier schon stattgefunden – für Matthias Hehl ein deutliches Zeichen für die wachsende Akzeptanz seines Projekts bei den Alteingesessenen, die den Städtern und ihren „Problemjugendlichen" zunächst skeptisch begegnet waren.

Die „Alpenrose" ist ein junges, zartes und gefährdetes Pflänzchen; selbst wenn es gut gedeiht, wird es eine seltene Art bleiben. Doch so exotisch und begrenzt

Alpenrheintal bei Dornbirn:
Die Grenzen verschwinden. Wo hört das Ländliche auf, wo beginnt das Städtische?

das Projekt in seinem Veränderungspotenzial für das Hochtal ist, taugt es doch als Symbol für die Notwendigkeit einer Gegenkraft zum scheinbar übermächtigen Sog, der viele ländliche Regionen ausbluten lässt. In den Alpen läuft seit Jahrzehnten eine Abstimmung mit den Füßen. 95 Prozent der Bevölkerung leben heute unterhalb der 1.000-Meter-Grenze, rund vier Fünftel aller Arbeitsplätze in den Alpen konzentrieren sich in den Ballungsräumen der Alpenhaupttäler und am Alpenrand. Vielen hundert kleinen Bergdörfern dagegen fehlt die „kritische Masse" an Bevölkerung. Sie drohen auszusterben. In den Hautes Alpes in Frankreich oder in den Seitentälern des Piemont verzeichneten viele ländliche Gemeinden seit den 1950er-Jahren einen Bevölkerungsschwund von 70 bis 90 Prozent. In anderen Alpenregionen geht die Entwicklung langsamer vor sich, aber der Trend zeigt klar nach unten. Eine der Ausnahmen sind die großen Tourismusstationen, die dank der Zuwanderung von Gastarbeitern ausgeglichene oder gar steigende Bevölkerungszahlen aufweisen.

Dramatischer Brain Drain: Hochqualifizierte ziehen vom Land in die Stadt.

Die Zeiten der kinderreichen Familien sind auch im ländlichen Alpenraum vorbei. Auch hier gilt die Zwei-Kind-Familie als Ideal. Dies verstärkt den Trend, dass in den Dörfern die Kinder fehlen, um mittelfristig eine eigene Grundschule zu erhalten. Wer eine weiterführende Schule oder eine berufliche Ausbildung absolvieren will, muss das Dorf verlassen. Die jungen Menschen kommen aber selten zurück, weil die Arbeitsmöglichkeiten zu gering oder zu wenig attraktiv sind. „Der Brain Drain ist zum Teil dramatisch", berichtet Mario Broggi, ehemaliger Direktor der Eidgenössischen Forschungsanstalt Wald, Schnee und Landschaft (WSL). Broggi zitiert eine Untersuchung, wonach die ländlichen Gemeinden der Schweiz im Durchschnitt pro Abschlussjahrgang 27 Prozent der Hochqualifizierten verlieren, im Kanton Appenzell Innerrhoden waren es sogar bis zu 75 Prozent.

In vielen Dörfern und Gemeinden in den Alpen setzt die Abwanderung der Jungen Entwicklungen in Gang, die sich weiter gegenseitig verstärken: Infolge des Fachkräftemangels wandern auch die Betriebe ab, Schulen und Kindergärten werden geschlossen, die Steuereinnahmen sinken, es wird immer fragwürdiger, die überdimensionierte Infrastruktur teuer aufrechtzuerhalten, die Bevölkerung überaltert; es ist der Anfang einer Entwicklung zur „Niemandsregion".

Dass in den Köpfen vielfach noch das Bild der heilen Heidi-Bergwelt vorherrscht, vernebelt den Blick auf die Realität zusätzlich. Dabei ist nur noch ein Viertel der Fläche im Alpenbogen von jener traditionellen Kulturlandschaft geprägt, wie sie in Heidi-Land inszeniert wird. Die Tourismusbranche pflegt, durchaus marktkonform, dieses Bild der idyllischen und intakten Freizeit- und Kulturlandschaft und provoziert so bei den Besuchern bisweilen kuriose Erwartungshaltungen. Wolfgang Pfefferkorn, Landschaftsplaner in Wien und Koordinator des CIPRA-Projekts „Zukunft in den Alpen", hat auf einem österreichischen Bauernhof einmal erlebt, wie ein deutscher Urlauber die Bäuerin abends nach ihrer Wetterprognose fragte; als sie mit den Schultern zuckt und sagt, sie habe den Wetterbericht in den Abendnachrichten verpasst, schaut der Deutsche irritiert – „er hatte offenbar damit gerechnet, dass die Bäuerin als ‚naturwüchsige Berglerin' das Wetter quasi im kleinen Finger erspüren muss", erzählt Pfefferkorn.

Spätestens seit der Romantik sind die Alpen ideale Projektionsfläche für die Wünsche der Städter nach dem einfachen, reinen und menschengerechten Leben auf dem Lande. Jean-Jacques Rousseau, der Städter, schuf in seinen Werken eine verklärte ländliche Gegenwelt zur verdorbenen, oberflächlichen Stadt. Umgekehrt galt und gilt die Stadt für viele Landbewohner als der Ort, an dem sich alle Träume erfüllen können, wo es Arbeit, Einkommen und Vergnügen in Hülle und Fülle gibt und sie befreit sind von den sozialen Zwängen der Dorfgemeinschaft.

Die piemontesischen Bergbauern, die in den 1950er-Jahren ihren Dörfern scharenweise den Rücken kehrten, um in den Fabriken von Fiat in Turin zu arbeiten, interpretierten ihren Umzug in die Stadt jedenfalls als einen großen sozialen Aufstieg. Die Landwirtschaft zuhause bot ihnen keine Perspektive mehr, ihre Produkte der ehemaligen Selbstversorgerwirtschaft waren nicht konkurrenzfähig. Zudem gab es im Piemont wie auch in Frankreich keine regionalpolitischen Fördermaßnahmen zugunsten der Bergbevölkerung – im Unterschied zu Österreich und der Schweiz.

Gerade in der föderal strukturierten Schweiz war es bis vor Kurzem Konsens, dass das Land möglichst flächendeckend besiedelt und die Lebensverhältnisse überall vergleichbar sein sollten. Durch Transferzahlungen sollten auch die nur schwach besiedelten Randlagen den Menschen jene öffentlichen Dienstleistungen und Versorgungsstrukturen bieten können, die in den großen Städten Standard sind.

Doch nun brechen selbst in der so auf Ausgleich bedachten Schweiz die Dämme. Einer der großen Treiber der Debatte war vor zwei Jahren die Studie „Stadt-Land-Schweiz" der Denkfabrik „Avenir Suisse", der bald eine ähnliche Arbeit des „Studio Basel – Institut Stadt der Gegenwart" folgte, eine Zweigstelle der Eidgenössischen Technischen Hochschule Zürich ETH. Gemeinsam ist den Publikationen, dass sie über einen „Rückzug aus der Fläche" nachdenken und so das Land zweiteilen: in die wachstumsstarken Metropolen und Städte-Netze auf der einen Seite, in denen mehr als 80 Prozent der Wirtschaftsleistung des Landes entstehen; und in eine „alpine Brache" auf der anderen Seite, die nur punktuell über Wertschöpfungsgeneratoren verfügt – vor allem touristische Hochleistungszentren – und ansonsten als eine Art stille Reserve für kommende Generationen vorgehalten wird.

Die „Entleerung der Alpen" sei jetzt kein Tabu mehr, kommentierte die „Basler Zeitung" die Studien, die ihre Überzeugungen vor allem finanziell begründeten: Das Land könne es sich nicht länger leisten, Milliardenbeträge in einen aussichtslosen Kampf gegen den Niedergang des Alpenraumes zu investieren; stattdessen müssten staatliche Fördermittel in die großen Agglomerationen umgelenkt werden, um sie stärker zu machen für den internationalen Konkurrenzkampf mit anderen Metropolen. Angefacht war damit auch der nationale Verteilungskampf um Steuermittel, in dem Extrembeispiele bemüht wurden wie jenes des Safientals, wo Millionen von Franken für einen 1,7 Kilometer langen und großzügig dimensionierten Straßentunnel ausgegeben wurden, während im Tal dahinter nur noch wenige hundert Menschen lebten. Dorthin würden pro Kopf jährlich rund 13.000 Franken an Transferleistungen fließen, dreimal mehr als in andere Bergregionen, behaupteten Kritiker.

Es werden auch Steuergelder in die Berge geschickt, die dort nicht gut angelegt sind.

Mario Broggi kritisiert die Gedankenspiele dieser „neoliberalen Kreise" als teilweise unwissenschaftlich, weil sie nicht auf Zusammenhänge und gegenseitige Abhängigkeiten Rücksicht nähmen. Er hält den Studien aber zugute, dass sie eine notwendige Diskussion angestoßen hätten. „In der Schweiz wurden und werden viele Steuergelder in die Berge geschickt, die dort nicht gut angelegt sind", konzediert Broggi. „Oft waren die Subventionen einmal begründet, wurden aber unreflektiert über Jahrezehnte weiterbezahlt. Aber Subventionen können auf Dauer dumm machen, sie regen nicht zur Weiterentwicklung an."

Vor allem konnten sie die Abwanderung aus den Randlagen nie stoppen. „Was wir in den Alpen erleben, ist nichts anderes als ein Stück Globalisierung,

Im Dialog: Jean-Paul Gaillard hat seine Obstkörbe in einer Buchhandlung in Grenoble abgeliefert, die als Verteilstelle für die Amapiens, die Mitglieder einer Konsumenten-Kooperative, fungiert. Der Bauer nutzt die Gelegenheit, sich mit den Kunden aus der Stadt auszutauschen.

weshalb Lammfleisch aus Neuseeland, Fisch aus Vietnam und Weine aus Südafrika fast alltäglich sind. Auch wenn es hoffnungsvolle Gegenbewegungen gibt: Wo und wie die Waren produziert werden, spielt für viele keine Rolle. Die postmoderne Konsumgesellschaft orientiert sich vor allem am Preis. Was nichts kostet, findet keinerlei Beachtung. So haben beispielsweise eine attraktive, vielfältige Kulturlandschaft und die Arbeit, sie zu erhalten, marktwirtschaftlich gesehen keinen Wert. Auch wenn die Tourismuswerbung unablässig die ländliche Idylle der Alpen beschwört, ist sie nur selten bereit, sich finanziell an der Pflege der traditionellen Kulturlandschaften zu beteiligen. Der Unterhalt der Buckelwiesen im bayerischen Oberammergau ist eine der wenigen rühmlichen Ausnahmen.

Die große Mehrheit der Alpenstädte hat weniger als 50.000 Einwohner, im europäischen Vergleich sind sie Winzlinge, die im Konkurrenzkampf mit den Metropolen keine Chance haben. Die mittel- und langfristige Überlebenschance der Alpenstädte besteht deshalb darin, ihre Besonderheiten zu pflegen und ausschließlich auf Qualität zu setzen. Und ihre Qualität, ihr herausragendes Merkmal ist ihre geografische Lage inmitten der attraktivsten Kultur- und Naturlandschaft Westeuropas. Alpenstädte bieten zeitgemäßen städtischen Komfort in einer Landschaft mit höchster Erholungsqualität. Sie müssten alles daran setzen, die hohe Qualität der umgebenden Kulturlandschaften langfristig zu erhalten.

Eine Vorreiterrolle in dieser Hinsicht nimmt die savoyardische Stadt Chambéry ein, die sich als Pforte zu drei Großschutzgebieten (Naturpark Les Bauges und Naturpark La Chartreuse sowie Nationalpark La Vanoise) versteht. Die Stadt unterstützt Projekte der ländlichen Gemeinden, um ihre Bevölkerung vor Ort zu halten. Bevölkerung und Behörden haben erkannt, dass die Attraktivität und Lebensqualität der Stadt maßgeblich von jener der Umgebung abhängen. Eine lebendige Stadt braucht ein lebendiges Umland und muss bereit sein, sich dies etwas kosten zu lassen. Im Herbst 2006 hat Chambéry in zentraler Lage in großzügigen Räumlichkeiten ein attraktives „Maison des Parcs et de la Montagne" (Haus der Parks und Berge) eröffnet, in dem sich die Schutzgebiete in einer modernen Ausstellung präsentieren. Zudem stellt die Stadt rund einem Dutzend Organisationen, die sich mit Wirtschaft, Kultur und Natur im Berggebiet beschäftigen, Büros zur Verfügung.

Für die Zukunft ist entscheidend, offene oder verdeckte Grabenkämpfe zwischen Stadt und Land aufzugeben, Missgunst oder Gleichgültigkeit zu überwinden und stattdessen in einen fruchtbaren Dialog zu treten. Es braucht dringend ein Regionalmanagement, das über Verwaltungs- und Sektorengrenzen hinweg und im Bewusstsein der gegenseitigen Abhängigkeit einen fairen und transparenten Aushandlungsprozess organisiert. Neu ausgehandelt werden müsste, wer für die Region welche Funktion übernimmt und wie diese Leistung durch eine Art regionalen Finanzausgleich honoriert werden könnte. Natürlich sind die Alpenstädte mit ihrer wirtschaftlichen, sozialen und kulturellen Potenz prädestiniert für die Rolle als Motor einer regionalen Entwicklung. Aber auch die ländliche Peripherie hat mit ihrer Landschaft, ihrem kulturellen Erbe und ihrer lokalen Innovationskraft viel einzubringen. Nicht jeder Ort einer Region muss die gesamte Infrastruktur vorhalten, aber genauso falsch wäre es, bestimmte öffentliche Leistungen wie Schulen, Kindergärten oder medizinische Betreuung automatisch nur noch der Stadt zuzuordnen. „Hier sind neue intelligente Verteilungskonzepte gefragt, vom öffentlichen Nahverkehr über die Lebensmittelversorgung bis zu öffentlichen Dienstleistungen, die auch temporäre und mobile Formen öffentlicher Dienstleistungen einschließen können", meint Wolfgang Pfefferkorn. Wenn Kooperation vor Konkurrenz geht, könnten Regionen einen neuen Funktionsmix aushandeln, von dem am Ende alle profitieren. Allerdings: „Es mangelt nicht an Theorien, guten Ideen und Instrumentarien", weiß Pfefferkorn, „es mangelt an der Umsetzung."

Nicht überall. Es gibt – neben Chambéry – positive Beispiele. In Tirol etwa haben Infrastrukturansuchen von Gemeinden nur noch eine Chance, wenn sie im Verbund mit anderen Gemeinden eingereicht werden. Als vorbildlich gilt auch das Projekt *vision rheintal* in Vorarlberg, bei dem die Vorstellungen der Menschen über die Entwicklung der Region in vielen Veranstaltungen abgefragt wurden und nun in ein regionales Entwicklungskonzept einfließen (siehe Reportage auf Seite 66).

In der Schweiz wird, vor einigen Jahren noch undenkbar, die Fusion von Gemeinden vorangetrieben. So hat der Kanton Tessin eine Welle von Gemeindezusammenschlüssen losgetreten, indem er Kleinstgemeinden Beiträge an Investitionen nur sehr zurückhaltend gewährt oder sie davon abhängig macht, dass eine Diskussion über eine Fusion mit Nachbargemeinden gestartet wird. Im Kanton Glarus hat die Bevölkerung 2006 beschlossen, die bisherigen 27 Gemeinden zu drei zusammenzuschließen. Der Gedanke, der hinter solchen Fusionen steht, ist: Nur so kann jene kritische Größe erreicht werden, die für das langfristige

Überleben nötig ist und die Grundversorgung für alle gewährleisten kann.
Derlei Kooperationen über Verwaltungsgrenzen hinweg werden institutionell unterstützt durch Organisationen wie das von der CIPRA mitinitiierte Gemeinde-Netzwerk „Allianz in den Alpen“. Vor zehn Jahren von 27 Gemeinden und Gemeindeverbänden gegründet, haben sich dem Netzwerk bis heute rund 250 Gemeinden von Frankreich bis Slowenien angeschlossen, um gemeinsam im Sinne der Alpenkonvention für eine nachhaltige Entwicklung im Alpenraum zu arbeiten. Sie tun dies, indem sie Erfahrungen, Fachwissen und gute Beispiele zwischen den Gemeinden und Talschaften aus dem ganzen Alpenbogen austauschen.
Den Erfahrungsaustausch zwischen den Städten fördert auch der Verein „Alpenstadt des Jahres“, der diesen werbeträchtigen Titel seit 1997 jährlich verleiht. Auch dieses Projekt will einen konkreten Beitrag zur Umsetzung der Alpenkonvention leisten und postuliert als eines von fünf Zielen die „Suche nach einer neuen Partnerschaft zwischen Stadt und Umland“. Die Alpenstadt des Jahrs 1997, Villach im österreichischen Kärnten, hat zu diesem Zweck die Bürgermeister der umliegenden Gemeinden zu einer Konferenz eingeladen. Daraus entstand eine intensive Kooperation, die nun seit zehn Jahren anhält. Aufgaben, die früher jede Gemeinde einzeln anging, werden im Verbund gelöst. Die Alpenstadt 2008, Brig-Glis im schweizerischen Oberwallis, hat die Stadt-Land-Kooperation als einen Schwerpunkt in ihr Programm aufgenommen. Geplant ist eine Plattform (Arbeitstitel „Spinnennetz“) für den Austausch von Informationen und den Auf- und Ausbau der Zusammenarbeit in der Region. Im Vorstand des Vereins, den die Stadt mit der Ausrichtung des Alpenstadtjahrs betraut hat, wirken Vertreter der Region und der Nachbargemeinden mit. Die Kleinstadt Brig-Glis ist übrigens 1973 aus der Fusion der Gemeinden Brig, Glis und Brigerbad hervorgegangen. Nach mehreren Jahrzehnten der Konsolidierung herrscht in Brig-Glis wieder Aufbruchstimmung. Die politisch Verantwortlichen und die Bevölkerung haben erkannt, welches Potenzial in der geografischen Lage der Alpenstadt liegt: Brig-Glis ist prädestiniert, wirtschaftliche, kulturelle und politische Brücken zu den italienisch und französisch sprechenden Nachbarn zu schlagen und so als Zentrum einer lebendigen Bergregion zu fungieren. Außerdem setzt sich die Stadt in ihrem Leitbild das Ziel, alte Rivalitäten mit Nachbargemeinden zugunsten von Kooperationen aufzugeben. Dabei soll die Nachhaltigkeit als Richtschnur gelten und konkret umgesetzt werden, beispielsweise durch die Zertifizierung als „Energiestadt“, wie der Leistungsausweis für eine konsequente und ergebnisorientierte Energiepolitik in der Schweiz heißt. Schließlich entstehen in der Nähe der Stadt mehrere neue Schutzgebiete mit besonderen Chancen für einen naturnahen Tourismus. Kurz: Die Stadt befindet sich in einer Phase des Umbruchs und der Neuorientierung.
Und so wie die Alpenstadt Brig-Glis ihre Möglichkeiten neu auslotet, so könnten auch die ländlichen Teile der Alpen ihre Rolle neu und selbstbewusst definieren, nach neuen, eigenen Lösungen suchen gegen den zunehmenden Verlust an Wirtschaftskraft, Menschen und Bedeutung. „Die Nachteile der Alpen wegen ihres Reliefs muss man in Vorteile verwandeln, und das geht nur mit Qualität“, meint Mario Broggi, „wir können in den Bergen nicht mit Quantität punkten, sondern nur mit Qualität.“
Von strategischer Bedeutung ist dabei die Entwicklung des Tourismus, der eine klassische Stadt-Land-Beziehung darstellt. Doch vielerorts stagnieren oder sinken die Übernachtungszahlen seit vielen Jahren, der klassische Tourismus scheint an seine Grenzen zu stoßen. Mario Broggi sieht vor allem zwei touristische Entwicklungstrends: Zum einen wird der so genannte „urbane Tourismus“ weiterhin von Bedeutung sein, dessen Markenzeichen die Resorts sind. In ihnen ist das touristische Erlebnis von A bis Z durchorganisiert,

Verteilungskämpfe: Tenna im Safiental zählt 118 Einwohner. Ein 1,7 Kilometer langer Tunnel verbindet das Dorf mit dem Rest der Welt. Derartige Projekte seien zu teuer, kritisieren Neoliberale. Doch die Argumentation läuft zu kurz: Sie beachtet nicht die Abhängigkeiten zwischen Zentren und Peripherie.

sie bilden – vor der Kulisse der ländlichen Alpenlandschaft – eine fast geschlossene Welt. Leben französische (Ski-)Touristen die Resort-Idee schon seit Jahrzehnten, schwappt sie jetzt auch auf die Schweiz über, wo der ägyptische Milliardär Samih Sawiris aus dem Skiort Andermatt eine touristische Ganzjahresoase machen will: Nach dem Motto „Schnee allein reicht nicht" will Sawiris mehr als 500 Millionen Dollar in den Bau von 800 Zimmern, 600 Appartements und 100 Villen investieren. „Ob wir das mögen oder nicht: Diese Ausprägung des Tourismus wird nicht aus den Alpen verschwinden, denn offensichtlich treffen diese Resorts die Befindlichkeiten sehr vieler Menschen", glaubt Mario Broggi.

Gleichzeitig haben aber sanftere, an die kulturelle und ökologische Umwelt angepasste Tourismusangebote ein großes Zukunftspotenzial. Broggi denkt hier an Angebote für bildungsbürgerliche Kreise, die sich nicht vermassen lassen und mit den Menschen, der Kultur und Geschichte ihres Urlaubsorts auseinandersetzen wollen. In den USA wächst dieses Tourismussegment dreimal stärker als der konventionelle Tourismus. „Jeder Standort muss sein Typikum hervorkehren, das, was ihn unverwechselbar macht und wo er mehr bieten kann als andere", fordert Broggi. Das können Wildnis- und Nationalparks sein, die aber „mehr bieten müssen als Ruhebänkchen und Schautafeln". Das können hochwertige landwirtschaftliche Produkte aus der Region sein, die in regionale Kreisläufe einspeist werden – und eben nicht in die globalen, gegen deren Mitspieler der bergbäuerliche Betrieb ohnehin kaum konkurrieren kann. „Der Strukturwandel in der Landwirtschaft wird sich weiter beschleunigen", meint Wolfgang Pfefferkorn. „So klein der Bevölkerungsanteil der Landwirte und ihr Beitrag zur Wertschöpfung auch sind, so groß ist ihre Verantwortung für die Landschaft, die sie durch ihre Arbeit offenhalten und ohne die der Tourismus nicht funktionieren würde."

Die Verkehrspolitik der vergangenen Jahrzehnte hat durch den Bau großer Straßen- und Eisenbahntrassen allerdings viel dazu beigetragen, den ländlichen Raum weiter zu schwächen. Ironischerweise wurden und werden große Verkehrsprojekte oft mit der gegenteiligen Aussage begründet: Sie würden dem ländlichen Raum durch die Anbindung an starke Zentren neue Entwicklungschancen eröffnen – ein gern benutztes Killer-Argument gegen Kritiker. Tatsächlich eröffnen die Hochleistungsadern oft genug nur neue zusätzliche Chancen zur Abwanderung in außeralpine Metropolen wie München, Mailand, Turin oder Lyon und beschleunigen das Ausbluten der Peripherie oder ihre schleichende Verwandlung in Pendlerreservate. Empirisch jedenfalls lässt sich der oft behauptete starke Zusammenhang zwischen der guten Erreichbarkeit eines ländlichen Gebiets und seiner wirtschaftlichen Kraft nicht nachweisen: In den Alpen gibt es Gebiete mit höchster Erreichbarkeit, die nicht zu den wirtschaftlich stärksten gehören, und umgekehrt liegen viele prosperierende Gebiete verkehrstechnisch relativ ungünstig. Die CIPRA-Studie zur Mobilität zeigt, dass wirtschaftsschwache ländliche Räume durch eine gute Verkehrsanbindung Gefahr laufen, noch mehr Wirtschaftskraft zu verlieren, während ohnehin starke Zentren eher davon profitieren. Der fantasielose Aus- und Neubau von Straßen ist jedenfalls kein Garant für wirtschaftliche Dynamik. Und Investitionen in die transnationalen Netze verstärken die Disparitäten zwischen den Zentren und der Peripherie weiter. Die CIPRA fordert deshalb in ihrem „Memorandum zur Zukunft in den Alpen" den Erhalt und den Ausbau der regionalen Träger des öffentlichen Verkehrs, weil hier mit relativ geringen Mitteln wesentlich bessere Effekte für eine neue und nachhaltigere Entwicklung der Stadt-Land-Beziehung erzielt werden können.

In diesem Szenario muss aber auch Platz für die Option sein, sich bewusst aus einigen Bergtälern zurückzuziehen, wie das im Gebiet des Nationalparks Val Grande im Piemont geschah, der heute das größte Wildnisgebiet Italiens darstellt. „Warum nicht, wenn dafür andere Täler, die die Voraussetzungen dafür haben, wieder aufleben?", sagt Mario Broggi. Das bedeutet nicht, alle Dörfer und Gemeinden, die heute mit Abwanderungsproblemen kämpfen, einfach ihrem Schicksal zu überlassen. Umfragen zeigen, dass das weder die Bewohner der ländlichen Alpengebiete wollen noch die Städter. Broggi: „Die wollen nicht nur sichere Arbeitsplätze, eine gute Infrastruktur mit Straßen, Schulen, Krankenhäusern und ein reichhaltiges kulturelles Angebot. Die wollen auch Natur, aber nicht nur in Form eines unzugänglichen, verwilderten Waldmeeres, das sich selbst überlassen ist, sondern in Form jener offenen, abwechslungsreichen und biologisch vielfältigen Kulturlandschaft, wie wir sie heute haben." Funktionierender Siedlungsraum, gepflegte Kulturlandschaft und Wildnis-Inseln schließen sich nicht gegenseitig aus, sondern haben in einem zukunftsfähigen Entwicklungsszenario für die Alpen nebeneinander Platz. Wenn Stadt und Land ihre jeweiligen Funktionen und Lasten fair aufteilen, erhöht sich die Chance für ein Gleichgewicht ohne Verlierer.

Autor: Stefan Scheytt

Aus dem „Memorandum zur Zukunft in den Alpen"

Aus den Erkenntnissen zahlreicher Workshops und Studien leitete die CIPRA folgende Forderungen zur Entwicklung der Städte in den Alpen ab:

Zwei Drittel der Bevölkerung der Alpen leben in Städten und Agglomerationen. Die Alpenstädte bilden den wichtigsten Motor der ökonomischen und soziokulturellen Entwicklung im Alpenraum. Doch obwohl die Alpenstädte für die zukünftige Entwicklung der Alpen eine wichtige Rolle spielen werden, kommen die Aufgaben und die Verantwortung der Städte für die gesamten Alpen in der Alpendiskussion, speziell im Rahmen der Alpenkonvention, zu kurz.

Vor diesem Hintergrund fordert die CIPRA die Alpenstaaten, Bundesländer, Regionen, Kantone und die weiteren staatlichen und nicht staatlichen Körperschaften auf, der nachhaltigen Entwicklung der Alpenstädte in ihrer Politik, ihren Strategien und ihren Maßnahmen eine erhöhte Priorität einzuräumen. Verstärkte Anstrengungen sollen insbesondere in den folgenden Bereichen unternommen werden:

· In Regierungsprogrammen, Regierungserklärungen und in der Gesetzgebung auf nationaler, regionaler und kommunaler Ebene sicherstellen, dass die Alpenstädte ihre Verantwortung für die ländlichen Gebiete der Alpen wahrnehmen können, insbesondere bezüglich des Schutzes der hohen Natur- und Landschaftswerte und einer umwelt- und sozialverträglichen Entwicklung.

· Fördern von bisherigen und neuen wertschöpfungsstarken, umweltverträglichen wirtschaftlichen Aktivitäten unter Einbezug der Stärken der Region, Gewährleisten des sozialen und räumlichen Zusammenhaltes in den Alpenstädten, ihren Agglomerationen und des Umlandes, zum Beispiel durch die finanzielle Unterstützung der interkommunalen Zusammenarbeit.

· Unterstützen der Alpenstädte bei der Verbesserung ihrer Lebensqualität, insbesondere durch Steigerung der Attraktivität für die Bewohnerinnen und Bewohner, unter Nutzung der besonderen Stärken der alpinen Umwelt.

· Ermutigen der Alpenstädte zur Bildung von regionalen, überregionalen und alpenweiten Netzwerken für die Stärkung ihrer sozio-kulturellen Identität und ihrer sozio-ökonomischen Wettbewerbsfähigkeit, zum Beispiel auch durch Wettbewerbe.

· Stärken der Austauschbeziehungen zwischen den Alpenstädten und den außeralpinen Zentren, insbesondere in den Bereichen Natur- und Umwelt, Bevölkerung und Kultur, Wissenschaft und Innovation.

Einmischen ist erwünscht

Die Welt ist zu komplex, um sie Spezialisten zu überlassen. Es braucht das Wissen von allen, um zukunftsgerichtet zu gestalten. Deshalb sind „neue Wege der Entscheidungsfindung" gefragt: Politik und Verwaltung sollen Bürgerinnen und Bürgern mehr Möglichkeiten zur Mitbestimmung geben, nicht aus moralischen Gründen, sondern aus Notwendigkeit: Häufig kommen nur so tragfähige Entscheidungen zustande.

Der Flaz bei Samedan im Oberengadin ist gewöhnlich ein gemächlich dahinfließendes Flüsschen. Man mag kaum glauben, was er anzurichten imstande war, bevor ihn das größte Schweizer Flussumleitungsprojekt seit Jahrzehnten in ein neues Bett zwang.

Vor allem im Sommer kann der Flaz zu einem reißenden Strom werden, wenn das Eis der Gletscher schmilzt und gleichzeitig starker Regen ins Gebirge fällt. Die nur zehn Kilometer entfernten Bergkessel im Bernina-Massiv sammeln das Regenwasser wie riesige Trichter und leiten es sofort in den Flaz, der vor Samedan in den Inn fließt. Plötzlich können durch die beiden Flüsse pro Sekunde bis zu 400 Kubikmeter Wasser – das Volumen eines Schwimmbadbeckens – in die Ebene von Samedan fluten. Künftig könnten diese Hochwasserspitzen noch größer werden, wenn durch die Erderwärmung die Gletscher weiter abschmelzen und nicht mehr als Zwischenspeicher für Regenwasser wirken.

Nach vier verheerenden Hochwassern in den Fünfzigerjahren entschieden sich die Behörden für Lösungen, die damals überall als richtig galten: Flaz und Inn wurden in ein Korsett aus betonierten Kanälen gezwängt und mit immer höheren Dämmen verstärkt. Der Sieg über die bedrohliche Natur schien für alle Ewigkeit zementiert – bis im Juli 1987 das Hochwasser lediglich zwanzig Zentimeter unterhalb der Dammkronen stand. Nur knapp entgingen die Samedaner Ortsteile, die im 20. Jahrhundert in die Ebene gebaut wurden, einer Überflutung. Doch die Samedaner gingen bald wieder zur Tagesordnung über. Als der Kanton Graubünden, der auch Träger der Gebäudeversicherung ist, Samedan Mitte der Neunzigerjahre schließlich zwang, neue Hochwasserschutz-Maßnahmen durchzuführen, gab es Empörung und Unverständnis in der 3.000-Seelen-Gemeinde. Der Kanton wies im Jahre 1996 die dicht besiedelten Ortsteile in der Ebene, wo der Bahnhof, ein Altersheim und viele Mehrfamilienhäuser liegen, als „höher gefährdete Bereiche" aus, belegte sie mit einem Bauverbot und gab der Gemeinde zehn Jahre Zeit, Abhilfe zu schaffen. Das tat weh, gerade in einer rätoromanischen Kommune mit ihrem besonderen Stolz auf Selbstbestimmung. „In den nächsten 50 Jahren wird es so ein Hochwasser nicht mehr geben wie 1987", hieß es an den Stammtischen. „Das ist eine fixe Idee in den Ämtern von Chur." Auch der Gemeindepräsident, wie der Bürgermeister hier genannt wird, sagte in einer Versammlung vor Landwirten: „Es ist unverständlich, wie von einem Tag zum anderen dicht überbaute Bereiche plötzlich als gefährdet gelten können!" Darauf entgegnete ein älterer Bauer: „Ich kann das schon nachvollziehen. Dagegen konnte ich nie begreifen, wie man in der Ebene überhaupt Baubewilligungen erteilen konnte. Ich habe nämlich in den Fünfzigerjahren noch gesehen, wie das Wasser die Dämme brach."

Ganz langsam wuchs die Erkenntnis, dass man nicht so weitermachen kann wie bisher. Je mehr sich die

Der Flaz bei Samedan: In seinem neuen Bett wälzt sich der Fluss ganz nach Belieben hin und her.

Gemeindeverwaltung mit dem Problem beschäftigte, desto klarer wurde, dass alle herkömmlichen Lösungen mit 50 Meter hohen Staumauern in den Bergkesseln, Gerinneausbauten und weiteren Dämmen „nur Flickwerk bleiben würden", erkannte Gemeindepräsident Thomas Nievergelt. Aber da gab es noch eine andere, eine faszinierende Alternative: Was, wenn der Flaz nicht mehr vor Samedan in den Inn geleitet würde? Bevor der Mensch in seinen Lauf eingegriffen hatte, mäanderte er nämlich Tausende von Jahren über die Ebene von Samedan und lagerte seit der letzten Eiszeit 70 Meter mächtige Schotter ab. Wie wäre es also, wenn der Flaz über die Ebene strömen dürfte, und zwar am von Samedan abgewandten, etwas niedriger liegenden Talrand? Wenn er also bei Hochwasser nur Wiesen überfluten würde, aber keine Häuser? Und wenn der Flaz erst hinter Samedan in den Inn flösse? Das Problem wäre gelöst.

Alle Betroffenen ins Boot zu holen, war die wichtigste Voraussetzung für das Gelingen der Flussumleitung.

So ein großes Projekt konnte die Gemeindeverwaltung nicht alleine angehen. „Es war unabdingbar, dass alle Betroffenen im Boot sitzen", sagt Thomas Nievergelt. Sollte das Werk gelingen, mussten die Bauern und Grundeigentümer Land hergeben oder zumindest tauschen. Die Vogelschützer gaben zu bedenken, dass Braunkehlchen und Feldlerche, beides gefährdete Arten, durch das neue Gerinne an Lebensraum verlören. Der Fischereiverband argwöhnte, dass die Äschen sich nach dem Bau nicht mehr wohlfühlen könnten. Den Touristikern war wichtig, dass der Baulärm und der Ausblick auf die Baustelle die Gäste nicht vertrieben. Und vor allem mussten die Stimmbürger in der Schweizer direkten Demokratie davon überzeugt werden, dem 25-Millionen-Franken-Projekt zuzustimmen.

Thomas Nievergelt, vom Skeptiker zum Befürworter geworden, wählte die richtige Vorgehensweise: „Wir legten sehr viel Wert darauf, sehr genau über das Projekt zu informieren." Gegner wurden eingeladen, in Arbeitskreisen mitzuwirken. „Anfangs war ich gegen das Projekt", sagt Landwirt Göri Klainguti, der am Rande der Flaz-Ebene seinen Hof hat. „Aber der Gemeindepräsident kam auf mich zu. Ich bin entschädigt worden für die Flächen, die ich durch die Flussverlegung verlor." Gemeinsam mit den Landwirten und Grundeigentümern wurden genaue Spielregeln definiert: Allen Eigentümern, die ihr Land nicht selbst bewirtschafteten, kaufte die Gemeinde es zu einem guten Preis ab. Alle einheimischen Landwirte bekamen Ersatzflächen. Nur die auswärtigen Bauern hatten das Nachsehen. Ihnen wurden die Pachtverträge gekündigt.

Eine „ökologische Begleitkommission" beriet die Planer. Dort suchten Vertreter des Fischereiverbands, Naturschützer und Fachbeamte vom Kanton nach Defiziten und sannen darauf, wie man das Projekt möglichst naturnah gestalten könnte: Der Flaz sollte in einer vorgegebenen breiten Rinne fließen, in der er Sand- und Kiesbänke modellieren kann. Und Gemeindepräsident Nievergelt informierte und überzeugte die Stimmbürger in vielen Einzelgesprächen. Im Jahr 2000 gingen sie zur Urne. 145 Bürger stimmten gegen das Projekt, 459 dafür. In vierjähriger Bauzeit wurde dem Flaz ein neues, vier Kilometer langes Bett gebaggert. Seit dem Jahr 2004 fließt der Fluss durch das neue Bett, und Samedan ist hochwassersicher.

Die OECD in Paris beschreibt das Projekt in einem Standardwerk zum Klimawandel in den Alpen als vorbildlich, und in einer Abschlussbroschüre der Samedaner Gemeinde beglückwünschen sich alle Betroffenen gegenseitig dazu. Lediglich eine kritische Meinung ist dort zu lesen: „Man muss sich fragen, ob man nicht eine günstigere Variante hätte realisieren und gleichzeitig andere Projekte mit höherer Priorität hätte fördern müssen, die uns konkurrenzfähiger gemacht hätten", schreibt Martin Merz, Präsident des Gewerbevereins. „Zum Beispiel eine Beschneiungsanlage für die Langlaufloipen im gesamten Oberengadin, die dann bereits im November garantiert offen wären."

Das Hochwasserschutzprojekt zeigt, wie komplex Infrastruktur-Maßnahmen heute sind, und wie viele Menschen daran mitwirken. Neben den genannten lokalen Akteuren waren zahlreiche Fachbehörden beim Kanton und beim Bund beteiligt, und viele externe Expertinnen und Experten steuerten Planungen und Gutachten bei. Wissenschaftliche Überlegungen zum Klimawandel gingen ein, Risiko-Analysen aufgrund mathematischer Modelle bei der kantonalen Gebäudeversicherung waren eine treibende Kraft. Die gesetzlichen Bestimmungen bei so großen Vorhaben, zum Beispiel die Umweltverträglichkeitsprüfungen, werden immer umfangreicher. Allgemein kann man sagen: Entscheidungsfindungen in der Politik werden komplexer – und für die Bürger und Bürgerinnen unübersichtlicher und schwerer verständlich.

Hinzu kommt, dass sich die Gesellschaft in den Alpen wie anderswo auch immer mehr in Lebensstilgruppen aufspaltet, die häufig wenig miteinander zu tun haben: Gewöhnlich hat der Hobbyangler keine Berührungspunkte mit dem Bauern, der Ornithologe andere Interessen als der Hotelier. Die Folge ist, dass sich auch auf regionaler und lokaler Ebene immer mehr durchsetzt, was auf gesamtstaatlicher Ebene gang und gäbe ist: Der Wettbewerb zwischen unterschiedlichen Einzelinteressen und Lobbygruppen.

Im Gesamtstaat hat sich dieser Wettbewerb über Jahrzehnte hinweg eingespielt. Auf regionaler und lokaler Ebene jedoch sind die Interessen häufig nicht austariert. Meist setzten und setzen sich wirtschaftliche Kräfte durch, gegen besseres ökologisches Wissen. Nur so ist zu erklären, warum im 20. Jahrhundert in die Aue bei Samedan ausgedehnte Ortsteile gebaut wurden. Durch die gestiegene Komplexität und die Individualisierung mit zahlreichen Interessengruppen funktionieren die herkömmlichen Entscheidungsfindungen in Politik und Verwaltung nicht mehr gut genug. Das Wissen über nationale und internationale Bestimmungen und Programme sickert nicht immer bis zu den Gemeindeverwaltungen durch. Es gibt auch das gegenteilige Problem: Informationsflut. Aus Überforderung ziehen sich manche Akteure auf einen persönlichen Standpunkt zurück, ohne übergeordnete Aspekte zu berücksichtigen. Hinzu kommt, dass in kleineren Gemeinden Konflikte häufig nicht offen ausgetragen werden. Meist setzen sich die wirtschaftlich Mächtigsten durch – und schädigen damit das Gemeinwesen. Am schwerwiegendsten scheint dies in Tourismusgemeinden zu sein, wie Geografie-Professor Werner Bätzing in seinem Standardwerk „Die Alpen" schreibt: „Das zentrale soziale Problem sind die immer krasseren Widersprüche zwischen Reich und Arm und zwischen politischer Macht und Ohnmacht bei starker sozialer Kontrolle durch eine Gemeinschaft, in der jeder jeden kennt und kaum eine Meinungsäußerung oder Handlung unbemerkt bleibt."

Lokale Eliten sollten aus Eigeninteresse die Stimmen der anderen hören.

Nachhaltige Entwicklung – also der Ausgleich zwischen wirtschaftlichen, sozialen und ökologischen Zielen – braucht deshalb eine neue politische Kultur. Alle betroffenen gesellschaftlichen Gruppen müssen an Entscheidungen teilhaben, um einen Ausgleich der Interessen auch auf lokaler und regionaler Ebene zu erreichen. Die lokalen Eliten sollten schon aus Eigeninteresse auch die Stimmen der anderen hören: Auf lange Sicht sind Entscheidungen, die großen Teilen der Bevölkerung oder der Ökologie zuwiderlaufen, nicht tragfähig. So gesehen ist die Flussverlegung von Samedan die Buße für Fehler von früher.

Ist ein Alpental vor allem eine Transitstrecke? Oder ein Lebensraum für bedrohte Arten? Oder ein Tummelplatz für Skifahrer und Mountainbiker? Soll ein städtischer Platz vor allem als Autoparkplatz, als Ruhezone für Senioren oder als Skateboard-Übungsgelände für Jugendliche dienen? Ist eine Gemeinde Lebensmittelpunkt ihrer Bewohner oder hauptsächlich Schlafstatt für Menschen, die anderswo arbeiten? Wenn solche Fragen in nachhaltiger Weise beantwortet werden sollen, wird es immer wichtiger, dass sich die Menschen vor Ort einmischen.

Bürgerinitiativen, Vereine und Gruppen, die in ihren Gemeinden und Regionen mehr Mitsprache verlangen, tun dies nicht im luftleeren Raum. In allen wichtigen Konferenzen der Vereinten Nationen zu Umwelt und nachhaltiger Entwicklung seit den Achtzigerjahren wird darauf hingewiesen, dass soziale, wirtschaftliche und ökologische Probleme nicht losgelöst voneinander betrachtet werden dürfen. Die „Lokale Agenda 21", initiiert in Rio de Janeiro im Jahre 1992, richtet sich speziell an Gemeinden. Die Gemeindeverwaltungen sollten „in einen Dialog mit ihren Bürgern, örtlichen Organisationen und der Privatwirtschaft eintreten" und „von ihnen lernen". Sie sollen auch untereinander zusammenarbeiten und Programme durchführen, „deren Ziel die Beteiligung von Frauen und Jugendlichen an Entscheidungs-, Planungs- und Umsetzungsprozessen ist".

Nicht überall in den Alpen geht das so glatt wie in Samedan: Dort erleichterten großzügige Zahlungen von Bund und Kanton das Projekt, nur ein Viertel der Kosten musste die Gemeinde selbst tragen. Und in anderen Alpenländern träumen Bürgerinitiativen von den Möglichkeiten, die die direkte Demokratie in der Schweiz bietet. Damit sich Bürger einmischen können, braucht es entsprechende Strukturen – und den Willen der Entscheidungsträger aus Verwaltung und Politik, Partizipation zuzulassen.

Diese Bereitschaft ist nicht immer gegeben. Häufig sehen Politiker und Behörden die Forderung von Bürgern, an Entscheidungen beteiligt zu werden, als ungebührliche Einmischung in ihre Angelegenheiten. Wer aber „von oben herab" fertige Pläne und Projekte präsentiert, lässt dem Bürger bei Missfallen gar keine andere Wahl als Opposition und Widerstand. Er schafft sich Gegner, während man in Partizipationsprozessen die anderen Parteien als Partner sieht, um Planungen inhaltlich zu verbessern, oft auch zu beschleunigen: Einsprüche, Klagen und Gerichtsverfahren nehmen ab, dadurch entstehen auch Einsparungen für öffentliche Hand und Wirtschaft.

Das Bewusstsein, sich nicht einfach regieren zu lassen, sondern Mitsprache zu fordern, entstand in den großen Basisbewegungen nach 1968 – gegen den Vietnamkrieg, gegen Atomkraft, für eine gesunde Umwelt. So utopisch ihre Anliegen zunächst schienen, so erfolgreich waren sie auf Dauer. Zum Beispiel führte die Gründung von Umweltgruppen wie „Greenpeace" und „Friends of the Earth" und ihre internationale Vernetzung schließlich zu den heutigen Umweltverträglichkeitsprüfungen, die ja Beteiligungselemente enthalten. Wie allerdings Bürgerbeteiligung eingefordert wird, hat sich verändert. „Wer etwas verändern will, sucht meistens nicht mehr die Straße als Kampfplatz", sagt Wolfgang Pfefferkorn. „Bürgerbewegungen haben sich professionalisiert. Sie organisieren sich effizient, holen Wissenschaftler ins Boot, verbreiten Informationen über Internet und eigene Broschüren und Zeitungen."

Zum Beispiel im italienischen Südtirol, wo 300 Menschen quer durch die Volksgruppen, Sprachen und sozialen Schichten im Jahr 2000 die „Initiative für mehr Demokratie" gründeten. Das Projekt will eine Kultur der Gleichberechtigung entwickeln, und es stärkt das Bewusstsein vom Wert der direkten politischen Beteiligung. Zum Beispiel beim Thema Verkehr. Die „Initiative für mehr Demokratie" brachte im verkehrsgeplagten Pustertal mihilfe lokaler Vereine und Verbände eine selbst verwaltete Volksbefragung zuwege. „Die Landesregierung plant Ortsumfah-

Der Gemeindepräsident behielt den Überblick: Damit der Flaz umgeleitet werden konnte, musste Thomas Nievergelt zunächst zahlreiche Beteiligte und Betroffene zusammenbringen und überzeugen – Vogelschützer, Bauern, Grundstückseigentümer, Touristiker, Fischer und die Stimmbürger von Samedan.

rungen, die so angelegt sind, dass man sie zu schnellstraßenähnlichen Verbindungen zusammenfügen kann", kritisiert Stephan Lausch, Koordinator der Demokratie-Initiative. „Eine Salami-Taktik, die das Problem nicht löst, sondern nur noch mehr Verkehr bringen wird."

Volksbefragungen sind in Italien auf lokaler Ebene nicht üblich. 200 Freiwillige sammelten 2.900 Unterschriften, der erste Schritt zur Volksbefragung. Widerstände bei Lokalpolitikern gab es genug, doch bei großen Teilen der Bevölkerung kam die Umfrage gut an. Obwohl die Befragung selbst verwaltet war und damit keinen bindenden Charakter hatte, gingen an einem Samstag im März 2005 rund ein Viertel der Bürger an die Urne. Acht von zehn sprachen sich für den Vorrang von Bahn und Bus aus, ein Signal an die etablierten Parteien, das sie nicht ignorieren können. Seither seien einige Straßenausbauten im Tal kleiner ausgefallen als ursprünglich geplant, sagt Stephan Lausch, ein Verdienst, das er der „Initiative für mehr Demokratie" zuschreibt. Nun geht die Initiative noch einen Schritt weiter: Sie will ein Gesetz, das Volksabstimmungen im autonomen Südtirol erleichtert und als echte Mitwirkungsinstrumente der Bürger etabliert.

Die Hochwassergefahr ist gebannt: Das neue Bett des Flaz wurde auf vier Kilometern Länge am von Samedan abgewandten Talrand angelegt. Nun fließt er erst nach dem Passieren des Flughafens und der Gemeinde in den Inn. Vor der Umleitung mündete er noch vor Samedan in den Hauptfluss.

Grundlage „neuer Formen der Entscheidungsfindung“ muss indes nicht unbedingt ein Konflikt zwischen Politikern und Bürgern sein. Die Experten sprechen von „neuer Entscheidungsfindung“, wenn das Wissen verschiedenster Akteure eingeht und ausgetauscht wird – wenn also wie in Samedan nicht nur Wasserwirtschaftsingenieure gehört werden, sondern auch die Hobbyangler. Außerdem muss der Ansatz breit angelegt sein, auch nicht direkt betroffene Gruppen müssen gehört werden – so bekam der Tourismusverein in Samedan seine Forderung nach einer breiteren Brücke erfüllt, so dass sich die Ski-Langläufer beim berühmten Engadiner Marathon beim Überqueren des Flazes nicht stauen.

Auf regionaler Ebene sind sektorübergreifende Lösungen, wie sie die Menschen in Samedan gefunden haben, schwieriger umzusetzen. „In den Gemeinden gibt es immer klare Zuständigkeiten. Auf regionaler Ebene herrscht dagegen häufig ein Kompetenz-Vakuum“, konstatiert Wolfgang Pfefferkorn, einer der führenden österreichischen Experten zu „neuer Entscheidungsfindung“. Dieses Vakuum könne aber auch als Chance begriffen werden. „Auf regionaler Ebene können sich neue temporäre Organisationen bilden, die Entscheidungen vorbereiten." Zum Beispiel könnten sich Gemeinden und Wirtschaftsunternehmen zusammentun, um neue Wertschöpfungsnetze zu knüpfen.

Die neuen Plattformen sollen die bestehenden Gremien und Strukturen nicht aushebeln, sondern ergänzen. „Beamte sind in den Abläufen der Fachbehörden häufig gefangen, fürchten Normen zu verletzen. Politiker haben Angst, Prügel zu bekommen, wenn sie zu laut über neue Wege nachdenken. Aber diese Plattformen sind wie Labors, in denen die Akteure frei über Experimente nachdenken können." Die Ergebnisse könnten in die herkömmlichen Verwaltungsprozesse und Politikstrukturen „zurückgespielt werden", erklärt Pfefferkorn.

Auch die CIPRA betont in ihrem „Memorandum zur Zukunft in den Alpen", wie wichtig sektorenübergreifende Strategien seien, um „Modelle nachhaltiger Regionalentwicklung vom Einzel- zum Regelfall zu machen". Alleine könnten die Kommunen und Regionen diesen Politikwechsel nicht schaffen. Die Förderprogramme für die Berggebiete müssten auf Nachhaltigkeit ausgerichtet werden, denn die zukünftige Entwicklung in den Alpen hänge wesentlich von der Berggebiets-Gesetzgebung sowie von den darauf aufbauenden Entwicklungsprogrammen und Förderinstrumenten ab, betont CIPRA-Geschäftsführer Andreas Götz. „Solange ‘von oben‘ Projekte ohne Rücksicht auf ihre Natur- und Sozialverträglichkeit gefördert werden, wird sich in den Regionen nichts in Richtung nachhaltige Entwicklung bewegen."

Regionalentwicklung und angewandte Forschung böten viele Vorschläge dazu an – nur würden sie bisher viel zu selten gehört. „Die Lücke zwischen Empfehlungen und ihrer Umsetzung ist typisch für politische Konzepte, Pläne und Programme", konstatieren die Experten, die für die CIPRA-Studie „Zukunft in den Alpen" die bestehenden Politikinstrumente auf ihren Beitrag zur nachhaltigen Entwicklung abklopften. Sie empfehlen unter anderem, den Methoden zur Umsetzung von Plänen und Programmen mehr Aufmerksamkeit zu schenken. Eine Politik, die Interessenvertreter in einen partizipatorischen Prozess einbinde, mache ihren Erfolg grundsätzlich wahrscheinlicher.

Verhandlungen bei solchen „neuen Entscheidungsfindungen" laufen nach klaren Zielen und definierten Regeln ab. Die Verantwortlichen ermutigen die Beteiligten zur Kooperation, auch wenn es Konflikte zwischen ihnen gibt – damit beginnt die „neue Entscheidungsfindung" lange bevor die tatsächliche Entscheidung fällt. Sie schließt den gesamten Weg bis zur Entscheidung mit ein: Information der Betroffenen, die Bewusstseins- und Meinungsbildung mit ihnen, die Suche und Abwägung von Lösungsmöglichkeiten, Verhandlungen mit den verschiedenen Parteien.

Bei Partizipationsprozessen gibt es drei verschiedene Stufen. Die niedrigste ist die bloße Information der Bürger – etwa über Postwurfsendungen, Aushänge und Ausstellungen. Allerdings lässt sich darüber streiten, ob man von einer echten Bürgerbeteiligung sprechen kann. Bei der zweiten Stufe, der Bürgerkonsultation, können Betroffene ihre Meinungen vorbringen – bei Workshops, in Interviews, auf Diskussionsveranstaltungen. Bei der Partizipation im echten Sinne, der dritten Stufe, gibt es eine unmittelbare Mitwirkung an der Entscheidungsfindung, etwa durch Mediationen wie beim Schutzwaldmanagement in Hinterstein (siehe Reportage S. 90) oder kooperative Planungsverfahren, in denen die Bürger nicht nur über gesetzlich vorgeschriebene Verfahren, sondern auch über informelle Instrumente wie Runde Tische die Entscheidung mitgestalten können.

Partizipation ist jedoch kein Allheilmittel, sie soll die bewährten Strukturen der repräsentativen Demokratie nicht ersetzen, sondern ergänzen. Die großen Erwartungen der Bürger werden dabei nicht immer erfüllt. Ein Konsens ist nicht immer möglich – und

Bürgerbeteiligung muss auf die Tagesordnung: Bürger beraten über die Neugestaltung der Straße zwischen ihren Gemeinden Wolfurt und Schwarzach im österreichischen Alpenrheintal – so wie es die „Lokale Agenda 21" seit der UN-Konferenz von Rio de Janeiro im Jahre 1992 fordert: Gemeinden müssten „in einen Dialog mit Bürgern, örtlichen Organisationen und Unternehmen eintreten" und „von ihnen lernen".

Stiftung Landschaftsschutz Schweiz, eine der wichtigsten Voraussetzungen für die „Win-win-Situation von Bevölkerung und Natur" und „modellhaft für weitere Vorhaben".

Doch schon zeichnen sich neue Streitfragen ab. Ein Ornithologe aus der ökologischen Begleitkommission wünscht sich Konzepte, damit „nicht Massen von Joggern und Velo-Fahrern die neuen Biotope am Flaz stören." Und Landschaftsschützer Rodewald weist darauf hin, dass das nun hochwassersichere Bauland nicht verschleudert werden dürfe: „Zweitwohnungsbau und Siedlungswachstum stellen neue Herausforderungen, die weiterhin sensibles Vorgehen erfordern." Die Menschen in Samedan werden weiterhin miteinander reden müssen, wenn sie die besten Lösungen finden wollen.

Autor: Bernd Hauser

Aus dem „Memorandum zur Zukunft in den Alpen“

Aus den Erkenntnissen der Studie „Zukunft in den Alpen“ leitete die CIPRA folgende Forderungen zum Thema „Neue Entscheidungsfindung“ und „Politik-Instrumente“ ab.

· Die zunehmende Komplexität politischer und wirtschaftlicher Fragen macht auch vor den Alpen nicht halt.
Die CIPRA fordert, dass für politische Entscheide, welche für die Zukunft in den Alpen wichtig sind, die Kriterien der Good Governance gelten: demokratische Legitimität, Effektivität, Transparenz, Subsidiarität und Partizipation.

· Der Einbezug von Minderheiten in die politische Entscheidungsfindung stößt im Berggebiet oftmals auf Schwierigkeiten.
Die CIPRA erwartet insbesondere von den Regionen und Gemeinden, dass Kräfte, welche sich für den Alpenschutz und für eine nachhaltige Regionalentwicklung einsetzen, verstärkt an der politischen Entscheidungsfindung in den Alpenregionen beteiligt werden.

· Vertiefte Kenntnisse über Mechanismen und Methoden der Entscheidungsfindung sind sehr wichtig für die zukünftige Entwicklung von Natur, Landschaft, Kultur und Wirtschaft in den Alpen.
Die CIPRA fordert die vermehrte Anwendung kooperativer Planungs- und Entwicklungsansätze und die Förderung einer geeigneten Ausbildung der relevanten Akteurinnen und Akteure, zum Beispiel aus Gemeinden, kleinen und mittleren Betrieben und in Nichtregierungsorganisationen in den Themenbereichen Kommunikation, Konfliktmanagement und Prozessorganisation.

· Die zukünftige Entwicklung in den Alpen hängt wesentlich von der Berggebiets-Gesetzgebung sowie von den darauf aufbauenden Entwicklungsprogrammen und Förderinstrumenten ab.
Die CIPRA fordert die verstärkte Abstützung von Entwicklungsprogrammen und Förderinstrumenten auf die Erkenntnisse und das Erfahrungswissen aus der Regionalentwicklung und der angewandten Forschung. Auf Basis der Vorgaben der Alpenkonvention muss die Ausrichtung auf Nachhaltigkeit dabei im Zentrum stehen, wobei insbesondere integrale sowie sektorübergreifende Strategien bevorzugt werden sollen. Damit können erfolgreiche Modelle nachhaltiger Regionalentwicklung vom Einzelfall zum Regelfall werden.

· Auch die beste Politik ist nur so gut wie ihre Umsetzung. Der Einbezug der regionalen Bevölkerung ist dabei eine wesentliche Voraussetzung für die Überwindung der Kluft zwischen wissenschaftlichen Empfehlungen, Politik und praktischer Umsetzung.
Die CIPRA fordert den vermehrten und verbesserten Einbezug der regionalen und lokalen Gebietskörperschaften bei der Umsetzung von Politiken und wissenschaftlichen Empfehlungen.

· Die Bewertung und die Überprüfung politischer Programme und Förderinstrumente sowie deren Umsetzung sind wesentliche Voraussetzungen für eine nachhaltige Regionalentwicklung.
Die CIPRA fordert hierfür den Einbezug geeigneter Controllinginstrumente.

Das Klima wandelt sich

Die Erwärmung der Atmosphäre macht sich in den Alpen besonders bemerkbar. Dort steigen die Temperaturen doppelt so schnell wie im globalen Durchschnitt. Schmelzende Gletscher und Überschwemmungen sind nur zwei der bereits zu beobachtenden Folgen. Sich an den Klimawandel anzupassen, bedeutet auf der einen Seite einen besseren Schutz vor künftigen Katastrophen. Darüber hinaus müssen Emissionen reduziert werden, um die weitere Erderwärmung zumindest abzuschwächen. Trendsetter haben das erkannt. Sie realisieren Projekte, um Energie einzusparen und saubere Energie zu produzieren. Denn sie wissen: Nur so kann eine der größten Herausforderungen des 21. Jahrhunderts bewältigt werden.

Es ist, als hätte jemand einem Riesen ein winziges Pflaster verpasst – obwohl er am ganzen Körper verletzt ist. Der Patient ist ein Gletscher, das Pflaster eine weiße Hightech-Folie, die ihn vor der Sonne schützen soll. Wer Beweise für die Folgen der Erderwärmung sucht, wird in den Höhenlagen der Alpen fündig. Hier schwinden die Eisströme Jahr für Jahr. Die Skigebietsbetreiber auf dem Schweizerischen Gurschengletscher versuchen, wie viele andere Gletscherliftbetreiber, mit dem reflektierenden Vlies zu retten, was zu retten ist. Auf lange Sicht können sie den Kampf nicht gewinnen. Der Klimawandel ist in vollem Gang. Bis zum Jahr 2100, so die Berechnung von Geografen an der Universität Zürich, wird der Gurschengletscher verschwunden sein. Und mit ihm viele andere. In den vergangenen Jahrzehnten sind 68 von 73 Alpengletschern auf die Hälfte ihrer einstigen Ausdehnung geschrumpft.

In den Alpen sind die Temperaturen in den vergangenen 120 Jahren bereits um knapp zwei Grad Celsius gestiegen – doppelt so viel wie im globalen Mittel. In den nächsten 40 Jahren, so prognostizieren Forscher, wird es noch einmal um bis zu zwei Grad wärmer werden. Dem Laien mag dies wenig dramatisch erscheinen, doch während der letzten Eiszeit vor 18.000 Jahren lag die Durchschnittstemperatur nur fünf Grad unter der heutigen. Wenige Grade verändern also das globale Klima entscheidend. „Gebirgs- und Küstenregionen werden zunehmend zu Katastrophengebieten“, sagt Gerhard Berz, Klimaexperte und Leiter der Geo-Risikoforschung bei der Münchener Rück Versicherung.

Wissenschaftler machen in erster Linie zunehmende Treibhausgase in der Atmosphäre für die steigenden Temperaturen verantwortlich. Seit Beginn der Industrialisierung blasen vor allem die wohlhabenden Länder Methan, Lachgas, Ozon und große Mengen Kohlendioxid (CO_2) in die Atmosphäre. Dort überleben manche dieser für das Klima so gefährlichen Stoffe bis zu 120 Jahre. Die Treibhausgase verändern den Strahlungshaushalt der Atmosphäre. In der Folge erhöht sich die Lufttemperatur. Die Erderwärmung ist die Quittung für das Handeln von gestern und noch in vielen Jahren wird sich zeigen, wie sorglos oder achtsam Menschen mit ihrer Umwelt umgehen.

Da der Klimawandel erst jetzt zum Umdenken führt, werden die Temperaturen zunächst weiter steigen. Das Klima hat ein langes Gedächtnis. Zumal die Einsicht in den Klimawandel nicht allerorts in Handeln mündet und Absichtserklärungen häufig Sonntagsreden bleiben. So ist in Bayern der CO_2-Ausstoß gegenüber 1990 um weniger als ein Prozent gesunken, obwohl sich das Bundesland das ohnehin magere Ziel gesetzt hat, die Emissionen bis 2010 um knapp fünf Prozent zu reduzieren. Auch die anderen Alpenländer sind weit davon entfernt, ihre im Kyoto-Protokoll

Empfindlicher Gigant: Die Zunge des Morteratschgletschers in der Bernina-Gruppe wird immer kürzer. Die meisten Alpengletscher schmelzen dramatisch ab.

festgeschriebenen Reduktionsziele umzusetzen. Dabei sind die Folgen des Klimawandels bereits deutlich. Die Permafrostgrenze, oberhalb derer der Boden dauerhaft gefroren ist, hat sich innerhalb der letzten 100 Jahre um 200 Meter in die Höhe verschoben. Permafrost bindet lose Gesteinsbrocken aneinander. Er fungiert sozusagen als Kitt für das Geröll. Taut ein Permafrostboden auf, werden viele Hänge instabil. Wenn sich dann noch die Niederschläge intensivieren und die Böden sich mit Wasser vollsaugen, steigt das Risiko von Gestein- und Schlammlawinen weiter an.

Die Erderwärmung wird mehr Naturkatastrophen bringen.

Nach Belegen für die Auswirkungen der Erderwärmung muss man nicht lange suchen. Von der Ostflanke des Eigers krachten im Juni 2006 mehrere Hunderttausend Kubikmeter Gesteinsmassen auf den Grindelwaldgletscher. Nach Meinung von Experten war der Abbruch mit Spannungen im Gestein zu erklären, die sich durch den Rückgang des Gletschers entladen hätten. Sintflutartige Regenfälle sind ein weiteres Zeichen des Klimawandels. Die Konsequenzen lassen sich beispielsweise im Allgäu am Immenstadter Horn beobachten. Dort ist ein Bergrutsch zur Attraktion für Touristen geworden. Der Verkehrsverein bietet den Gästen geführte Touren zum Schauplatz an. Im März 2006 setzte sich dort zum ersten Mal der Hang in Bewegung und riss 130.000 Kubikmeter Geröll und Schlamm ins Tal, im März 2007 folgte der nächste Abgang. „Das sind die Folgen von Starkniederschlagsereignissen, wie es sie in Zeiten des Klimawandels immer häufiger gibt“, sagt Thomas Frey, Klimaexperte bei CIPRA Deutschland.

Zwar soll es künftig im Jahresdurchschnitt nicht mehr regnen als heute, doch der Niederschlag kommt in kürzerer Zeit vom Himmel – vor allem im Spätwinter und Frühjahr. In Verbindung mit dem Schmelzwasser steigt damit auch die Gefahr von Überschwemmungen. Allein zwischen 1999 und 2005 haben die Bewohnerinnen und Bewohner der Alpen fünf Mal so genannte Jahrhunderthochwasser erlebt, die enormen Schaden verursachten. Die Sommer sollen hingegen trockener werden. Der Juni 2003 brachte einen Vorgeschmack. Er war in der Schweiz um sechs Grad wärmer als im langjährigen Mittel. Ein solcher Hitzesommer, so Klimaforscher Gerhard Berz, könnte bis Ende des Jahrhunderts zum Normalfall werden.

„Der Klimawandel zählt zu den größten Herausforderungen des Jahrhunderts“, betont Dominik Siegrist, Präsident von CIPRA International. Für die Bewohner der Alpen steht vielerorts die Existenz auf dem Spiel. Die Alpen sind eine der wichtigsten Urlaubsregionen Europas. Allein die 524 Schweizer Seilbahnunternehmen erzielten 2005 einen Umsatz von 527 Millionen Euro, 83 Prozent davon im Winter. In Frankreich sichert der Wintertourismus 130.000 Arbeitsplätze, die Liftanlagen setzen jährlich 980 Millionen Euro um. Doch schon heute stehen viele Lifte in niedrigen Lagen wegen Schneemangels still. Derzeit liegt die Grenze für Schneesicherheit bei 1.200 bis 1.300 Metern, im Jahr 2050 werden vermutlich nur noch Orte oberhalb von 1.500 Metern dieses Prädikat tragen können.

Ende des Jahres 2006 schlug auch die Organisation für Wirtschaftliche Zusammenarbeit und Entwicklung (OECD) in einem Bericht zum Klimawandel in den Alpen Alarm. Mit einem Temperaturanstieg um zwei Grad seien gerade noch 12,8 Prozent der deutschen Skigebiete natürlich – also ohne den Einsatz von Schneekanonen – schneesicher. Die Tourismusindustrie müsse sich auf neue Inhalte besinnen. Gletscherfolien und Schneekanonen könnten, so die OECD, den Wintersport in den Lagen unterhalb von 2.000 Metern auf lange Sicht nicht retten. „Sollten sich die Umgebungstemperaturen über einen bestimmten Grenzwert hinaus erhöhen, wird die Kunstschneeerzeugung einfach keine gangbare Lösung mehr sein“,

heißt es in dem Bericht. Aber viele Liftbetreiber zeigen sich unbeeindruckt. Immer noch werden Anlagen in Höhen gebaut, die schon bald nicht mehr schneesicher sein werden, oder massiv in die Ski-Infrastruktur investiert, wie beim Beispiel der Alpspitzbahn in Nesselwang.
Derzeit können schneearme Winter durch das künstliche Weiß aus Schneekanonen übertüncht werden. Doch wenn es zu warm wird, schmilzt auch der Kunstschnee dahin. Überhaupt kann Kunstschnee zwar den Skisport sichern, aber nicht die idyllische Winteratmosphäre. Die ist nach Umfragen unter Gästen ein wesentlicher Grund, im Winter in die Berge zu kommen. Weiße Pisten in einer ansonsten schneelosen Landschaft vermitteln diese Idylle nicht.
Einige Gemeinden und Regionen blicken den Tatsachen ins Auge und beginnen umzusteuern. Im französischen Departement Isère, das jahrzehntelang den Wintersport nach dem Gießkannenprinzip subventionierte, werden nun Alternativkonzepte zum Skizirkus gezielt gefördert. Auch das Departement Savoie hat angekündigt, seine Tourismusförderung nach und nach von der Wintersportförderung zur Ganzjahresförderung umbauen. Noch sind dies große Ausnahmen, die hoffentlich ihre Nachahmer finden. Die Alpen mit weniger Schnee- und Skitourismus? „Das können sich die meisten einfach noch nicht vorstellen", sagt Dominik Siegrist. „Dieser Bewusstseinswandel braucht Zeit." Er erzählt von einer Begegnung im Jahre 1992, als der Klimawandel unter Wissenschaftlern bereits ein Thema, in der Bevölkerung jedoch weitgehend unbekannt war. „Da habe ich bei Tourismusvertretern die Auswirkungen des Klimawandels angesprochen und bin mit großen Augen angeschaut worden." Heute wird die Erderwärmung auf fast jeder Tourismustagung diskutiert.
Dabei sehen Klimaforscher und Tourismusexperten durchaus nicht schwarz für den Alpentourismus. In Südeuropa, so ihre Prognose, werde es im Sommer bald unerträglich heiß werden – viele Urlauber werden vom Mittelmeer in die Bergregionen ausweichen. Die Zukunft des Alpentourismus liegt im Sommer: frische Bergluft statt Brutzeln am Mittelmeer. Die Seilbahnen bringen dann die Sommergäste zum Wandern in die Gipfelregionen.
Doch auf diesen Wandel – und auf die Ansprüche und Bedürfnisse der Besucherinnen und Besucher – müssen sich die Alpentouristiker erst vorbereiten. Noch, so monieren Experten, fehlten Konzepte für einen Strukturwandel. Insgesamt verblüfft die Tourismusindustrie mit Fantasielosigkeit. Noch im Jahr 2003 gab es allein in den Schweizer Alpen 113 Ideen für den Aus- oder Neubau von Skigebieten. Der Abschied vom Alten fällt schwer. Doch einige Trendsetter zeigen den Weg in den Ganzjahrestourismus auf. Gemeinden, die autofreie Ferien anbieten; Bauernhöfe, die den Gästen ihre Öko-Landwirtschaft präsentieren; Naturschutzgebiete, die Wanderer statt Skifahrer ansprechen wollen. In Oberbayern beispielsweise haben sich acht Gemeinden zum „Ökomodell Achental" zusammengetan. Sie setzen auf naturverbundenen, nachhaltigen Tourismus. Gemeinsam entwickeln die Kommunen ein Wander- und Radwegenetz, machen Urlaubsangebote für Ferien ohne Auto und bieten Naturführungen. Sie verzichten bewusst auf den Ausbau ihrer Skigebiete und bieten dafür einen kostenlosen Skibus in benachbarte höhergelegene Skigebiete an.

In den nächsten vierzig Jahren muss sich der Ausstoß von Treibhausgasen halbieren.

Anpassung an den Klimawandel – das gilt auch für die Vorsorge vor Naturgefahren. Da es künftig in kürzerer Zeit heftiger regnen und schneien wird, wächst die Wahrscheinlichkeit von Lawinen und Überschwemmungen. Die Raumplanung muss diese Gefahren deutlicher benennen und einbeziehen. An manchen Orten, wo Schutzmaßnahmen nicht möglich sind,

Dicke Luft über Bozen: Talbewohner leiden unter Smog, besonders bei Inversionswetterlagen, wenn sich wärmere Luftschichten über die kalte Luft in den Tälern schieben und die Abgase wie unter einem Deckel gefangen sind.

in Passivhaus-Bauweise realisiert werden. In vielen Ländern erhalten Bauherren Zuschüsse, wenn sie beim Bauen auf energiesparende Techniken setzen. Ein Mix aus staatlichen Standards und Subventionen ist unumgänglich, um Privathaushalte zu ökologischem Bauen zu motivieren. Deswegen fordert die CIPRA neben Mindeststandards für den Energiesektor auch strenge Vorgaben für Bauherren.

Die CIPRA-Initiative climalp hat sich gar auf die Fahne geschrieben, ökologisches Bauen im gesamten Alpenraum zum Standard zu machen. Dabei geht es auch darum, Holz als einheimischen Baustoff populärer zu machen. Zum einen, weil die Verwendung des regionalen Rohstoffes vor Ort Arbeitsplätze schafft und Transportwege verkürzt. Zum anderen, weil sich Holz ideal für energieeffiziente Häuser eignet.

Ökohäuser sind Symbole eines gewandelten Klimabewusstseins – darin haben sie etwas mit Windkraftanlagen und Solarzellen gemein. Beide liefern einen Beitrag, die Emission von schädlichen Klimagasen zu reduzieren. Das Ökohaus spart Energie, Windkraftanlagen und Solarzellen erzeugen sie auf klimaschonende Weise, nämlich ohne Kohlendioxid zu produzieren. Sie besitzen noch einen anderen großen Vorteil:

Der Klimaschutz-Agent: Norbert Lantschner hat in Südtirol das Klimahaus-Konzept ins Leben gerufen. Inzwischen sind 500 Gebäude zertifiziert. Ein Klimahaus verursacht im Vergleich zu einem gewöhnlichen Gebäude nur ein Zehntel an Emissionen.

Mit Wind-, Solar- oder Wasserkraftanlagen lässt sich Energie dezentral erzeugen und häufig die Abhängigkeit von großen Stromkonzernen senken. Dies ist nicht nur für Privatpersonen, sondern auch für Kommunen ein wichtiger Antrieb, aktiv zu werden. So soll im Wintersportort Les Diablerets bis 2009 das erste große Sonnenkraftwerk der Schweizer Alpen eingeweiht werden. Der erzeugte Strom soll den Bedarf von 500 Haushalten, der Liftanlage des Skigebiets sowie der kleinen Aigle-Diablerets-Bahn decken. Im deutschen Sonthofen erzeugt ein Holz-Heiz-Kraftwerk genug Wärme und Strom, um damit 800 Haushalte zu versorgen. Geheizt wird nur mit Holz aus der Region und Resthölzern aus Sägewerken. Im Gegensatz zu konventionellen Energieträgern wie Kohle, Erdöl und Erdgas ist das Verbrennen von Holz klimaneutral: Es gibt genauso viel CO_2 frei, wie es beim Wachsen aufgenommen hat. Das Sonthofener Kraftwerk ersetzt 2,3 Millionen Liter Heizöl und bläst im Jahr 6.500 Tonnen weniger CO_2 in die Luft.

Doch nicht jede Art der regenerativen Energieerzeugung ist allen grün. Bei der Wasserkraft spalten sich die Lager. Naturschützern sind viele dieser Kraftwerke ein Dorn im Auge, weil sie stark in die ökologischen

Systeme eingreifen. CIPRA-Experte Thomas Frey hält das Potenzial für Wasserkraft in weiten Teilen der Alpen bereits für ausgeschöpft. Allenfalls durch eine Optimierung bestehender Wasserkraftanlagen ließen sich weitere energetische und ökologische Fortschritte erzielen. Konfliktfelder wie die Wasserkraft ändern jedoch nichts an der großen Bedeutung, die regenerative Energien im Alpenraum besitzen. Hier gibt es Wind, Sonne, Wasser und Biomasse im Überfluss – allesamt potenzielle Quellen für eine klimafreundliche Energieerzeugung. Die Bevölkerung ist vergleichsweise wohlhabend, Know-how und Finanzmittel stehen in allen Alpenländern zur Verfügung.

Zugleich können die Erfahrungen der Alpenstaaten auch anderen Nationen weiterhelfen. Bergrutsche, reißende Bäche, schmelzende Gletscher: Wenn Wissenschaftler für diese Gefahrenpotenziale Anpassungsstrategien entwickeln, könnten sie auch in anderen Teilen der Welt Leben retten. „Die Alpen sind ja nicht die einzige Bergregion, die betroffen ist", sagt Dominik Siegrist. Auf der ganzen Welt leiden Bergregionen unter den Folgen der Erderwärmung. Und nicht überall stehen so viele Wissenschaftler und Geldmittel bereit wie in den reichen Alpenländern. „Wir arbeiten an Partnerschaften mit Regionen auf anderen Kontinenten, zum Beispiel in Zentralasien", betont Siegrist. „Das ist uns sehr wichtig."

Die Alpen könnten in ihrem Umgang mit der Erderwärmung zum Vorbild werden, doch bis dahin ist es noch ein langer Weg. „Wir haben hier das Potenzial, viel weiter zu gehen, als es das Kyoto-Protokoll fordert", sagt CIPRA-Präsident Dominik Siegrist. Im japanischen Kyoto verpflichtete sich die internationale Staatengemeinschaft im Jahr 1997, die Emission von Treibhausgasen bis 2012 insgesamt um 5,2 Prozent zu reduzieren. Doch es zeichnet sich ab, dass viele Staaten ihre gesteckten Einsparungsziele kaum noch erreichen können. In einigen Ländern steigen die Emissionen weiter statt zu sinken. Die Alpenregion könnte zu dieser unerfreulichen Entwicklung einen Gegentrend setzen und zeigen, welche wichtige Rolle regenerative Energien im künftigen Energiemix spielen können. „Hier machen es natürliche Ressourcen möglich, dass wir uns fast völlig von Kohle, Öl und Erdgas befreien können, wenn wir es nur wollen", sagt Thomas Frey. Doch bisher schöpfen auch die Alpenregionen ihre Potenziale nicht aus. Auch deshalb, weil von politischer Seite der Druck auf die Akteure fehlt. Die CIPRA macht ihrerseits Druck: Ihr gehen die politischen Rahmenbedingungen für den Klimawandel nicht schnell und nicht weit genug. „Erst 1996 hat die Alpenkonvention die Problematik des Klimawandels entdeckt. Denkbar spät", sagt Präsident Dominik Siegrist.

In den Gremien der Alpenkonvention erarbeiten die Anrainerstaaten Übereinkommen, so genannte Protokolle, für den Schutz und die nachhaltige Entwicklung der Alpen. Im Jahr 2006 hat die CIPRA bei den Gremien der Alpenkonvention einen Aktionsplan Klimaschutz eingefordert – einen konkreten Fahrplan, wie Vermeidung und Anpassung in den Alpen umgesetzt werden können. Zwar haben die MinisterInnen einen solchen Aktionsplan bestellt, er muss aber bis zur nächsten Alpenkonferenz im Frühjahr 2009 ausgearbeitet werden. Ob wirklich griffige Maßnahmen beschlossen und umgesetzt werden, bleibt kritisch zu beobachten.

Der Alpen-Aktionsplan soll weiter gehen als die Vorgaben des Kyoto-Protokolls, das ist das feste Ziel. In Kyoto wurden zwar Mechanismen beschlossen, wie die Emissionen reduziert werden sollen. Doch sie treffen nur einen Teil der Verursacher, nämlich Großindustrie und Kraftwerksbetreiber. Um den CO_2- Ausstoß nachhaltig zu reduzieren, muss jedoch die gesamte Bevölkerung einbezogen werden. Denn die ehrgeizigen Klimaschutzziele können nur erreicht werden, wenn alle an einem Strang ziehen. Passivhäuser und energiesparendes Verhalten tragen ebenso zum Klimaschutz bei wie die Wahl eines umweltfreundlichen Verkehrsmittels.

Verpackungskünstler in der Sackgasse: Der Gurschengletscher im Schweizer Skiort Andermatt wird gegen die Sommersonne mit Folien abgedeckt. Die teure Aktion ist ein Laborieren an Symptomen, statt die Ursachen des Klimawandels anzugehen.

Klimaschutz muss nicht mehr nur eine Option, sondern verpflichtend sein, fordert die CIPRA.
„Von der Steuerpolitik über die Verkehrspolitik bis zur Baupolitik und Raumplanung. Überall sind Maßnahmen notwendig, um die vorgegebenen Klimaschutzziele zu erreichen", sagt Thomas Frey von CIPRA Deutschland. Der Staat kann dabei wirkungsvolle Rahmen setzen: Durch strenge Bauvorschriften, die dem Klimaschutz dienen, durch Subventionen oder auch die zusätzliche Besteuerung klimaschädlichen Verhaltens, wie das Fahren emissionsintensiver Fahrzeuge. Ansätze gibt es zuhauf. In Deutschland beispielsweise hat die Ökosteuer das Benzin verteuert, auf der anderen Seite hat das „Erneuerbare-Energien-Gesetz" die Erzeugung von grünem Strom massiv bezuschusst.
Der Klimawandel ist ein globales Phänomen. Strategien, ihn aufzuhalten, müssen jedoch auf nationaler Ebene umgesetzt werden. „Die Politik steht da ganz klar in der Verantwortung", betont CIPRA-Präsident Dominik Siegrist. Außerdem könne jeder einzelne Bürger seinen Beitrag leisten, um weitere Emissionen zu vermeiden. Denn Zeit ist keine mehr zu verlieren.

Autorin: Petra Krimphove

Die Tage vieler Skigebiete sind gezählt: Die Grafik zeigt, wie die Zahl der schneesicheren Gebiete durch den Klimawandel zurückgeht. Der erste Balken von links zeigt die ursprüngliche Zahl der Skigebiete in den einzelnen Regionen. Der zweite Balken zeigt die heutige Anzahl, die bereits zurückgegangen ist. Die weiteren Balken zeigen den erwarteten weiteren Rückgang der schneesicheren Gebiete bei Temperaturanstiegen von einem, zwei und vier Grad Celsius.

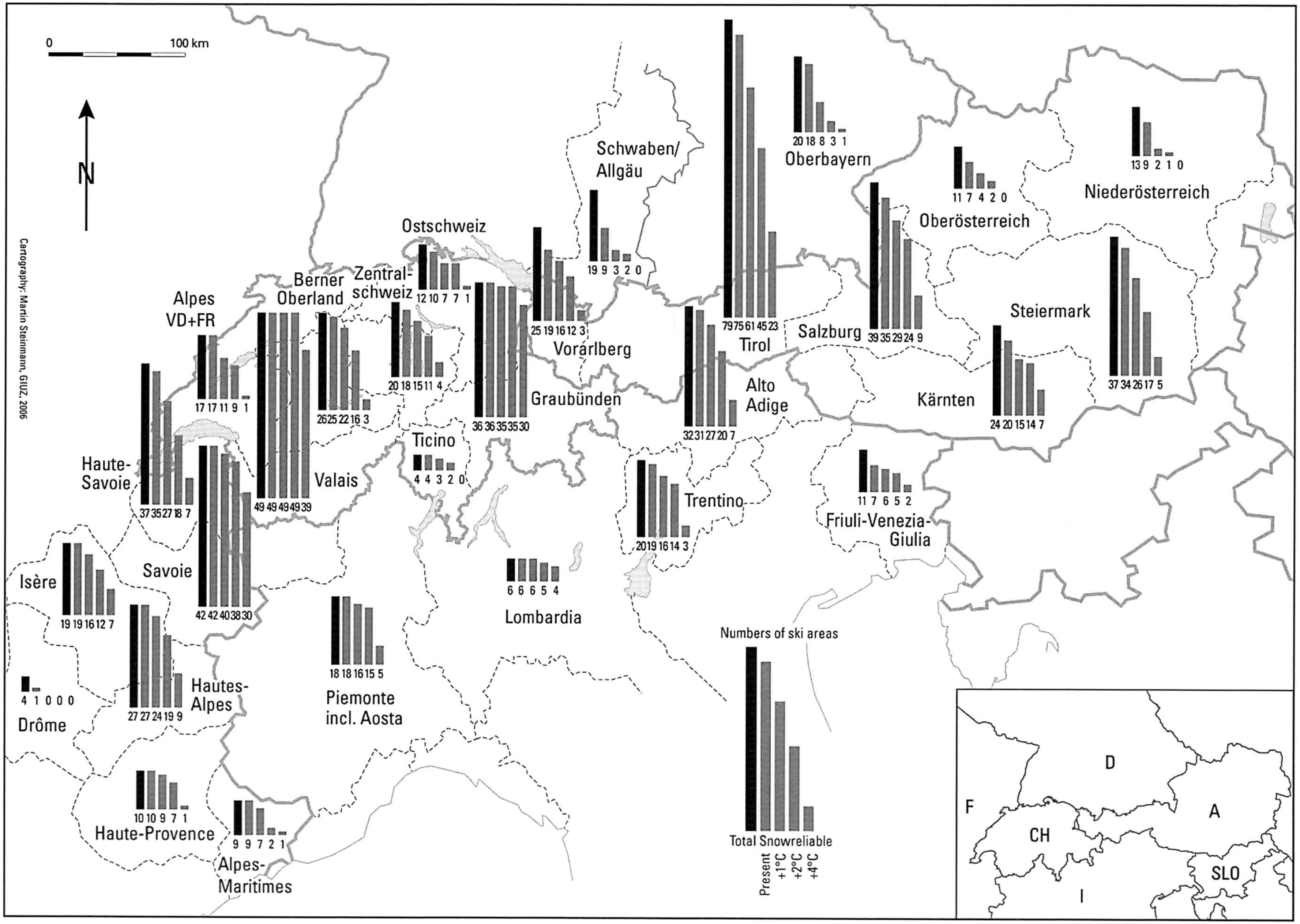

Aus dem „Memorandum zur Zukunft in den Alpen"

Aus den Erkenntnissen zahlreicher Studien zur Erderwärmung leitetet die CIPRA folgende Forderungen zum Klimaschutz ab:

Der Alpenraum ist von den globalen, durch den Menschen mitverursachten Klimaveränderungen in besonderem Maße betroffen. Die prognostizierten Veränderungen, wie z. B. das Ansteigen der Durchschnittstemperaturen, die Zunahme von Extremwetterereignissen und Sommertrockenheit oder das Abschmelzen der Gletscher, treffen in den Alpen einen besonders sensiblen Raum.

Die CIPRA ist der Ansicht, dass der Klimawandel zu den größten Herausforderungen des 21. Jahrhunderts zählt. Vor diesem Hintergrund fordert sie die Europäische Union, die Gremien der Alpenkonvention, alle Alpenstaaten, Bundesländer, Regionen, Kantone und die weiteren staatlichen und nicht-staatlichen Körperschaften auf:

· ihre Klimaschutzanstrengungen zu intensivieren, um den Treibhauseffekt zu reduzieren.
· nachhaltige Strategien für den Umgang mit den zunehmenden Folgen des Klimawandels zu entwickeln.

Klimaschutz:
Die CIPRA

· fordert dazu auf, das vorhandene große Potenzial zur Energieeinsparung zu nutzen. Notwendig sind dafür auf nationaler und europäischer Ebene finanzpolitische Maßnahmen, wie die konsequente Einbeziehung externer Kosten in die Energiekosten, wozu auch die Folgekosten der Klimaveränderung gehören, ordnungsrechtliche Bestimmungen, wie z. B. die Festlegung von Mindeststandards, sowie Förderprogramme.

· ist der Überzeugung, dass die Alpenländer mit ihren Ressourcen an Holz, Wasser, Sonne, Wind und Geothermie das Potenzial haben, eine Modellregion zu werden, welche den Energiebedarf weitmöglichst durch regenerative Energien decken kann, und damit die Vorgaben des Kyoto-Protokolls bei Weitem übertreffen kann. Die konsequente Nutzung aller vorhandenen Energieeinsparpotenziale führt dazu, dass zur Deckung des verbleibenden Energiebedarfs aus regenerativen Energiequellen keine weiteren erheblichen Eingriffe in Natur und Landschaftsbild nötig sind.

Anpassungsstrategien:
Die CIPRA

· fordert dazu auf, alle mittel- und langfristigen touristischen Investitionen unter dem Aspekt des Klimawandels zu überprüfen.

· bezweifelt, dass Maßnahmen der kurzfristigen Symptombekämpfung, wie z. B. Schneekanonen, zukunftsfähige Anpassungsstrategien an den Klimawandel sind und fordert stattdessen dazu auf, landschaftsorientierte und naturverträgliche Alternativen vor allem für den Sommer, aber auch innerhalb des Wintertourismus zu entwickeln.

· erachtet es für vordringlich, die Ausgleichsfähigkeit der Natur zu fördern. Dazu gehören Schutz und Sanierung naturnaher Bergwälder, Sicherung und Ausweisung von Retentionsräumen an Flüssen und Bächen, Renaturierung von Fließgewässern und die Einschränkung der Flächenversiegelung.

· fordert die Neuerstellung bzw. Überprüfung von Gefahrenzonenkarten für Naturgefahren und Hochwasser im Alpenraum unter dem Aspekt des Klimawandels. Die Gefahrenzonen sind in der Siedlungs- und Verkehrswegeplanung zu berücksichtigen. Wo erforderlich, sind Rückwidmungen vorzunehmen.

Daten

Im Rahmen der „Zukunft in den Alpen"-Studie der CIPRA trugen Wissenschaftler eine Fülle von Daten zusammen. Die folgenden Tabellen, Grafiken und Karten zeigen die aktuellen räumlichen Entwicklungstrends in den Alpen auf.

1. Einführung

Grundgedanke der nachfolgenden Tabellen und Karten zur Raumentwicklung in den Alpen ist die Tatsache, dass die Alpen nicht als homogene Einheit betrachtet werden können, sondern dass alle Themen wie z. B. Bevölkerungs- und Wirtschaftsentwicklung, aber auch Landschaftsveränderung usw. immer im Hinblick auf die unterschiedlichen Teilräume bzw. Raumtypen differenziert werden müssen. Eine Differenzierung in Teilräume in Form von Gemeindetypen im Zeitraum 1981-1991 wurde für die Schweiz vorgenommen (s. BÄTZING, MESSERLI, PERLIK 1995). Im EU-Forschungsprojekt REGALP wurde diese Typisierung dann auf den ganzen Alpenraum ausgedehnt, ebenfalls für den Zeitraum 1981-1991 (s. PFEFFERKORN, EGLI, MASSARUTTO 2005). Für den 3. Alpenreport hat die CIPRA nun alpenweit die Daten für 2001 ergänzt.

2. Alpenabgrenzung

Hier wird jene Alpenabgrenzung verwendet, die auch dem EU-Forschungsprojekt REGALP zugrunde lag (s. Karte 1). Sie umfasst 5.799 Gemeinden und ist enger gefasst als die Abgrenzung der Alpenkonvention, die 5.954 Gemeinden enthält und auch noch Gebiete einschließt, die leicht außerhalb der Alpen liegen.

3. Die Gemeindetypen

In Tab. 1 sind die einzelnen Gemeindetypen dargestellt. Die Typenbildung basiert auf einem Indikatorenset, bei dem wirtschaftliche Parameter (Zuordnung zu Sektoren), die Pendlerintensität und die Tourismusintensität im Vordergrund stehen (s. BÄTZING, MESSERLI, PERLIK 1995). Die Typen können wie folgt zusammengefasst werden:

1. Die (Gemeinden der) Ballungsräume: Dazu zählen die Städte und die starken Umlandgemeinden. Stark heißt: Es gibt viele Arbeitsplätze und Einpendler. In den Karten 1-3 sind diese Gemeinden rot und dunkelviolett erkennbar.

2. Die Tourismusgemeinden bzw. -gebiete: Sie sind der zweite Wachstumspol in den Alpen, weisen z. T. urbane Phänomene auf. In den Karten 1-3 sind sie dunkelgelb dargestellt.

3. Periurbane und periphere Gemeinden bzw. Gebiete: Hier dominiert die Wohnfunktion, aber es gibt nur ein geringes wirtschaftliches Potenzial, wenige Arbeitsplätze, darum viele Auspendler und eine starke Verflechtung mit den Ballungsgebieten. Periurban heißt: im Nahbereich der Ballungsgebiete, das sind die klassischen Schlafgemeinden. Peripher heißt: weit von den Zentren entfernt, das sind die abgelegenen Seitentäler. Aus technischen Gründen war es nicht möglich, die periurbanen und die peripheren Gemeinden gesondert darzustellen. Es ist jedoch davon auszugehen, dass die periurbanen Gemeinden abgesehen von der Arbeitsplatzentwicklung bei vielen anderen räumlichen Entwicklungsindikatoren im Hinblick auf die demografische Entwicklung oder das Wohlstandsniveau besser abschneiden als die peripheren Gemeinden. In den nachfolgenden Tabellen schlägt sich das insofern nieder, als die Gruppe der periurbanen und peripheren Gemeinden in Summe ziemlich positive Werte aufweist. In diesen positiven Zahlen sind sozusagen die negativen Werte der peripheren Gemeinden „versteckt". In den Karten 1-3 sind diese Gemeinden in Lila dargestellt.

4. Ausgeglichene Gemeinden: Das sind Gemeinden, bei denen kein Sektor stark dominiert und bei denen es auch keine auffälligen Aus- und Einpendlerströme gibt. In den Karten 1-3 sind sie in Grau dargestellt.

5. Alle anderen Gemeinden bzw. Gebiete: Dazu zählen etwa Agrargemeinden und Industriegemeinden. Der Anteil dieser Spezialtypen ist in den Alpen mittlerweile so gering, dass sie in den Tabellen zu einer einzigen Restgruppe zusammengefasst wurden. In den Karten 1-3 sind diese unterschiedlichen Typen jedoch getrennt dargestellt.

Die Gemeindetypen in den letzen 20 Jahren

Was lässt sich aus der Entwicklung der letzten 20 Jahre ablesen? (s. Tab. 1 und 2 und Abb. 1)

- Die ausgeglichenen Gemeinden haben um über 1.400, also um beinahe zwei Drittel abgenommen. Während im Jahr 1981 noch 38 % der Alpengemeinden als „ausgeglichen" bezeichnet werden konnten, waren es im Jahr 2001 nur mehr 13 %.
- Im Gegenzug haben vor allem die starken Gemeinden der Ballungsräume, aber auch die periurbanen und peripheren Gemeinden sowie die Tourismusgemeinden zugenommen.
- Andere Gemeinden (z. B. Agrar-, Industriegemeinden) haben stark abgenommen.
- Es wird deutlich, dass hier ein Prozess der Polarisierung und Spezialisierung abläuft.

Tab. 1: Veränderung der Gemeindetypen 1981-2001 absolut

Gemeindetypen	Anzahl der Gemeinden 1981	Anzahl der Gemeinden 1991	Anzahl der Gemeinden 2001	Veränderung 1981-2001 abs.	Veränderung 1981-2001 %
Gemeinden der Ballungsräume	1.086	1.621	2.118	1.032	95,0
Tourismusgemeinden	341	470	481	140	41,1
Periurbane und periphere Gemeinden	1.561	2.069	2.208	647	41,5
Ausgeglichene Gemeinden	2.204	1.320	776	-1.428	-64,8
Andere Gemeinden	607	319	216	-391	-64,4
Alpen gesamt	**5.799**	**5.799**	**5.799**		

Quelle: CIPRA, eigene Bearbeitung

Tab. 2: Veränderung der Anteile der Gemeindetypen 1981-2001

Gemeindetypen	Anteil 1981 in %	Anteil 1991 in %	Anteil 2001 in %
Gemeinden der Ballungsräume	18,7	28,0	36,5
Tourismusgemeinden	5,9	8,1	8,3
Periurbane und periphere Gemeinden	26,9	35,7	38,1
Ausgeglichene Gemeinden	38,0	22,8	13,4
Andere Gemeinden	10,5	5,5	3,7
Alpen gesamt	**100,0**	**100,0**	**100,0**

Quelle: CIPRA, eigene Bearbeitung

Abb. 1: Veränderung der Gemeindetypen 1981-2001

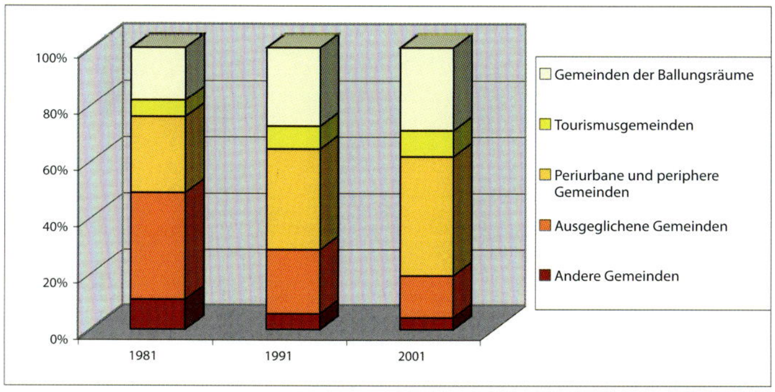

Quelle: CIPRA, eigene Bearbeitung

Karte 1: Gemeindetypen 1981

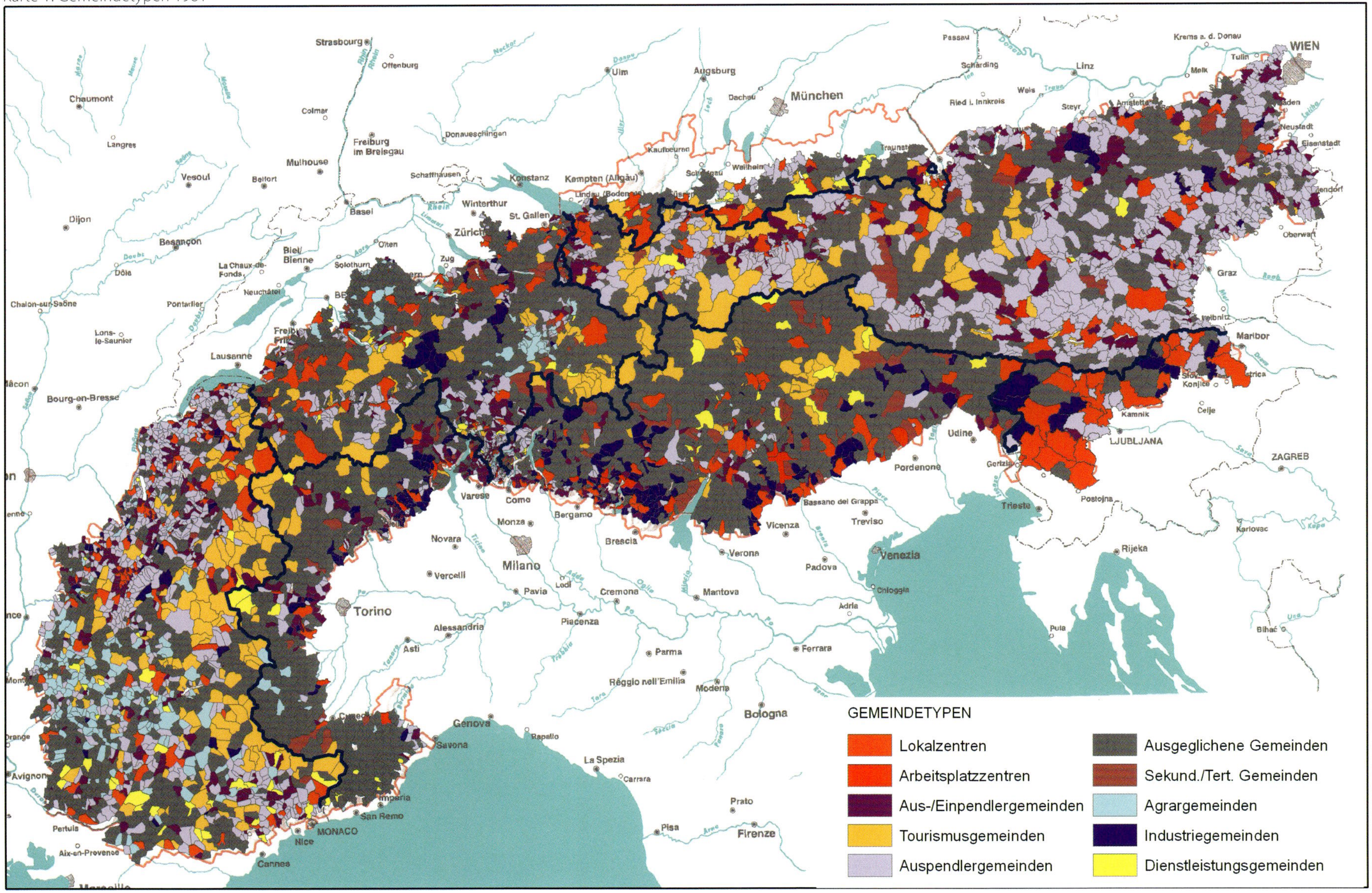

Quelle: CIPRA, eigene Bearbeitung

Karte 2: Gemeindetypen 1991

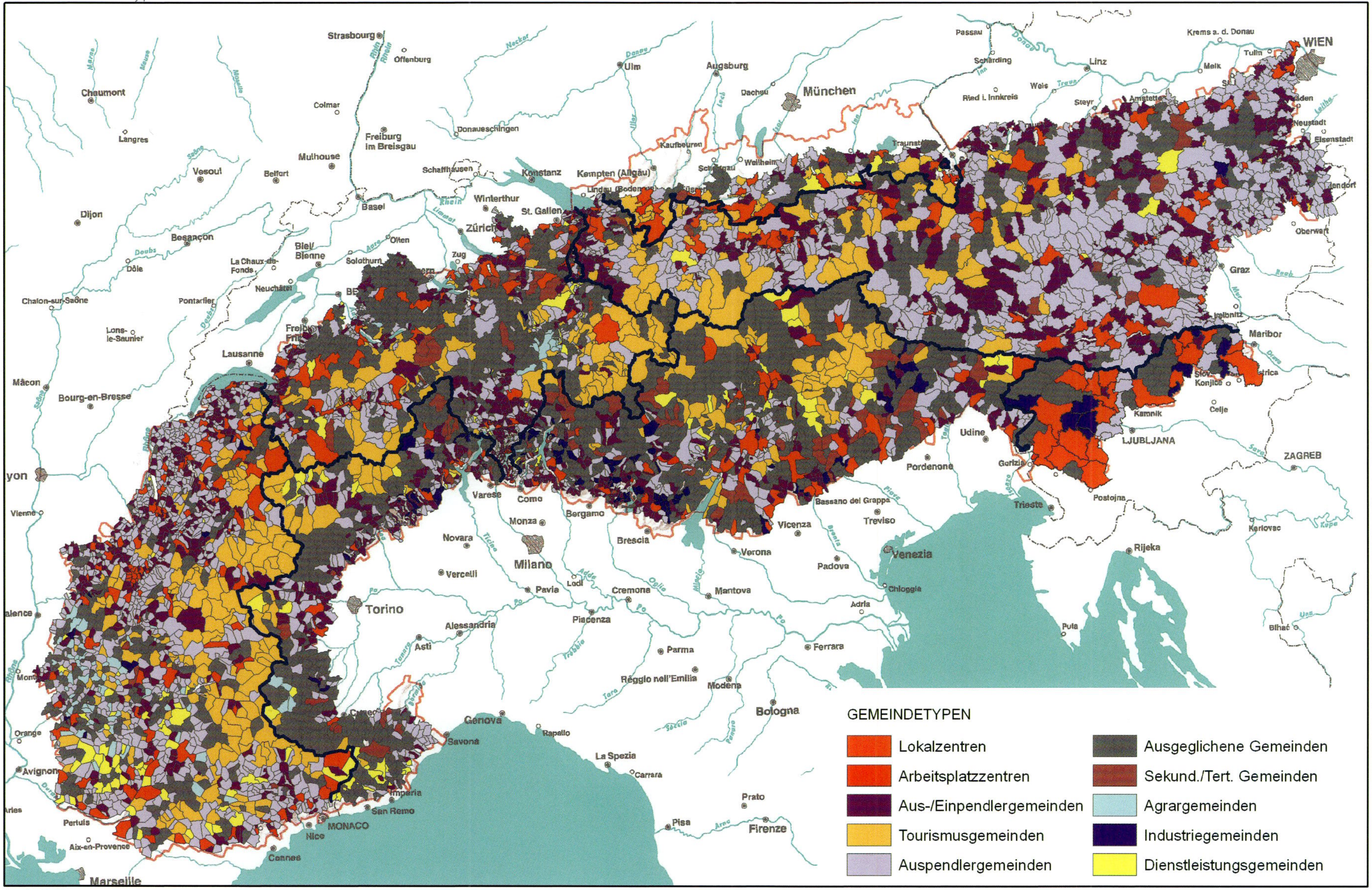

Quelle: CIPRA, eigene Bearbeitung

Karte 3: Gemeindetypen 2001

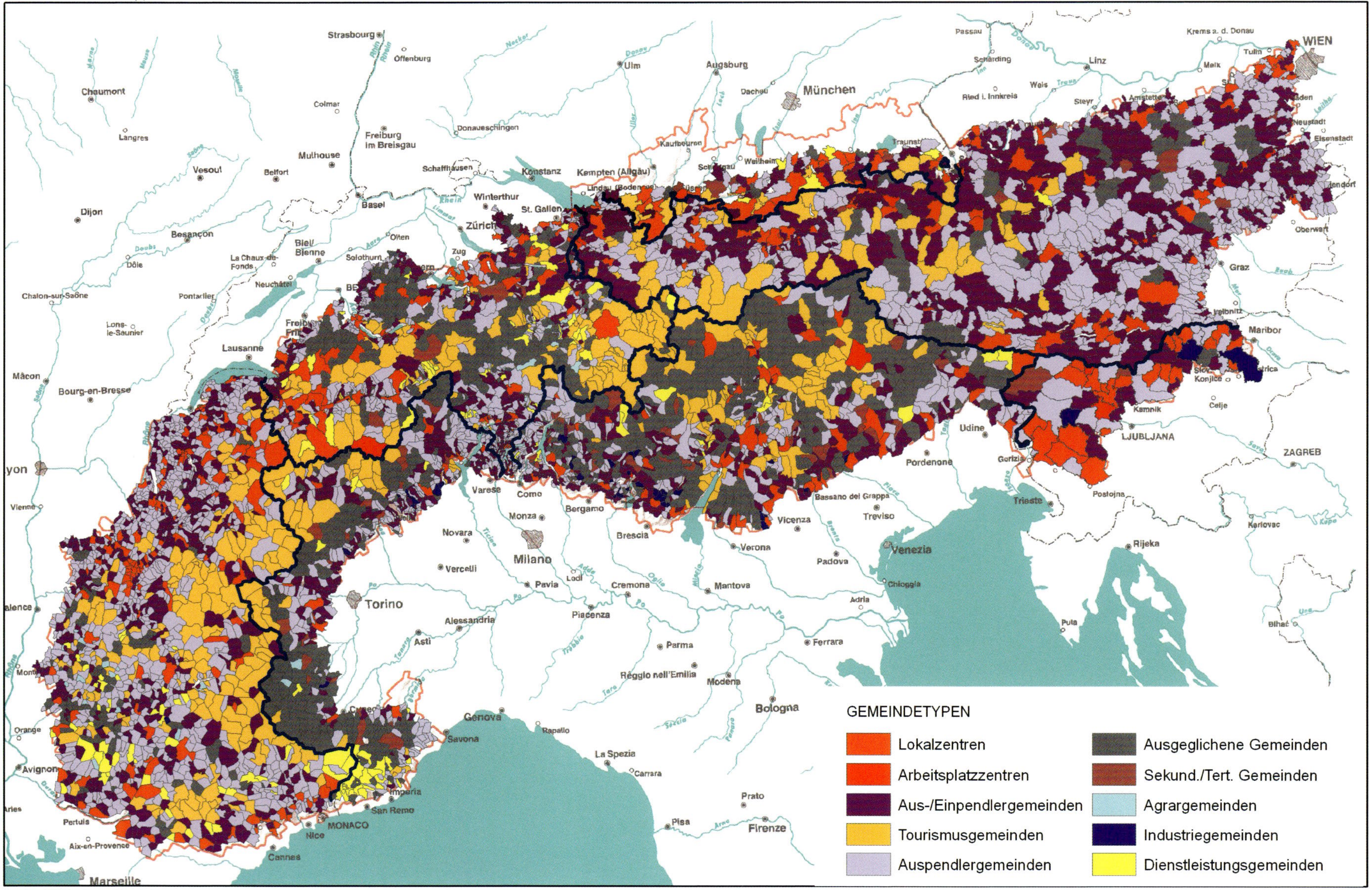

Quelle: CIPRA, eigene Bearbeitung

4. Die Entwicklungstypen

Nach der punktuellen Betrachtung der einzelnen Jahre 1981, 1991 und 2001 soll nun untersucht werden, ob und wo in den Alpen im Zeitraum der letzten 20 Jahre räumliche Entwicklungstrends sichtbar werden, z. B. ein Trend weg von den ausgeglichenen Gemeinden hin zu den strukturstarken Gemeinden der Ballungsräume oder z. B. eine stabile touristische Entwicklung, was bedeutet, dass eine Gemeinde sowohl 1981, 1991 als auch 2001 als Tourismusgemeinde typisiert ist. Da es sich bei dieser Form der Typisierung nicht um eine Momentanaufnahme, sondern um die Betrachtung einer Entwicklung handelt, wird der Begriff der „**Entwicklungstypen**" verwendet. Auf diese Bezeichnung hat bereits BÄTZING (1995) zurückgegriffen. Diese Entwicklungstypen sind sowohl in Tabelle 3 als auch in Karte 4 dargestellt. Die Entwicklungstypen, die identifiziert wurden, orientieren sich an den oben beschriebenen „stationären" Gemeindetypen, allerdings sind sie nun als Trend formuliert. In Tabelle 3 sind also räumliche Entwicklungstrends dargestellt mit der jeweiligen Anzahl an Gemeinden, die diesem Trend zuzurechnen sind. Auch hier werden 5 Trends zusammengefasst:

1. Strukturstarke Urbanisierung: Dazu zählen alle Gemeinden, die sich in den letzten 20 Jahren zu Städten oder starken Umlandgemeinden entwickelt haben. Stark heißt: Es gibt viele Arbeitsplätze und Einpendler. Zu dieser Kategorie zählen ca. 36 % aller Alpengemeinden. Sie sind in Karte 4 rot und dunkelviolett dargestellt.

2. Tourismusdominierte Entwicklung: Dazu zählen alle Gemeinden, in denen in den letzten 20 Jahren der Tourismus dominierte (in Karte 4 dunkelgelb) bzw. mit der Zeit zum dominierenden Faktor wurde (in Karte 4 orange). Die tourismusdominierten Gemeinden – es handelt sich um etwas mehr als 8 % aller Alpengemeinden – sind der zweite Wachstumspol in den Alpen und weisen einige Ähnlichkeiten mit den Gemeinden der Ballungsräume auf.

3. Periurbanisierung und Peripherisierung: Dazu zählen alle Gemeinden, in denen in den letzten 20 Jahren die Wohnfunktion mehr und mehr dominiert. Mit 38 % aller Alpengemeinden ist dies die größte Gruppe. Es gibt hier nur ein geringes wirtschaftliches Potenzial und wenige Arbeitsplätze, darum pendeln viele Bewohnerinnen und Bewohner aus. Periurban heißt: im Nahbereich der Ballungsgebiete, das sind die klassischen Schlafgemeinden. Peripher heißt: weit von den Zentren entfernt, das sind die abgelegenen Seitentäler. In der Karte 4 sind das die hellvioletten und blasslila Gemeinden.

4. Ausgeglichene Entwicklung: Dazu zählen alle Gemeinden, bei denen in den letzten 20 Jahren kein Sektor stark dominiert hat und bei denen es auch keine auffälligen Aus- und Einpendlerströme gibt. Zu dieser Kategorie – in der Karte 4 in grau dargestellt – zählen etwas mehr als 13 % aller Alpengemeinden.

5. Alle anderen Entwicklungen: Dazu zählt etwa die agrarische und die industriedominierte Entwicklung. Der Anteil dieser Trends ist in den Alpen mittlerweile so gering, dass sie zu einer einzigen Restgruppe zusammengefasst werden. Auch diese Restgruppe umfasst nur 3,7 % aller Alpengemeinden. In der Karte 4 sind die einzelnen Trends allerdings gesondert dargestellt.

Tab. 3: Die räumlichen Entwicklungstrends in den Alpen 1981-2001

Entwicklungstrends = Gemeindeentwicklungstypen	Anzahl Gemeinden	Anteil in %
Strukturstarke Urbanisierung	2.118	36,5
Tourismusdominierte Entwicklung	481	8,3
Periurbanisierung und Peripherisierung	2.208	38,1
Ausgeglichene Entwicklung	776	13,4
Alle anderen Entwicklungen	216	3,7
Gesamtergebnis	5.799	100,0

Quelle: CIPRA, eigene Bearbeitung

Karte 4: Gemeindeentwicklungstypen 1981-2001

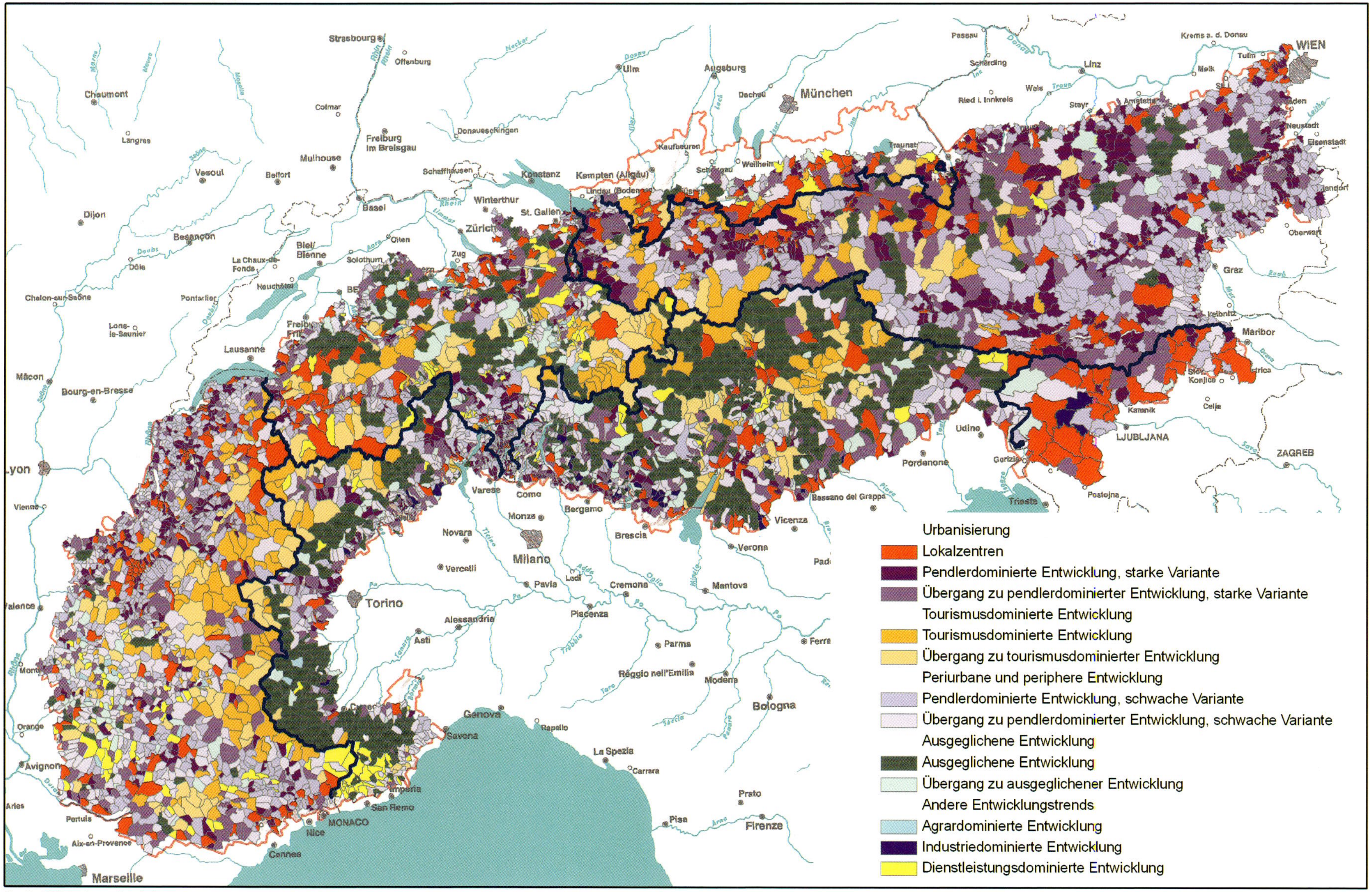

Quelle: CIPRA, eigene Bearbeitung

In den nachfolgenden Tabellen soll nun gezeigt werden, wie sich einzelne Kennzahlen der räumlichen Entwicklung bei den einzelnen Raumtypen unterscheiden und welche Veränderungen in diesen Räumen zu beobachten sind. In den Tabellen und den verbalen Erläuterungen werden nicht die exakten Begriffe der Tabelle 3 - also z. B. „Tourismusdominierte Entwicklung" - verwendet, sondern der Einfachheit halber „Tourismusgemeinden".

5. Bevölkerungsentwicklung 1981-2001

Die Alpenbevölkerung hat zwischen 1981 und 2001 um fast 1,2 Mio. von 11,1 auf 12,3 Mio. zugenommen, das ist ein Wachstum von ca. 10,6 %. Zum Vergleich: Das Bevölkerungswachstum in den EU-25 lag im gleichen Zeitraum bei nur 6,1 %. Auffallend ist:

- Zwei Drittel der Alpenbewohnerinnen und Alpenbewohner leben in Ballungsräumen.
- Der Bevölkerungszuwachs findet vor allem in den Städten und Ballungsräumen statt.
- Auffällig ist die hohe Bevölkerungszunahme auch in den periurbanen und peripheren Gemeinden (15,5 %). D. h., auch dort, wo die wirtschaftlichen Voraussetzungen nicht so günstig sind, nehmen die Einwohnerzahlen deutlich zu, und zwar deshalb, weil die Menschen auspendeln können.
- Jene Gemeinden, die keine engeren Verflechtungen mit den Ballungsräumen aufweisen, haben nur geringe Einwohnerzunahmen.

Tab. 4: Bevölkerungsentwicklung in den Gemeindeentwicklungstypen 1981-2001

Gemeinde-entwicklungstypen	Anzahl Gemeinden	Einwohner 1981	Einwohner 1991	Einwohner 2001	Anteil 2001 in %	Veränderung 1981-2001 abs.	Veränderung 1981-2001 %
Gemeinden der Ballungsräume	2.118	7.354.073	7.753.348	8.163.769	66,4	809.696	11,0
Tourismusgemeinden	481	566.071	590.819	622.815	5,1	56.744	10,0
Periurbane und periphere Gemeinden	2.208	1.709.201	1.837.107	1.974.322	16,1	265.121	15,5
Ausgeglichene Gemeinden	776	1.243.603	1.246.012	1.278.399	10,4	34.796	2,8
Andere Gemeinden	216	245.008	249.611	255.921	2,1	10.913	4,5
Alpen gesamt	**5.799**	**11.117.956**	**11.676.897**	**12.295.226**	**100,0**	**1.177.270**	**10,6**

Quelle: CIPRA, eigene Bearbeitung

Wanderungsbilanz (= Zuwanderung minus Abwanderung)

In den Alpen hat im Zeitraum von 1981 bis 2001 eine Zuwanderung von beinahe 790.000 Personen stattgefunden, das entspricht ca. 7 % der Einwohner des Jahres 1981. Am höchsten war die absolute Zunahme in den Ballungsräumen, auffallend ist auch die hohe Zuwanderung in den periurbanen und peripheren Gemeinden.

Tab. 5: Wanderungsbilanz in den Gemeindeentwicklungstypen 1981-2001

Gemeindeentwicklungstypen	Anzahl Gemeinden	Wanderung 1981-1991 abs.	Wanderung 1991-2001 abs.	Wanderung 1981-2001 abs.	Veränderung 1981-2001 %
Gemeinden der Ballungsräume	2.118	269.105	250.445	519.550	7,1
Tourismusgemeinden	481	17.031	17.949	34.980	6,2
Periurbane und periphere Gemeinden	2.208	104.373	86.314	190.687	11,2
Ausgeglichene Gemeinden	776	10.130	17.996	28.127	2,3
Andere Gemeinden	216	8.236	5.697	13.933	5,7
Alpen gesamt	**5.799**	**408.875**	**378.401**	**787.276**	**7,1**

Quelle: CIPRA, eigene Bearbeitung

Geburtenbilanz (Geborene minus Gestorbene)

Die Geburtenbilanz zwischen 1981 und 2001 liegt alpenweit bei knapp 390.000 Personen. Ähnlich wie bei der Wanderungsbilanz schneiden die Ballungsräume und die periurbanen und peripheren Gemeinden besser ab als die Ausgeglichenen und die anderen Gemeinden.
Die Geburtenbilanz ist mit 3,5 % alpenweit etwa halb so hoch wie die Wanderungsbilanz, das heißt, dass der Bevölkerungszuwachs in den Alpen zwischen 1981 und 2001 zu zwei Dritteln durch Zuwanderung und zu einem Drittel durch den Geburtenüberschuss bedingt ist.

Tab. 6: Geburtenbilanz in den Gemeindeentwicklungstypen 1981-2001

Gemeinde-entwicklungstypen	Anzahl Gemeinden	Geburtenbilanz 1981-1991 abs.	Geburtenbilanz 1991-2001 abs.	Geburtenbilanz 1981-2001 abs.	Veränderung 1981-2001 %
Gemeinden der Ballungsräume	2.118	130.170	159.976	290.146	4,0
Tourismusgemeinden	481	7.717	14.047	21.764	3,8
Periurbane und periphere Gemeinden	2.208	23.533	50.901	74.434	4,4
Ausgeglichene Gemeinden	776	-7.721	14.391	6.669	0,5
Andere Gemeinden	216	-3.633	613	-3.020	-1,2
Alpen gesamt	**5.799**	**150.066**	**239.928**	**389.994**	**3,5**

Quelle: CIPRA, eigene Bearbeitung

Bevölkerungsabnahme

Mehr als ein Viertel aller Alpengemeinden weist in den letzten 20 Jahren einen Bevölkerungsrückgang auf. In diesen Gemeinden lebten im Jahr 2001 ca. 3 Mio. Personen, das sind ca. 24 % der Alpenbevölkerung. Am geringsten ist dieser Rückgang erwartungsgemäß in den Ballungsräumen, besonders hoch in den periurbanen und peripheren Gemeinden (absolut) und in den ausgeglichenen Gemeinden. Dort, wo es nur geringe Pendlerverflechtungen mit den Ballungsräumen gibt, ist die höchste Abwanderung zu beobachten. Die Vermutung liegt nahe, dass der Bevölkerungsrückgang in der Peripherie noch wesentlich höher wäre, wenn es keine Pendelmöglichkeit gäbe.

Tab. 7: Bevölkerungsabnahme in den Gemeindeentwicklungstypen 1981-2001

Gemeindeentwicklungstypen	Anzahl Gemeinden	Gemeinden mit Bevölkerungsabnahme abs.	Anteil der Gemeinden mit Bevölkerungsabnahme in %
Gemeinden der Ballungsräume	2.118	439	20,7
Tourismusgemeinden	481	125	26,0
Periurbane und periphere Gemeinden	2.208	563	25,5
Ausgeglichene Gemeinden	776	378	48,7
Andere Gemeinden	216	83	38,4
Alpen gesamt	**5.799**	**1.588**	**27,4**

Quelle: CIPRA, eigene Bearbeitung

Negative Wanderungsbilanz

Knapp 30 % aller Alpengemeinden haben in den letzten 20 Jahren eine negative Wanderungsbilanz. In diesen Gemeinden lebten 2001 ca. 3,8 Mio. Menschen, das sind knapp 31 % der Alpenbevölkerung. Die höchsten Negativwerte haben die ausgeglichenen Gemeinden, die geringsten erwartungsgemäß die Gemeinden in den Ballungsräumen. Es bestätigt sich die Aussage von Tabelle 7. Wo es keine Pendelmöglichkeiten gibt, findet erhöhte Abwanderung statt.

Tab. 8: Negative Wanderungsbilanz in den Gemeindeentwicklungstypen 1981-2001

Gemeindeentwicklungstypen	**Anzahl Gemeinden**	**Gemeinden mit negativer Wanderungsbilanz**	**Anteil der Gemeinden mit negativer Wanderungsbilanz in %**
Gemeinden der Ballungsräume	2.118	512	24,2
Tourismusgemeinden	481	148	30,8
Periurbane und periphere Gemeinden	2.208	635	28,8
Ausgeglichene Gemeinden	776	362	46,6
Andere Gemeinden	216	76	35,2
Alpen gesamt	**5.799**	**1.733**	**29,9**

Quelle: CIPRA, eigene Bearbeitung

Negative Geburtenbilanz

Über 40 % aller Alpengemeinden weisen zwischen 1981 und 2001 eine negative Geburtenbilanz auf. In diesen Gemeinden lebten im Jahr 2001 fast 4,4 Mio. Menschen, also mehr als ein Drittel der Alpenbewohnerinnen und Alpenbewohner. Die höchsten Negativwerte liegen wiederum bei den ausgeglichenen und bei den anderen Gemeinden.

Tab. 9: Negative Geburtenbilanz in den Gemeindeentwicklungstypen 1981-2001

Gemeindeentwicklungstypen	**Anzahl Gemeinden**	**Gemeinden mit negativer Geburtenbilanz**	**Anteil der Gemeinden mit negativer Geburtenbilanz in %**
Gemeinden der Ballungsräume	2.118	751	35,5
Tourismusgemeinden	481	192	39,9
Periurbane und periphere Gemeinden	2.208	868	39,3
Ausgeglichene Gemeinden	776	445	57,3
Andere Gemeinden	216	123	56,9
Alpen gesamt	**5.799**	**2.379**	**41,0**

Quelle: CIPRA, eigene Bearbeitung

Fast 13 % aller Alpengemeinden haben sowohl eine negative Wanderungs- als auch eine negative Geburtenbilanz. Hier sind die demografischen Veränderungen in den letzten 20 Jahren besonders deutlich sichtbar. In diesen Gemeinden lebten 2001 fast 1,5 Mio. Menschen bzw. 12 % der Alpenbewohnerinnen und Alpenbewohner. Am stärksten betroffen sind die ausgeglichenen und die anderen Gemeinden.

Tab. 10: Gemeinden mit negativer Wanderungsbilanz und negativer Geburtenbilanz

Gemeindeentwicklungstypen	Anzahl Gemeinden	Gemeinden mit negativer Wanderungs- und Geburtenbilanz	Anteil der Gemeinden in %
Gemeinden der Ballungsräume	2.118	172	8,1
Tourismusgemeinden	481	43	8,9
Periurbane und periphere Gemeinden	2.208	261	11,8
Ausgeglichene Gemeinden	776	226	29,1
Andere Gemeinden	216	44	20,4
Alpen gesamt	**5.799**	**746**	**12,9**

Quelle: CIPRA, eigene Bearbeitung

Überalterung

Eine Bevölkerung wird dann als überaltert bezeichnet, wenn der Anteil der über 60-Jährigen mehr als 15 % der Gesamtbevölkerung ausmacht (Bähr 2004 in PERMANENT SECRETARIAT OF THE ALPINE CONVENTION 2007).
Der Old Age Index gibt Auskunft über die demografische Struktur einer Region. Er ist wie folgt definiert: Anzahl der Personen über 64 Jahre pro 100 Personen unter 15 Jahre (Gavrilov & Heuveline 2003 in PERMANENT SECRETARIAT OF THE ALPINE CONVENTION 2007).
Im Jahr 2000 waren in den Alpen 17 % der Bevölkerung über 64 Jahre alt. Im Vergleich dazu lag der Anteil der über 64-Jährigen bei den EU-25 bei 16,3 %. EUROSTAT rechnet damit, dass sich der Anteil der über 64-Jährigen in der EU bis zum Jahr 2050 verdoppeln wird. Die über 64-Jährigen werden dann etwa ein Drittel der Bevölkerung ausmachen.
Bei 63 % aller Gemeinden der Alpenkonvention lag der Anteil der über 64-Jährigen im Jahr 2000 über dem Schwellenwert von 15 %, das bedeutet, dass die Bevölkerung in knapp zwei Drittel aller Alpengemeinden als überaltert bezeichnet werden kann. Besonders hoch ist die Überalterung in den Städten und in den Kleinstgemeinden. Von den Gemeinden mit Bevölkerungsrückgang weisen 82 % eine überalterte Bevölkerung auf (s. PERMANENT SECRETARIAT OF THE ALPINE CONVENTION 2007).
Der Old Age Index für die Gemeinden der Alpenkonvention lag im Jahr 2000 bei 100,3. Das bedeutet, dass sich die Anzahl der über 64-Jährigen und die der unter 15-Jährigen etwa die Waage halten. Die Gebiete mit dem höchsten Old Age Index liegen in den italienischen Alpen (Liguria/I: 241), die geringsten Werte weisen Liechtenstein (63), Vorarlberg/A (64), Rhône-Alpes/F (70) und Tirol/A (73) auf (siehe Karte 5).

Karte 5: Old Age Index in den Gemeinden des Alpenkonventionsgebietes 2001

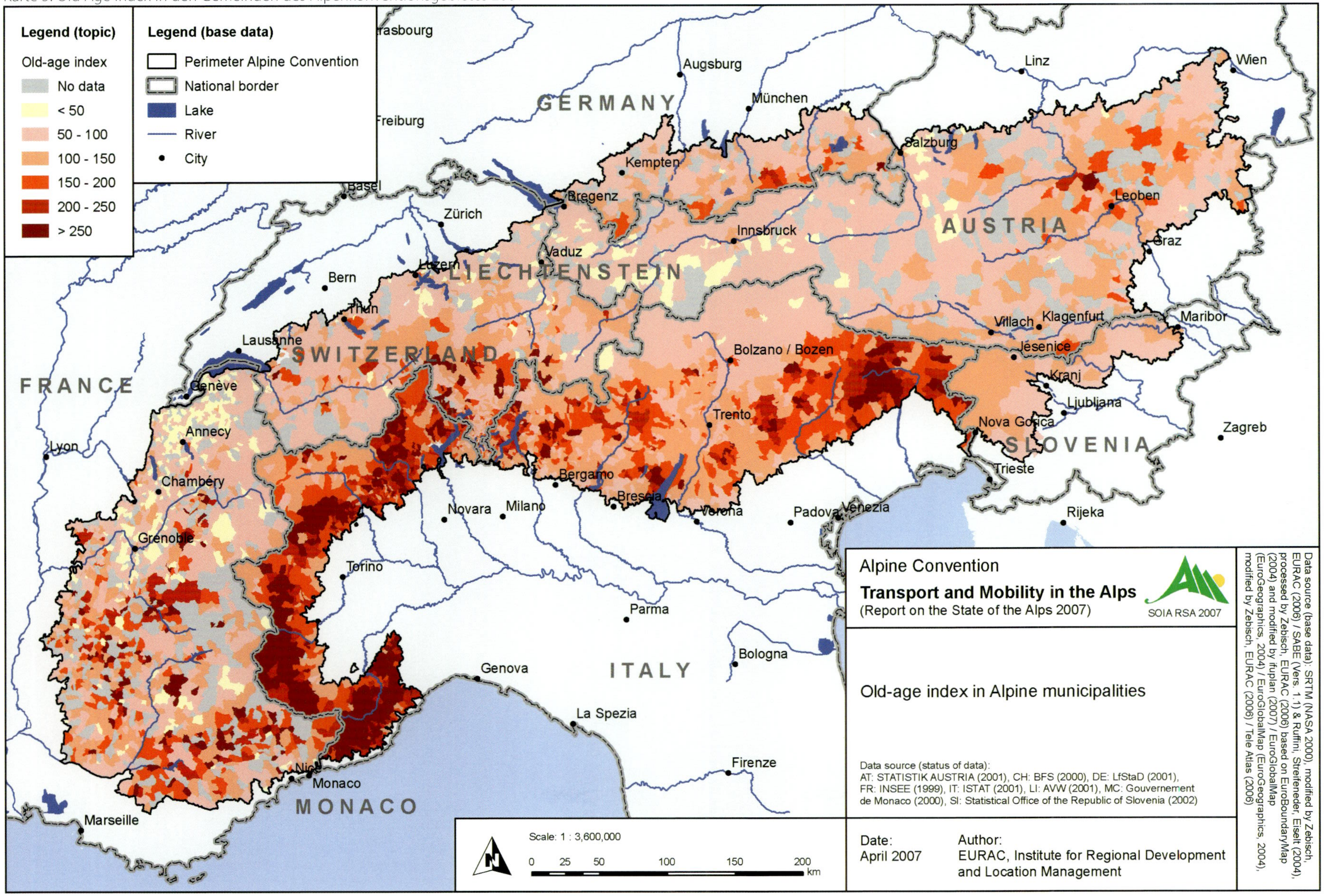

Quelle: PERMANENT SECRETARIAT OF THE ALPINE CONVENTION 2007

Der höchste Old Age Index ist in den ausgeglichenen (194) und in den anderen Gemeinden (187) zu beobachten, die geringsten Werte weisen die Gemeinden der Ballungsräume (105) auf. Aus Gründen der eingeschränkten Datenverfügbarkeit beträgt das Sample hier nur 5.590 Gemeinden.

Tab. 11: Old Age Index in den Gemeindeentwicklungstypen 2001, reduziertes Sample

Gemeindeentwicklungstypen	Anzahl Gemeinden	Old Age Index 2001
Gemeinden der Ballungsräume	2.035	104,8
Tourismusgemeinden	477	115,8
Periurbane und periphere Gemeinden	2.130	121,1
Ausgeglichene Gemeinden	776	193,8
Andere Gemeinden	206	187,1
Alpen gesamt	**5.590**	**119,0**

Quelle: Rohdaten EURAC, Bearbeitung CIPRA

6. Arbeitsplatzentwicklung 1981-2001 (ohne Italien und Slowenien)

Die Arbeitsplätze in den Alpen haben in den letzten 20 Jahren um 14,9 % zugenommen. Das ist ein deutlicher Zuwachs. Die Zunahme erfolgte vor allem in den Ballungsgebieten, wo sich 2001 knapp 80 % aller Arbeitsplätze befanden. In den periurbanen und peripheren Gemeinden ging die Zahl der Arbeitsplätze hingegen zurück.
Das bestärkt auch die Ergebnisse der Tabellen 4 und 5. Die periurbanen und peripheren Gemeinden werden mehr und mehr zu reinen Wohn- und Schlafgebieten. Gearbeitet wird in den Ballungsräumen.

Tab. 12: Arbeitsplatzentwicklung in den Gemeindeentwicklungstypen 1981-2001[1)]

Gemeinde-entwicklungstypen	Anzahl Gemeinden	Arbeits-plätze 1981	Arbeits-plätze 1991	Arbeits-plätze 2001	Anteil 2001 in %	Veränderung 1981-2001 abs.	Veränderung 1981-2001%
Gemeinden der Ballungsräume	1.603	2.125.471	2.333.485	2.481.080	79,0	355.609	16,7
Tourismusgemeinden	355	187.662	192.881	212.870	6,8	25.208	13,4
Periurbane und periphere Gemeinden	1.676	239.681	232.223	232.119	7,4	-7.562	-3,2
Ausgeglichene Gemeinden	285	145.069	147.882	169.273	5,4	24.204	16,7
Andere Gemeinden	131	35.536	37.578	44.188	1,4	8.652	24,4
Alpen gesamt	**4.050**	**2.733.419**	**2.944.049**	**3.139.531**	**100,0**	**406.112**	**14,9**

[1)] ohne Italien und Slowenien
Quelle: CIPRA, eigene Bearbeitung

Gemeinden mit Arbeitsplatzrückgang

In über 40 % aller Alpengemeinden ist die Zahl der Arbeitsplätze zwischen 1981 und 2001 rückläufig. Von den periurbanen und peripheren Gemeinden sind 57 % von Arbeitsplatzverlusten betroffen. Günstiger sieht es in den Ballungsgebieten und in den Tourismusgemeinden aus. Hier weisen nur etwa ein Viertel aller Gemeinden einen Rückgang der Arbeitsplätze auf.

Tab. 13: Arbeitsplatzrückgang in den Gemeindeentwicklungstypen 1981-2001[1)]

Gemeindeentwicklungstypen	Anzahl Gemeinden	Gemeinden mit Arbeitsplatzrückgang absolut	Anteil der Gemeinden mit Arbeitsplatzrückgang in %
Gemeinden der Ballungsräume	1.603	414	25,8
Tourismusgemeinden	355	89	25,1
Periurbane und periphere Gemeinden	1.676	952	56,8
Ausgeglichene Gemeinden	285	136	47,7
Andere Gemeinden	131	48	36,6
Alpen gesamt	**4.050**	**1.639**	**40,5**

1) ohne Italien und Slowenien
Quelle: CIPRA, eigene Bearbeitung

7. Pendlerentwicklung 1991-2001

Der Pendlersaldo (= Einpendler minus Auspendler) lag im Jahr 2001 alpenweit bei knapp -490.000 Personen, d. h. die Anzahl der Personen, die in den Alpen wohnen und außerhalb der Alpen arbeiten, ist beinahe um eine halbe Million höher als die Anzahl derer, die zum Arbeiten in die Alpen fahren. Im Jahr 1991 lag der Pendlersaldo noch bei -415.000 Personen.
Einen positiven Pendlersaldo haben 2001 die Ballungsräume, die Tourismusorte und die anderen Gemeinden. In den periurbanen und peripheren Gemeinden ist der negative Pendlersaldo definitionsgemäß besonders hoch.

Tab. 14: Entwicklung des Pendlersaldos in den Gemeindeentwicklungstypen 1991-2001

Gemeindeentwicklungstypen	Anzahl Gemeinden	Pendlersaldo 1991	Pendlersaldo 2001	Veränderung 1991-2001 abs.
Gemeinden der Ballungsräume	2.118	12.471	26.842	14.371
Tourismusgemeinden	481	10.875	15.192	4.317
Periurbane und periphere Gemeinden	2.208	-403.992	-502.749	-98.757
Ausgeglichene Gemeinden	776	-38.608	-33.522	5.086
Andere Gemeinden	216	3.781	7.020	3.239
Alpen gesamt	**5.799**	**-415.473**	**-487.217**	**-71.744**

Pendlersaldo = Einpendler minus Auspendler
Quelle: CIPRA, eigene Bearbeitung

8. Gebäudeentwicklung 1981-2001

Alpenweit hat die Anzahl der Gebäude zwischen 1981 und 2001 um mehr als ein Drittel zugenommen. Und das, obwohl die Einwohnerzahl nur um 10,6 % und die Zahl der Arbeitsplätze nur um knapp 15 % gestiegen sind. Spitzenreiter sind die Tourismusgemeinden mit einer Gebäudezunahme von 56,6 %.
Diese Zahlen sind Hinweis auf eine massive Zersiedelung, vor allem in den Tourismusgemeinden. Auffallend ist, dass die periurbanen und peripheren Gemeinden ein ähnliches relatives Wachstum der Gebäudezahl aufweisen wie die Ballungsräume. Das bestätigt das Bild der Wohn- und Schlafgemeinden (s. Tab. 4-6).

Tab. 15: Gebäudeentwicklung in den Gemeindeentwicklungstypen 1981-2001

Gemeindeentwicklungstypen	Anzahl Gemeinden	Anzahl der Gebäude 1981	Anzahl der Gebäude 1991	Anzahl der Gebäude 2001	Veränderung 1981-2001 abs.	Veränderung 1981-2001 %
Gemeinden der Ballungsräume	2.118	2.193.133	2.518.897	2.884.878	691.745	31,5
Tourismusgemeinden	481	364.434	468.883	570.748	206.314	56,6
Periurbane und periphere Gemeinden	2.208	710.462	839.304	962.821	252.359	35,5
Ausgeglichene Gemeinden	776	615.720	707.464	792.026	176.306	28,6
Andere Gemeinden	216	108.895	119.930	134.101	25.206	23,2
Alpen gesamt	**5.799**	**3.992.644**	**4.654.478**	**5.344.574**	**1.351.930**	**33,9**

Quelle: CIPRA, eigene Bearbeitung

9. Landwirtschaftliche Bevölkerung 1981-2001

Alpenweit lag der Anteil der landwirtschaftlichen Bevölkerung im Jahr 2001 bei nur mehr 4,4 %. Am geringsten ist der Anteil der Agrarbevölkerung erwartungsgemäß in den Ballungsräumen, am höchsten ist der Anteil in den peripheren Gemeinden und in den ausgeglichenen Gemeinden. Die landwirtschaftliche Bevölkerung hat zwischen 1981 und 2001 um 167.000 abgenommen, das entspricht einem Rückgang von über 40 %. Der relative Rückgang zwischen 1981 und 2001 war in den periurbanen und peripheren Gemeinden mit 47 % am höchsten.

Tab. 16: Entwicklung der landwirtschaftlichen Bevölkerung in den Gemeindeentwicklungstypen 1981-2001

Gemeinde-entwicklungstypen	Anzahl Gemeinden	Agrarbevölkerung 1981	Agrarbevölkerung 1991	Agrarbevölkerung 2001	Veränderung 1981-2001 abs.	Veränderung 1981-2001 %
Gemeinden der Ballungsräume	2.118	171.697	133.378	103.273	-68.424	-39,9
Tourismusgemeinden	481	26.913	19.318	16.354	-10.559	-39,2
Periurbane und periphere Gemeinden	2.208	115.732	83.198	61.309	-54.423	-47,0
Ausgeglichene Gemeinden	776	75.289	59.336	46.737	-28.552	-37,9
Andere Gemeinden	216	12.543	9.585	7.447	-5.096	-40,6
Alpen gesamt	**5.799**	**402.173**	**304.815**	**235.120**	**-167.054**	**-41,5**

Quelle: CIPRA, eigene Bearbeitung

Tab. 17: Entwicklung des Anteils der landwirtschaftlichen Bevölkerung an der Gesamtbevölkerung in den Gemeindeentwicklungstypen 1981-2001

Gemeinde-entwicklungstypen	Anzahl Gemeinden	Anteil der Agrarbe-völkerung 1981 %	Anteil der Agrarbe-völkerung 1991 %	Anteil der Agrarbe-völkerung 2001 %	Veränderung 1981-2001 %
Gemeinden der Ballungsräume	2.118	5,4	3,9	2,9	-2,5
Tourismusgemeinden	481	10,5	7,0	5,7	-4,8
Periurbane und periphere Gemeinden	2.208	15,9	10,5	7,1	-8,8
Ausgeglichene Gemeinden	776	14,4	11,0	8,5	-5,9
Andere Gemeinden	216	12,0	8,8	6,7	-5,3
Alpen gesamt	**5.799**	**8,4**	**5,9**	**4,4**	**-4,0**

Quelle: CIPRA, eigene Bearbeitung

10. Landwirtschaftliche Betriebe 1981-2001

Im Jahr 1981 gab es in den Alpen noch fast 590.000 landwirtschaftliche Betriebe. Zwischen 1981 und 2001 hat die Anzahl der Betriebe um 240.000 abgenommen, das ist ein Rückgang um 41 %! Der Rückgang in den Neunzigerjahren war mit etwa 160.000 Betrieben doppelt so hoch wie in den Achtzigerjahren. Besonders hoch ist der absolute Rückgang in den Ballungsräumen, geringer (nur minus 33 %) ist er in den Tourismusorten. Auch in den periurbanen und peripheren Gemeinden sowie in den ausgeglichenen Gemeinden sind die Zahlen stark rückläufig. Von den 345.000 Betrieben im Jahr 2001 liegen knapp 145.000 in den Gemeinden der Ballungsräume.

Tab. 18: Entwicklung der landwirtschaftlichen Betriebe in den Gemeindeentwicklungstypen 1981-2001

Gemeindeentwick-lungstypen	Anzahl Gemeinden	Landwirtschaft-liche Betriebe 1981	Landwirtschaft-liche Betriebe 1991	Landwirtschaft-liche Betriebe 2001	Veränderung 1981-2001 abs.	Veränderung 1981-2001 %
Gemeinden der Bal-lungsräume	2.118	247.831	212.659	145.025	-102.806	-41,5
Tourismusgemeinden	481	34.235	30.447	22.845	-11.390	-33,3
Periurbane und peri-phere Gemeinden	2.208	161.710	137.198	95.742	-65.968	-40,8
Ausgeglichene Ge-meinden	776	120.766	104.309	69.595	-51.171	-42,4
Andere Gemeinden	216	21.981	18.145	11.780	-10.201	-46,4
Alpen gesamt	**5.799**	**586.523**	**502.758**	**344.987**	**-241.536**	**-41,2**

Anmerkungen zur Tabelle: Die Definition eines landwirtschaftlichen Betriebes basiert auf der jeweiligen nationalen landwirtschaftlichen Zählung. Aufgrund der statistischen Besonderheiten in den einzelnen Ländern (z. B. werden in Deutschland Betriebe erst ab 2 ha landwirtschaftlicher Nutzfläche gezählt, in den anderen Ländern ab 1 ha usw.) sowie aufgrund gewisser Änderungen in der Datenerfassung in den Alpenstaaten zwischen 1981 und 2001 sind die einzelnen absoluten Zahlen mit Vorsicht zu genießen (s. STREIFENEDER und RUFFINI 2007). Die generellen Trends ändern sich jedoch dadurch nicht.
Quelle: CIPRA, eigene Bearbeitung

Landwirtschaftliche Haupterwerbsbetriebe

Die Anzahl der Haupterwerbsbetriebe hat zwischen 1981 und 2001 um 20.815 abgenommen, das ist ein Rückgang um 9,4 %. Am stärksten ist die Abnahme bei den periurbanen und peripheren Gemeinden und in den Tourismusgemeinden.

Tab. 19: Entwicklung der landwirtschaftlichen Haupterwerbsbetriebe in den Gemeindeentwicklungstypen 1981-2001

Gemeinde-entwicklungstypen	Anzahl Gemeinden	Haupterwerbs-betriebe 1981	Haupterwerbs-betriebe 1991	Haupterwerbs-betriebe 2001	Veränderung 1981-2001 abs.	Veränderung 1981-2001 %
Gemeinden der Ballungsräume	2.118	88.833	72.992	80.097	-8.736	-9,8
Tourismusgemeinden	481	14.555	11.394	12.077	-2.478	-17,0
Periurbane und periphere Gemeinden	2.208	63.388	50.438	51.622	-11.766	-18,6
Ausgeglichene Gemeinden	776	46.056	36.155	47.869	1.813	3,9
Andere Gemeinden	216	7.739	6.194	8.090	351	4,5
Alpen gesamt	**5.799**	**220.571**	**177.173**	**199.756**	**-20.815**	**-9,4**

Anmerkungen zur Tabelle: In allen Alpenstaaten werden die Haupt-(HEB) und Nebenerwerbsbetriebe (NEB) nach der jährlich im landwirtschaftlichen Betrieb geleisteten Arbeitszeit definiert. Aufgrund unterschiedlicher Betrachtungseinheiten in den einzelnen Ländern liegen die Schwellenwerte für einen HEB in A, der CH, I, FL und SI niedriger als in D und F. Nach Berechnung von STREIFENEDER und RUFFINI 2007 werden in der ersten Ländergruppe deshalb ca. 30-50 % mehr HEB erfasst.

Quelle: CIPRA, eigene Bearbeitung

Zwischen 1981 und 2001 ist der Anteil der Haupterwerbsbetriebe an den Gesamtbetrieben von 38 auf 58 % gestiegen. Die Trendänderung geschah in den Neunzigerjahren. Am stärksten ist der Trend zu den Hauptbetrieben in den ausgeglichenen und in den anderen Gemeinden, am geringsten in den Tourismusgemeinden.

Tab. 20: Entwicklung des Anteils der Haupterwerbsbetriebe an den Gesamtbetrieben in den Gemeindeentwicklungstypen 1981-2001

Gemeinde-entwicklungstypen	Anzahl Gemeinden	Anteile 1981 in %	Anteile 1991 in %	Anteile 2001 in %	Veränderung 1981-1991 %	Veränderung 1981-2001 %
Gemeinden der Ballungsräume	2.118	36	34	55	-1,5	19,4
Tourismusgemeinden	481	43	37	53	-5,1	10,4
Periurbane und periphere Gemeinden	2.208	39	37	54	-2,4	14,7
Ausgeglichene Gemeinden	776	38	35	69	-3,5	30,7
Andere Gemeinden	216	35	34	69	-1,1	33,5
Alpen gesamt	**5.799**	**38**	**35**	**58**	**-2,4**	**20,3**

Quelle: CIPRA, eigene Bearbeitung

Landwirtschaftliche Nebenerwerbsbetriebe

Die Anzahl der Nebenerwerbsbetriebe ist zwischen 1981 und 2001 um knapp 210.000 gesunken, das entspricht einer Abnahme von beinahe 60 %! Der Rückgang ist damit viel deutlicher als bei den Haupterwerbsbetrieben (s. Tab. 19). Am stärksten ist die Abnahme in den ausgeglichenen Gemeinden sowie in den anderen Gemeinden.

Tab. 21: Entwicklung der landwirtschaftlichen Nebenerwerbsbetriebe in den Gemeindeentwicklungstypen 1981-2001

Gemeinde-entwicklungstypen	Anzahl Gemeinden	Nebenerwerbs-betriebe 1981	Nebenerwerbs-betriebe 1991	Nebenerwerbs-betriebe 2001	Veränderung 1981-2001 abs.	Veränderung 1981-2001 %
Gemeinden der Ballungsräume	2.118	152.611	134.960	63.627	-88.984	-58,3
Tourismusgemeinden	481	18.115	17.965	10.592	-7.523	-41,5
Periurbane und periphere Gemeinden	2.208	94.725	84.542	43.348	-51.377	-54,2
Ausgeglichene Gemeinden	776	72.576	66.201	21.573	-51.003	-70,3
Andere Gemeinden	216	13.962	11.671	3.685	-10.277	-73,6
Alpen gesamt	**5.799**	**351.989**	**315.339**	**142.824**	**-209.165**	**-59,4**

Quelle: CIPRA, eigene Bearbeitung

Der Anteil der Nebenerwerbsbetriebe an den Gesamtbetrieben ist alpenweit zwischen 1981 und 2001 von 60 auf 40 % gesunken, der Rückgang hat vor allem in den Neunzigerjahren stattgefunden. Der höchste Anteil an Nebenerwerbsbetrieben ist in den Tourismusgemeinden und in den periurbanen und peripheren Gemeinden zu beobachten.

Tab. 22: Entwicklung des Anteils der Nebenerwerbsbetriebe an den Gesamtbetrieben in den Gemeindeentwicklungstypen 1981-2001

Gemeinde-entwicklungstypen	Anzahl Gemeinden	Anteile 1981 in %	Anteile 1991 in %	Anteile 2001 in %	Veränderung 1981-1991 %	Veränderung 1981-2001 %
Gemeinden der Ballungsräume	2.118	62	63	44	1,9	-17,7
Tourismusgemeinden	481	53	59	46	6,1	-6,6
Periurbane und periphere Gemeinden	2.208	59	62	45	3,0	-13,3
Ausgeglichene Gemeinden	776	60	63	31	3,4	-29,1
Andere Gemeinden	216	64	64	31	0,8	-32,2
Alpen gesamt	**5.799**	**60**	**63**	**41**	**2,7**	**-18,6**

Quelle: CIPRA, eigene Bearbeitung

11. Landwirtschaftliche Flächennutzung, Grünland

Zwischen 1990 und 2000 hat das landwirtschaftlich genutzte Grünland um ca. 74.000 ha abgenommen, das entspricht einem Rückgang um ca. 2 %. Im gleichen Zeitraum ist die landwirtschaftliche Bevölkerung um 23 % und die Zahl der Landwirtschaftsbetriebe um 31 % zurückgegangen.

Den größten Anteil am Grünland in den Alpen hatten 2000 die Gemeinden der Ballungsräume mit fast 34 %. Zwischen 1990 und 2000 hat die Grünlandfläche in den ausgeglichenen Gemeinden am stärksten abgenommen, und zwar um ca. 7,8 %. Auch in den Tourismusgemeinden hat das Grünland abgenommen, und zwar um ca. 6,9 %. Die höchste Zunahme weisen die anderen Gemeinden mit 10 % auf. Auch in den Gemeinden der Ballungsräume hat das Grünland zugenommen. Diese Zunahme lag bei ca. 20.000 ha (1,7 %).
Bei Betrachtung der Karte 7 mit den Grünlandveränderungen im Alpenraum fällt auf, dass im italienischen und auch im deutschen Alpenraum viele Gemeinden eine überdurchschnittliche Grünlandabnahme aufweisen, im slowenischen Alpenraum hingegen dominiert die Grünlandzunahme. Auch in den südlichen französischen Alpen nimmt das Grünland in vielen Gemeinden deutlich zu. Die Grünlandveränderungen sind einerseits durch die generellen ökonomischen Entwicklungen bedingt, andererseits spielen auch die nationalen Fördersysteme eine wichtige Rolle.

Tab. 23: Veränderung der Grünlandnutzung in den Gemeindeentwicklungstypen 1990-2000

Gemeindeentwicklungstypen	**Anzahl Gemeinden**	**Grünland 1990 in ha**	**Grünland 2000 in ha**	**Veränderung 1990-2000 abs.**	**Veränderung 1990-2000 %**
Gemeinden der Ballungsräume	1.867	1.182.226	1.202.538	20.312	1,7
Tourismusgemeinden	438	505.832	470.750	-35.082	-6,9
Periurbane und periphere Gemeinden	1.969	1.084.936	1.077.082	-7.854	-0,7
Ausgeglichene Gemeinden	727	774.151	714.015	-60.136	-7,8
Andere Gemeinden	188	86.298	94.892	8.594	10,0
Alpen gesamt	**5.189[1])**	**3.633.443**	**3.559.278**	**-74.165**	**-2,0**

[1]) Aufgrund der unterschiedlichen Samples der EURAC und der CIPRA sowie der eingeschränkten Datenverfügbarkeit beträgt das Sample nicht 5.799, sondern nur 5.189 Gemeinden.

Anmerkungen zur Tabelle: Bei der Erfassung der landwirtschaftlichen Nutzfläche bestehen in den Alpenstaaten definitorische Unterschiede. Deshalb werden teilweise unterschiedliche Flächenkategorien erfasst. Zudem gab es zwischen 1990 und 2000 gewisse Änderungen in der Datenerfassung in einzelnen Alpenstaaten (s. STREIFENEDER und RUFFINI 2007). Die einzelnen absoluten Zahlen sind also mit Vorsicht zu genießen, die generellen Trends bleiben dennoch aufrecht.

Quelle: Rohdaten EURAC, Bearbeitung CIPRA

Alpenweit hat das landwirtschaftliche Grünland in fast 60 % aller Gemeinden abgenommen, in 40 % der Alpengemeinden ist die Grünlandfläche zwischen 1990 und 2000 hingegen größer geworden.

Tab. 24: Grünlandabnahme in den Gemeindeentwicklungstypen 1990-2000

Gemeindeentwicklungstypen	**Anzahl Gemeinden**	**Gemeinden mit Grünlandabnahme absolut**	**Anteil der Gemeinden mit Grünlandabnahme in %**	**Anteil an den Gemeinden des jeweiligen Typs in %**
Gemeinden der Ballungsräume	1.867	1.132	37,1	60,6
Tourismusgemeinden	438	255	8,4	58,2
Periurbane und periphere Gemeinden	1.969	1.145	37,6	58,2
Ausgeglichene Gemeinden	727	418	13,7	57,5
Andere Gemeinden	188	98	3,2	52,1
Alpen gesamt	**5.189[1])**	**3.048**	**100,0**	**58,7**

Quelle: Rohdaten EURAC, Bearbeitung CIPRA

[1]) Aufgrund der unterschiedlichen Samples der EURAC und der CIPRA sowie der eingeschränkten Datenverfügbarkeit beträgt das Sample nicht 5.799, sondern nur 5.189 Gemeinden.

Karte 7: Landnutzungsveränderung, Grünland 1990-2000

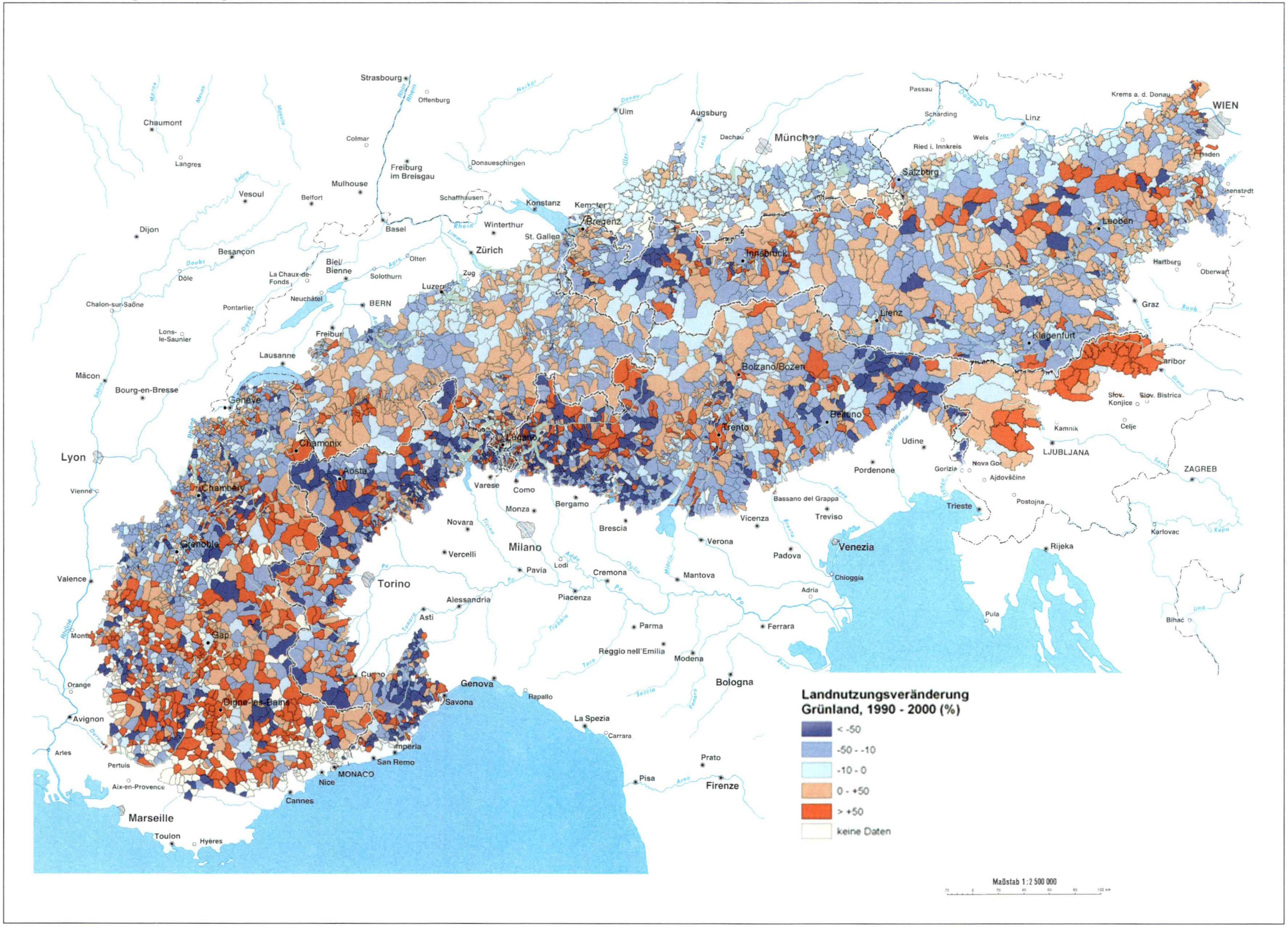

Quelle: EURAC 2006

Tab. 25: Grünlandzunahme in den Gemeindeentwicklungstypen 1990-2000

Gemeindeentwicklungstypen	Anzahl Gemeinden	Gemeinden mit Grünlandabnahme absolut	Anteil der Gemeinden mit Grünlandabnahme in %	Anteil an den Gemeinden des jeweiligen Typs in %
Gemeinden der Ballungsräume	1.867	729	34,2	39,1
Tourismusgemeinden	438	183	8,6	41,8
Periurbane und periphere Gemeinden	1.969	819	38,5	41,6
Ausgeglichene Gemeinden	727	308	14,5	42,4
Andere Gemeinden	188	90	4,2	47,9
Alpen gesamt	**5.189[1])**	**2.129**	**100,0**	**41,0**

Quelle: Rohdaten EURAC, Bearbeitung CIPRA

[1]) Aufgrund der unterschiedlichen Samples der EURAC und der CIPRA sowie der eingeschränkten Datenverfügbarkeit beträgt das Sample nicht 5.799, sondern nur 5.189 Gemeinden.

12. Zusammenhänge zwischen Erreichbarkeit, Bruttoregionalprodukt (GDP) und regionaler Arbeitslosigkeit

Erreichbarkeit

Für die Analyse der Erreichbarkeit wurden in den einzelnen Alpenländern folgende administrative Einheiten herangezogen: politische Bezirke (A), Kreise (D), Kantone (CH), Departements (F), Province (I) und Občine (Gemeinden) (SI).

Im Jahr 1995 lag die durchschnittliche 3-Stunden-Erreichbarkeit bei ca. 3,7 Millionen Personen. Das bedeutet, dass innerhalb von 3 Stunden im Durchschnitt 3,7 Millionen Personen innerhalb und außerhalb der Alpen erreicht werden konnten. Die höchsten Erreichbarkeitswerte lagen 1995 am italienischen Alpenrand: Novara, Brescia und Verona hatten 3-Stunden-Erreichbarkeitswerte von über 11 Mio. Personen. Die geringsten Erreichbarkeitswerte (unter 0,5 Mio. Personen) lagen in den Westalpen (Vaucluse, Hautes-Alpes), in den Südostalpen (Ravne na Koroškem) und auch in zentralen Alpengebieten (Val Müstair). Unter der Annahme, dass die großen Infrastrukturprojekte der transeuropäischen Netze realisiert werden, stellt sich die Situation im Jahr 2020 wie folgt dar: Die durchschnittliche Erreichbarkeit steigt auf ca. 9 Mio. Einwohner, das ist fast eine Verdreifachung gegenüber 1995! Die höchsten Erreichbarkeitswerte liegen bei ca. 25 Mio. Personen, z. B. in Verona, Bern oder im Wallis. Die geringsten Erreichbarkeitswerte liegen knapp unter 3 Mio. Personen (Ravne na Koroškem, Hermagor, Bruneck, Val Müstair) und entsprechen somit dem Mittelwert des Jahres 1995. Das heißt, die „langsamsten Regionen" der Zukunft werden ein Erreichbarkeitsniveau haben, das dem alpenweiten Durchschnitt des Jahres 1995 entspricht.

Besonders große Veränderungen treten an den Knotenpunkten der hochrangigen Verkehrsnetze auf, so etwa in Innsbruck: Im Jahr 1995 lag die 3-Stunden-Erreichbarkeit bei ca. 3 Mio. Personen, im Jahr 2020 wird 3-Stunden-Erreichbarkeit im Falle einer Realisierung des Brennerbasistunnels bei ca. 19 Mio. Personen liegen. Das entspricht mehr als einer Versechsfachung.

Abb. 2: Gebiete mit der höchsten und geringsten 3-Stunden-Erreichbarkeit 1995

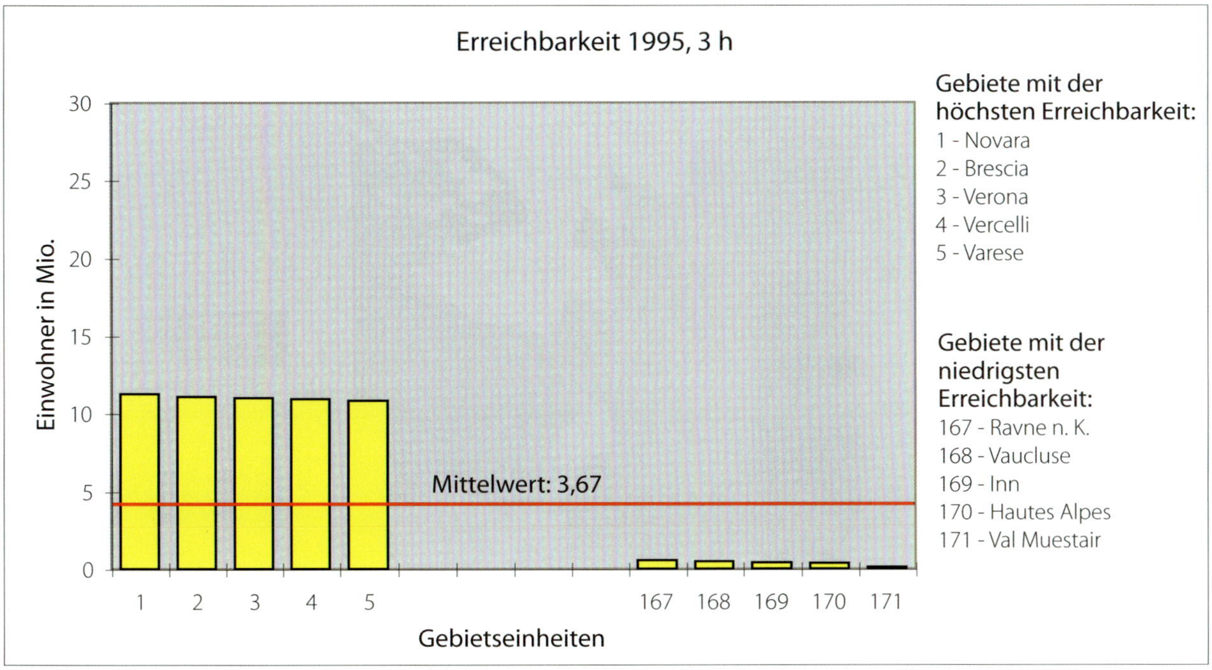

Quelle: CIPRA, eigene Bearbeitung

Abb. 3: Gebiete mit der höchsten und geringsten 3-Stunden-Erreichbarkeit 2020

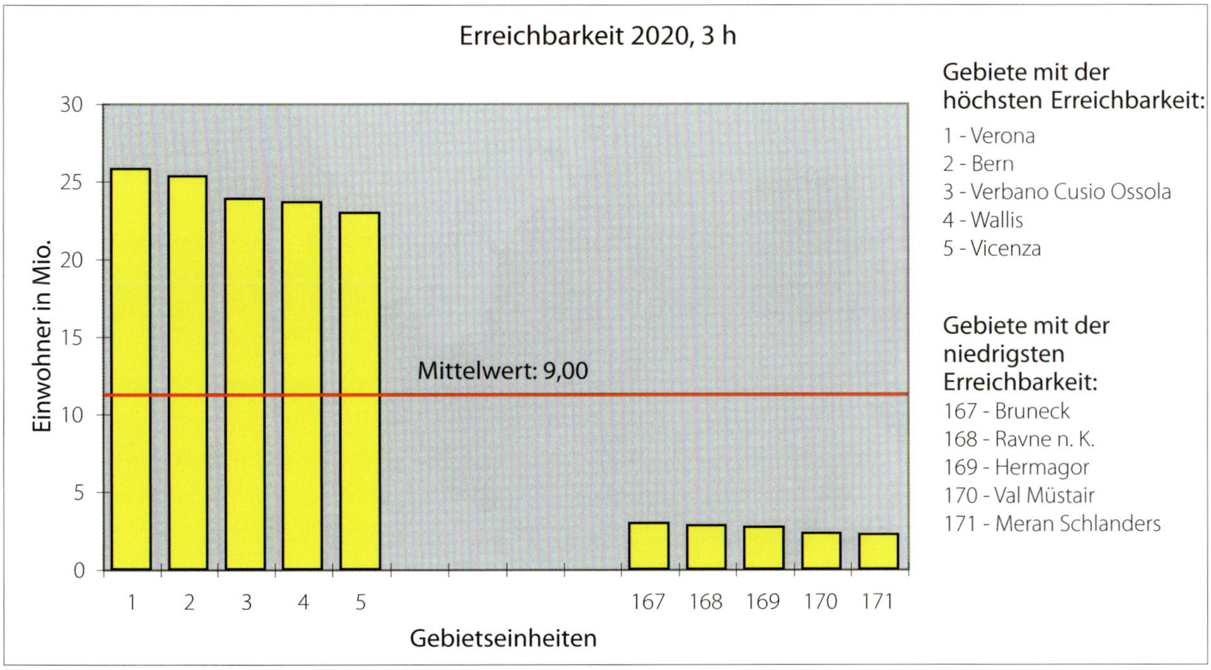

Quelle: CIPRA, eigene Bearbeitung

Karte 8: 3-Stunden-Erreichbarkeit 1995

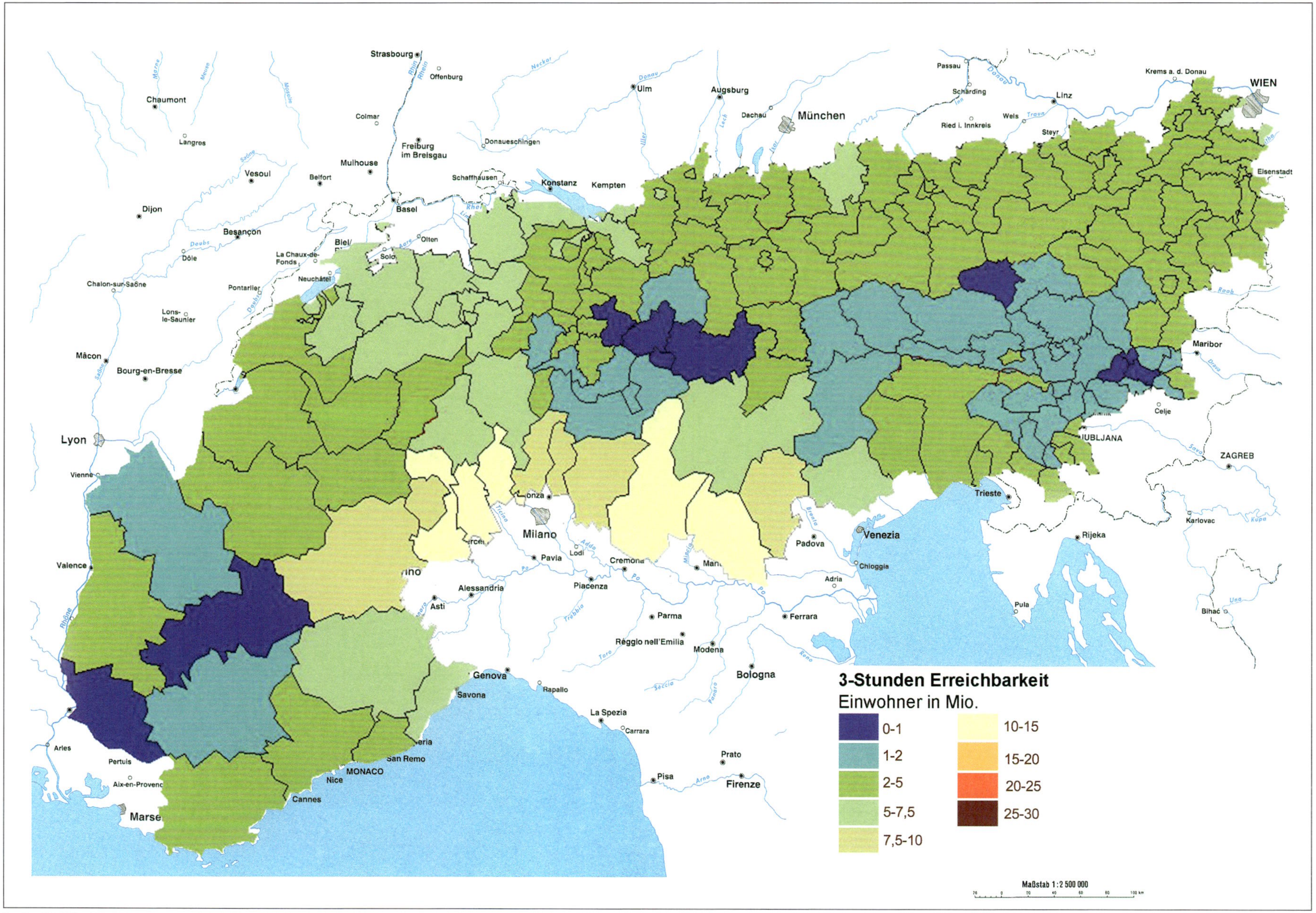

Quelle: PFEFFERKORN, EGLI, MASSARUTTO 2005

Karte 9: 3-Stunden-Erreichbarkeit 2020

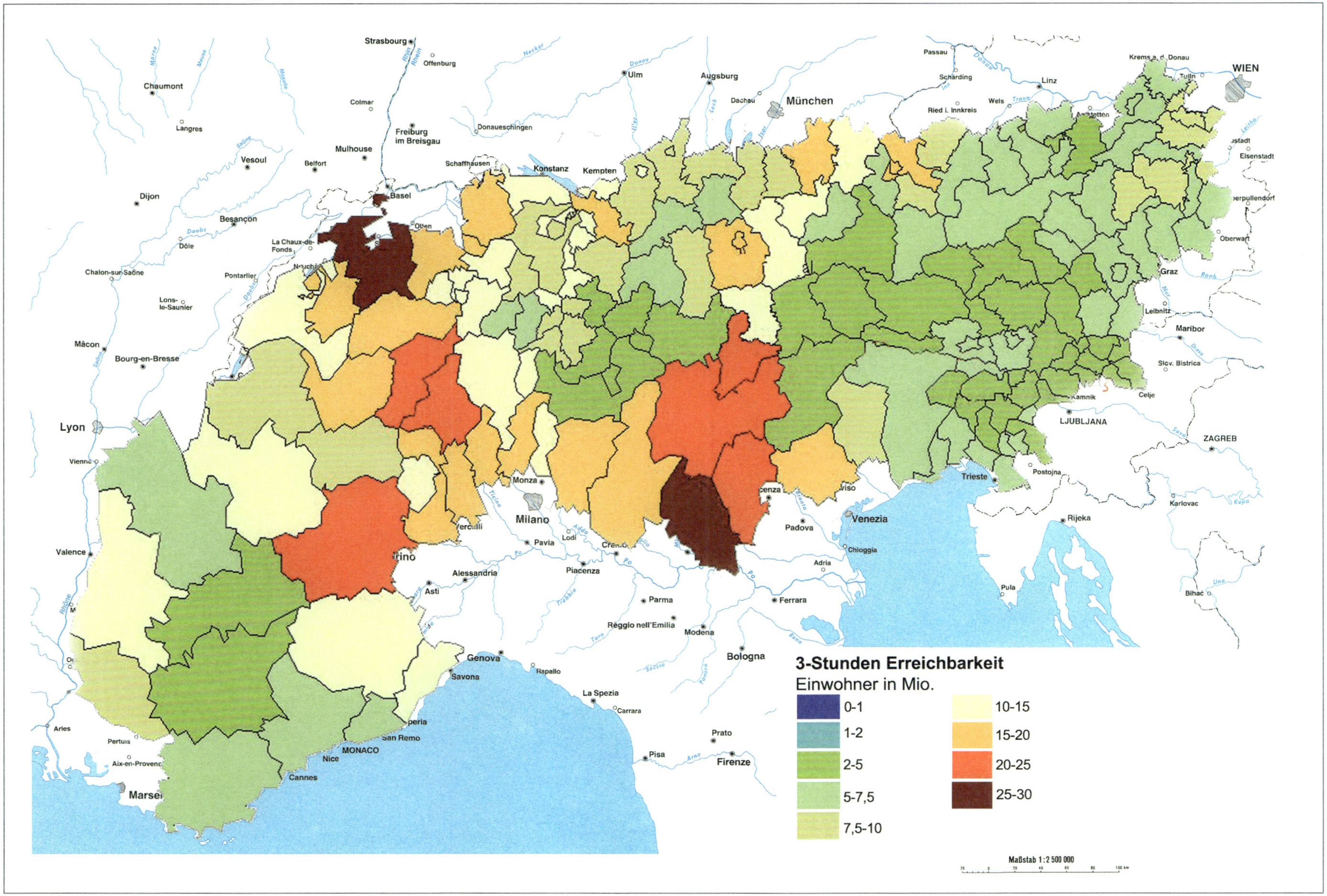

Quelle: PFEFFERKORN, EGLI, MASSARUTTO 2005

Karte 10: Bruttoregionalprodukt in den NUTS-3-Regionen des Alpenkonventionsgebietes

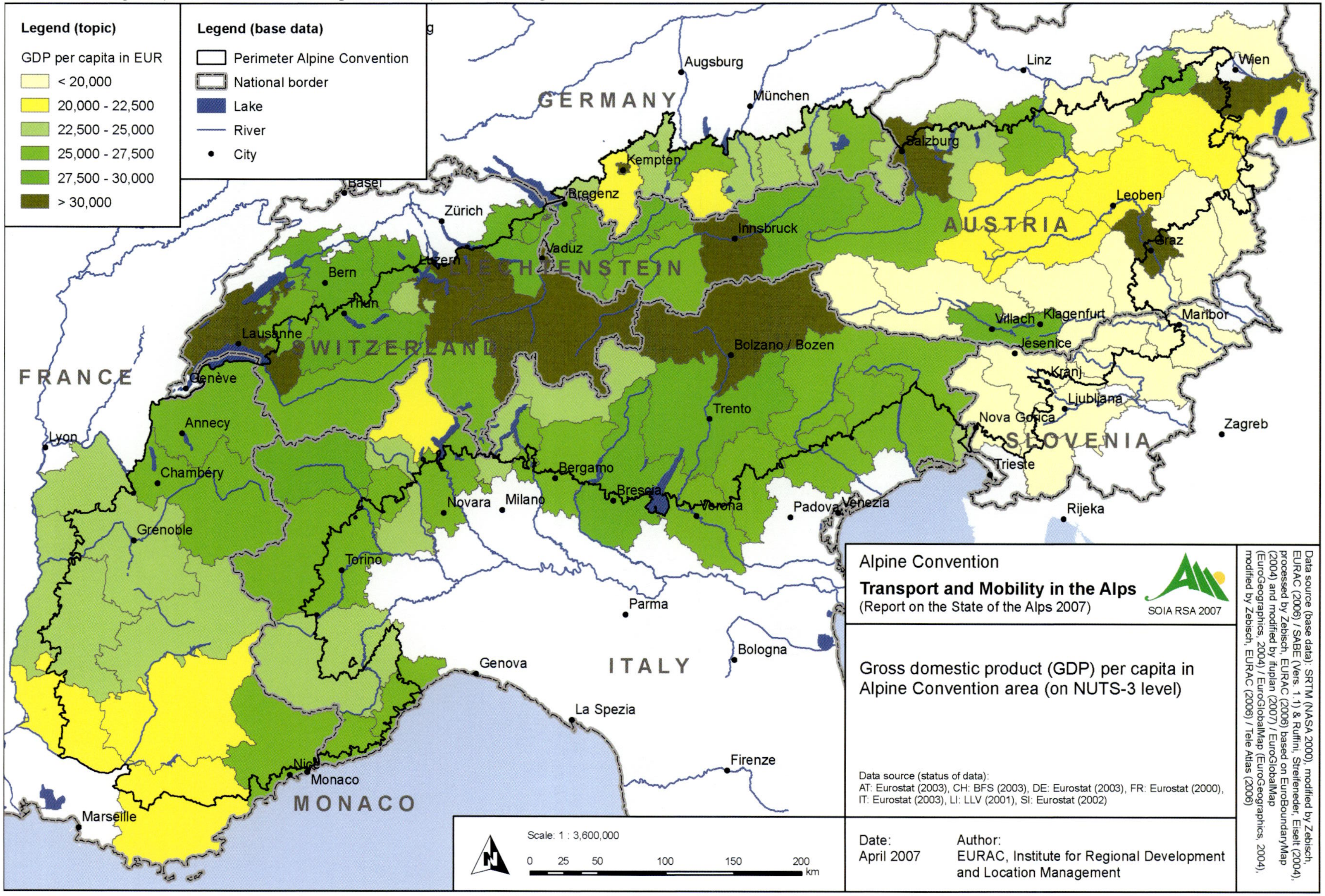

Quelle: PERMANENT SECRETARIAT OF THE ALPINE CONVENTION 2007

Bruttoregionalprodukt

Das Bruttoregionalprodukt (Gross Domestic Product, GDP) ist ein Indikator für die ökonomische Leistung einer Region in einem Jahr. Das Bruttoregionalprodukt per capita (pro Einwohner) liefert einen Hinweis auf den Wohlstand der ansässigen Bevölkerung. Das mittlere Bruttoregionalprodukt per capita in den Alpen lag im Jahr 2004 etwas über dem europäischen Durchschnitt. Die weitaus höchsten Werte in den Alpen weist Liechtenstein auf.

„NUTS" = „Nomenclature des Unités Territoriales Statistiques", eine räumliche Gliederung in statistische Einheiten, die in der EU verwendet wird.

Regionale Arbeitslosenquote

Die Arbeitslosigkeit lag in den Alpen im Jahr 2003 bei 6 %. Die EU-15 lagen im Vergleichsjahr bei 8 %. Von den 99 NUTS-3-Regionen in den Alpen wiesen nur 13 eine Arbeitslosigkeit von unter 3 % auf. Die Verteilung im Alpenraum zeigt, dass der West- und der Ostrand der Alpen höhere Arbeitslosenquoten aufweisen als die zentralen Alpengebiete in Südtirol, Westösterreich und der Ostschweiz.
Die Arbeitslosigkeit war erwartungsgemäß in jenen Gebieten höher, die ein geringes Bruttoregionalprodukt aufweisen.

Zusammenhänge zwischen Erreichbarkeit, Bruttoregionalprodukt (GDP) und regionaler Arbeitslosigkeit

Die einzelnen Beobachtungsjahre unterscheiden sich zwar (Erreichbarkeit 1995, Regionale Arbeitslosigkeit 2003, GDP 2004), der Vergleich ist jedoch dennoch zulässig, da sich das Ranking der NUTS-3-Regionen im Hinblick auf die Erreichbarkeit zwischen 1995 und 2003/2004 nicht grundlegend geändert haben dürfte.
Der Koeffizient für den Zusammenhang zwischen 3-Stunden-Erreichbarkeit und Bruttoregionalprodukt ist mit 0,27 relativ niedrig. Das bedeutet, dass ein hohes Bruttoregionalprodukt und eine hohe Erreichbarkeit nur in geringem Ausmaß zusammenhängen.
Anders sieht es bei der regionalen Arbeitslosenquote aus: Die Koeffizienten von -0,47 und -0,44 bedeuten, dass sowohl hohe Erreichbarkeit als auch ein hohes Bruttoregionalprodukt tendenziell mit einer geringen Arbeitslosenquote einhergehen.

Tab. 26: Korrelation zwischen Erreichbarkeit, Bruttoregionalprodukt (GDP) und regionaler Arbeitslosigkeit

Korrelationskoeffizient	Erreichbarkeit (1995)	Bruttoregionalprodukt (GDP 2004)	Regionale Arbeitslosigkeit (2003)
Erreichbarkeit (1995)	-	0,27	-0,47
Bruttoregionalprodukt (GDP 2004)	0,27	-	-0,44
Regionale Arbeitslosigkeit (2003)	-0,47	-0,44	-

Quelle: CIPRA, eigene Bearbeitung

Die 10 NUTS-3-Regionen mit der höchsten 3-Stunden-Erreichbarkeit in den Alpen weisen fast durchwegs ein überdurchschnittliches Bruttoregionalprodukt und eine unterdurchschnittliche Arbeitslosigkeit auf. Nur Vercelli (I) liegt beim GDP unter dem Durchschnitt.

Karte 11: Regionale Arbeitslosigkeit in den NUTS-3-Regionen des Alpenkonventionsgebietes

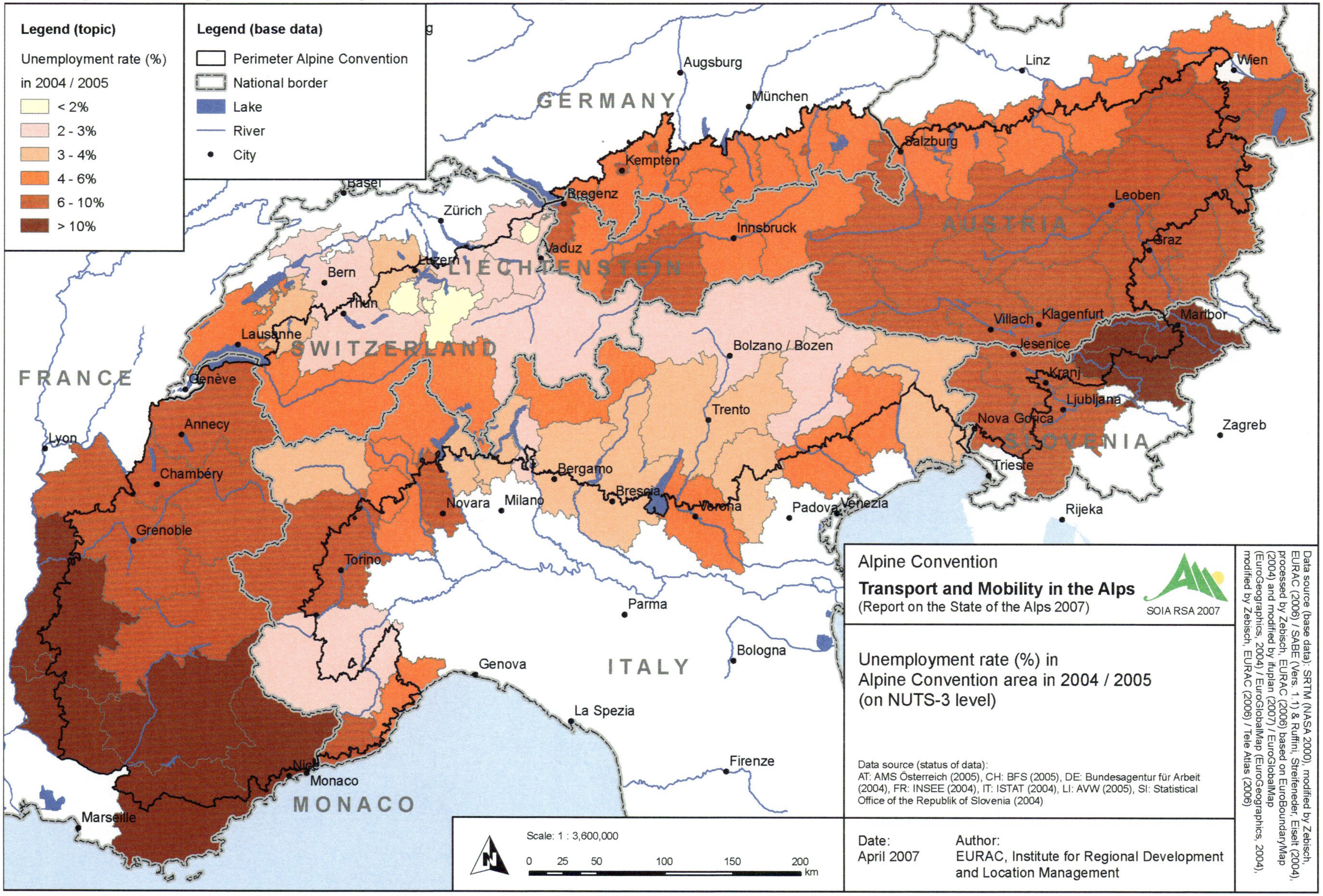

Quelle: PERMANENT SECRETARIAT OF THE ALPINE CONVENTION 2007

Tab. 27: Bruttoregionalprodukt (GDP) und Arbeitslosenquote der 10 NUTS-3-Regionen mit der höchsten Erreichbarkeit

NUTS-3-Region	3-Stunden-Erreichbarkeit (in Mio. Einwohner) 1995	Rang	GDP (Euro) 2004	Rang	Arbeitslosen-quote 2003	Rang
Novara (I)	11.227.652	1	26.257	45	6,1	57
Brescia (I)	11.044.944	2	29.578	19	3,5	25
Verona (I)	11.000.286	3	28.274	29	4,7	35
Vercelli (I)	10.929.273	4	24.805	60	4,5	30
Varese (I)	10.821.497	5	27.426	37	3,5	23
Torino (I)	9.089.922	6	27.687	35	6,1	56
Bergamo (I)	9.040.182	7	28.393	26	3,6	26
Biella (I)	7.755.117	8	25.544	52	5,1	39
Vicenza (I)	7.751.648	9	29.121	22	3,3	20
Como (I)	7.734.751	10	25.517	53	3,4	21
Alpen Mittelwert	**4.297.991**		**26.092**		**6,0**	

Quelle: Rohdaten EURAC, REGALP, Bearbeitung CIPRA

Die 10 NUTS-3-Regionen mit der geringsten 3-Stunden-Erreichbarkeit in den Alpen weisen fast durchweg ein unterdurchschnittliches Bruttoregionalprodukt und eine überdurchschnittliche Arbeitslosigkeit auf. Eine Ausnahme stellt Sondrio dar: Trotz der unterdurchschnittlichen Erreichbarkeit liegt das Bruttoregionalprodukt über und die Arbeitslosenquote unter dem alpenweiten Durchschnitt.

Tab. 28: Bruttoregionalprodukt (GDP) und Arbeitslosenquote der 10 NUTS-3-Regionen mit der geringsten Erreichbarkeit

NUTS-3-Region	3-Stunden-Erreichbarkeit (in Mio. Einwohner) 1995	Rang	GDP (Euro) 2004	Rang	Arbeitslosen-quote 2003	Rang
Savinjska (SI)	1.533.168	89	11.729	94	12,5	96
Sondrio (I)	1.472.628	90	25.750	48	4,2	29
Podravska (SI)	1.200.695	91	11.094	96	14,2	98
Osttirol (A)	1.107.631	92	20.131	84	9,9	90
Oberkärnten (A)	1.082.963	93	19.354	87	8,8	86
Isère (F)	1.015.000	94	25.489	54	8,7	84
Lungau (A)	994.410	95	20.771	81	7,6	76
Koroska (SI)	812.381	96	10.171	97	11,4	95
Vaucluse (F)	466.900	97	22.694	75	11,1	94
Hautes-Alpes (F)	359.145	98	24.215	63	7,9	81
Alpen Mittelwert	**4.297.991**		**26.092**		**6,0**	

Quelle: Rohdaten EURAC, REGALP, Bearbeitung CIPRA

Die 10 reichsten Regionen in den Alpen sind überdurchschnittlich gut erreichbar. Sie liegen jedoch im Hinblick auf die Erreichbarkeit nicht im Spitzenfeld der NUTS-3-Regionen. Ihre Arbeitslosenquoten liegend überwiegend unter dem alpinen Durchschnitt. Ausnahmen sind Kempten (D) und Rosenheim (D).

Tab. 29: Erreichbarkeit der 10 NUTS-3-Regionen mit dem höchsten Bruttoregionalprodukt

NUTS-3-Region	GDP (Euro) 2004	Rang	3-Stunden-Erreichbarkeit (in Mio. Einwohner) 1995	Rang	Arbeitslosen-quote 2003	Rang
Liechtenstein (FL)	85.207	1	4.291.150	46	2,4	9
Glarus (CH)	44.129	2	4.281.815	48	2,7	12
Nidwalden (CH)	42.764	3	5.918.937	18	2,2	6
Kempten (D)	39.504	4	6.144.818	15	8,1	82
Rosenheim (D)	36.083	5	5.681.828	20	7,9	80
Salzburg und Umgebung (A)	35.457	6	4.364.655	45	4,6	34
Graz (A)	34.788	7	2.883.010	71	7,5	75
Waadt (CH)	33.290	8	4.566.549	38	5,2	43
Wiener Umland/Südteil (A))	32.518	9	5.091.167	30	6,6	62
Bludenz-Bregenzer Wald (A)	31.292	10	4.398.329	43	5,8	54
Alpen Mittelwert	**26.092**		**4.297.991**		**6,0**	

Quelle: Rohdaten EURAC, REGALP, Bearbeitung CIPRA

Die 10 Regionen mit dem geringsten Bruttoregionalprodukt liegen in Slowenien und Ostösterreich. Ihre Erreichbarkeit liegt unter, ihre Arbeitslosenquote über dem Durchschnitt aller NUTS-3-Regionen in den Alpen.

Tab. 30: Erreichbarkeit der 10 NUTS-3-Regionen mit dem geringsten Bruttoregionalprodukt

NUTS-3-Region	GDP (Euro) 2004	Rang	3-Stunden-Erreichbarkeit (in Mio. Einwohner) 1995	Rang	Arbeitslosen-quote 2003	Rang
Osrednjeslovenska (SI)	18.760	89	2.019.874	82	6,7	64
Oststeiermark (A)	18.717	90	2.580.227	75	6,7	63
Mittelburgenland (A)	17.608	91	4.429.262	41	7,3	69
Südburgenland (A)	16.595	92	2.702.252	73	8,7	85
Goriska (SI)	12.571	93	2.075.056	81	8,1	83
Savinjska (SI)	11.729	94	1.533.168	89	12,5	96
Gorenjska (SI)	11.321	95	1.791.912	86	7,6	77
Podravska (SI)	11.094	96	1.200.695	91	14,2	98
Koroska (SI)	10.171	97	812.381	96	11,4	95
Notranjsko-kraška (SI)	10.101	98	2.416.169	76	7,5	74
Alpen Mittelwert	**26.092**		**4.297.991**		**6,0**	

Quelle: Rohdaten EURAC, REGALP, Bearbeitung CIPRA

Die Tabellen zeigen, dass die vermuteten Zusammenhänge zwischen hoher Erreichbarkeit, hohem Bruttoregionalprodukt und geringer Arbeitslosenquote zumindest bei den Spitzenreitern und bei den Schlusslichtern der NUTS-3-Regionen in den Alpen zutreffen.

13. Gemeinden mit Wachstumsdynamik und Gemeinden mit Struktur- und Entwicklungsschwächen

In den Tabellen 31 und 32 sowie in den Karten 12 und 13 werden auf der einen Seite Gemeinden mit Wachstumsdynamik und auf der anderen Seite die Gemeinden mit Struktur- und Entwicklungsschwächen dargestellt. Zu den Gemeinden mit Wachstumsdynamik zählen jene, die als Basisparameter zwischen 1981 und 2001 eine Zunahme der Bevölkerung aufweisen. Zusätzlich wurden drei Wachstumsparameter definiert:

- Hoher Anteil der Bevölkerung im erwerbsfähigen Alter (15- bis 64-Jährige): > 75 Perzentil = jene Gemeinden, bei denen der Anteil der Erwerbsbevölkerung im obersten Viertel aller Alpengemeinden liegt.
- Deutliche Zunahme der Gebäude: > 75 Perzentil = jene Gemeinden, die im Hinblick auf das prozentuale Wachstum der Gebäudezahl im obersten Viertel aller Alpengemeinden liegen.
- Hohe Einpendlerquote: > 75 Perzentil = jene Gemeinden, deren Einpendlerquote im obersten Viertel aller Alpengemeinden liegt.

71,5 % aller Alpengemeinden weisen zwischen 1981 und 2001 einen Bevölkerungszuwachs auf. 28,5 % der Alpengemeinden haben einen weiteren Wachstumsfaktor, 12,7 % der Alpengemeinden können zwei weitere Wachstumsfaktoren vorweisen, und 148 Gemeinden, das sind 2,6 % aller Alpengemeinden, sind mit drei weiteren Wachstumsfaktoren ausgestattet. Zu diesen Gemeinden zählen etwa: Mäder (A), Laax (CH), Les Gets (F), Postal/Burgstall (I) und Ravne (SI).

Viele der Gemeinden, die zwischen 1981 und 2001 zwei oder drei zusätzliche Wachstumsparamter aufweisen, liegen in NUTS-3-Regionen mit mittlerem Bruttoregionalprodukt, so z. B. in den Westalpen, einige Gemeinden liegen auch in Gebieten mit einem hohen GDP, so z. B. in Westösterreich, in Südtirol und im Engadin. Eine weitere Gruppe liegt in Gebieten mit einem geringen GDP, so. z. B. im slowenischen Alpenraum. Siehe dazu die Karten 12 und 13.

Tab. 31: Gemeinden mit Wachstumsdynamik 1981-2001

	Anzahl absolut	**Anteil an den Gemeinden in %**
Gemeinden mit Bevölkerungswachstum	4.144	71,5
Gemeinden mit einem weiteren Wachstumsparameter	1.645	28,5
Gemeinden mit 2 weiteren Wachstumsparametern	737	12,7
Gemeinden mit 3 weiteren Wachstumsparametern	148	2,6
Summe Alpengemeinden	**5.799**	

Quelle: CIPRA, eigene Bearbeitung

Karte 12: Gemeinden mit Wachstumsdynamik 1981-2001

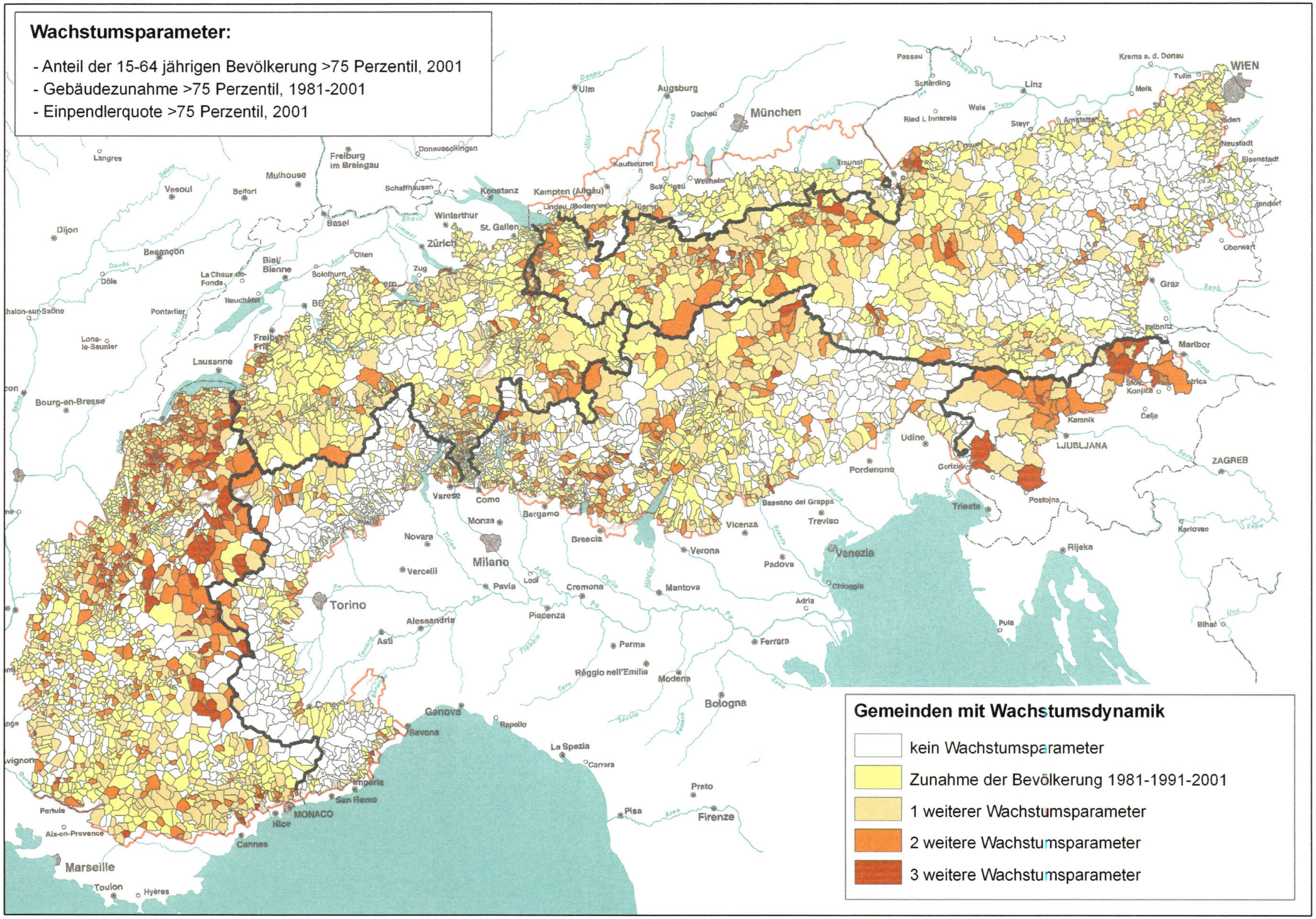

Quelle: CIPRA, eigene Bearbeitung

Zu den Gemeinden mit Struktur- und Entwicklungsschwächen zählen jene, bei denen die Einwohnerzahl zwischen 1981 und 2001 abgenommen hat. Der Bevölkerungsverlust dient wiederum als Basisparameter. Die drei zusätzlichen Parameter für Struktur- und Entwicklungsschwächen lauten:

- Kleine Gemeinde: < 300 Einwohner.
- Geringer Anteil der Bevölkerung im erwerbsfähigen Alter (15- bis 64-Jährige): < 25 Perzentil: = jene Gemeinden, bei denen der Anteil der Erwerbsbevölkerung im untersten Viertel aller Alpengemeinden liegt.
- Hohe Auspendlerquote: > 75 Perzentil = jene Gemeinden, deren Auspendlerquote im obersten Viertel aller Alpengemeinden liegt.

28,5 % aller Alpengemeinden mussten zwischen 1981 und 2001 oder zwischen 1991 und 2001 Bevölkerungsverluste hinnehmen. 10,3 % der Alpengemeinden weisen einen, 5,9 % der Alpengemeinden zwei weitere „Schwächeparameter" auf. Nur 30 Gemeinden, das sind 0,5 % aller Alpengemeinden haben drei Schwächeparameter. Zu diesen Gemeinden zählen z. B. Auressio (CH), Bonvillaret (F) und Seppiana (I).
Viele der Gemeinden, die zwischen 1981 und 2001 zwei oder drei zusätzliche „Schwächeparamter" aufweisen, liegen in NUTS-3-Regionen mit mittlerem oder geringem GDP (Ligurische Alpen, Piemont, Osttirol, Niedere Tauern, östliche Ausläufer der Alpen). In den NUTS-3-Regionen mit dem höchsten GDP gibt es kaum Gemeinden mit zwei oder drei zusätzlichen „Schwächeparametern".

Tab. 32: Gemeinden mit Struktur- und Entwicklungsschwächen 1981-2001

	Anzahl absolut	**Anteil an den Gemeinden in %**
Gemeinden mit Bevölkerungsrückgang	1.653	28,5
Gemeinden mit einem weiteren „Schwächeparameter"	598	10,3
Gemeinden mit 2 weiteren „Schwächeparametern"	343	5,9
Gemeinden mit 3 weiteren „Schwächeparametern"	30	0,5
Summe Alpengemeinden	**5.799**	

Quelle: CIPRA, eigene Bearbeitung

Karte 13: Gemeinden mit Struktur- und Entwicklungsschwächen 1981-2001

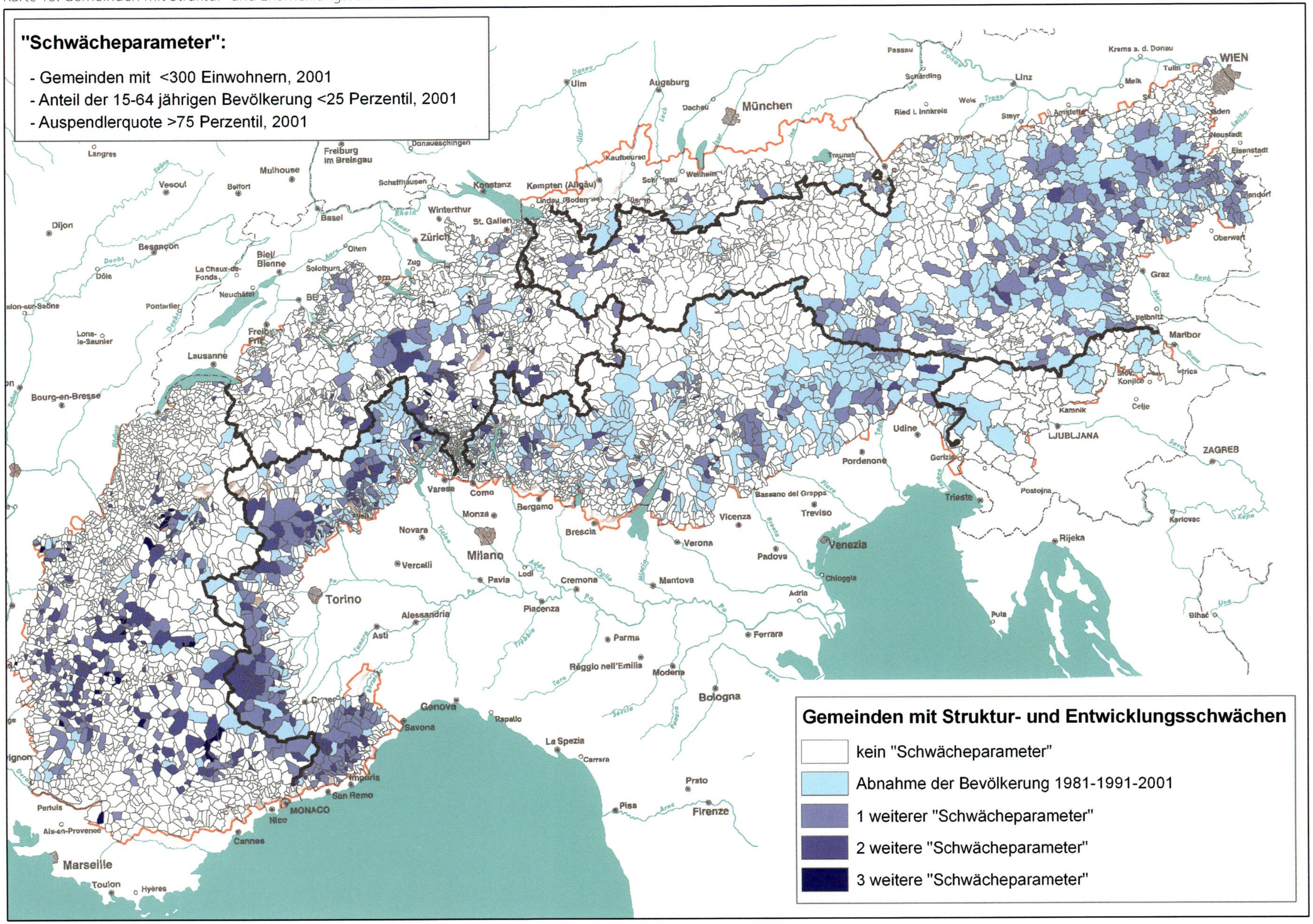

Quelle: CIPRA, eigene Bearbeitung

14. Alpen-Eckdaten 1981-2001

Aus den vorangegangenen Tabellen werden in den Tabellen 33 und 34 einige Eckdaten für die Alpen zwischen 1981 und 2001 zusammengefasst: Die Anzahl der Einwohner und der Arbeitsplätze nehmen insgesamt um 11 bzw. 14 % zu. Allerdings weisen 27 % aller Alpengemeinden zwischen 1981 und 2001 einen Bevölkerungsrückgang auf. Der Anteil jener Gemeinden in den Alpen, die in den letzten 20 Jahren Arbeitsplatzverluste hinnehmen mussten, liegt sogar über 40 %. Knapp 63 % aller Alpengemeinden können als überaltert bezeichnet werden. Das Bruttoregionalprodukt pro Kopf betrug 2001 rund 25.000 Euro, die Arbeitslosenquote lag bei 6 %.
Die Gebäudezahl verzeichnet zwischen 1981 und 2001 ein enormes Wachstum: +33,9 %.
Der negative Pendlersaldo wächst von 1991 bis 2001 um 17 % und liegt 2001 bei fast 0,5 Mio. Personen. Die landwirtschaftliche Bevölkerung und die Anzahl der landwirtschaftlichen Betriebe haben in den letzen 20 Jahren um über 40 % abgenommen.
Die landwirtschaftlich genutzte Grünlandfläche in den Alpen ist zwischen 1991 und 2001 um ca. 74.000 ha kleiner geworden.
Dies entspricht einem Rückgang um 2 %.

Tab. 33: Kennzahlen der Raumentwicklung in den Alpen 1981-2001

Kennzahlen	1981	2001	Veränderung 1981-2001 abs.	Veränderung 1981-2001 in %
Einwohner	11.117.956	12.295.226	1.177.270	10,6
Wanderungsbilanz			787.276	7,1
Geburtenbilanz			389.994	3,5
Arbeitsplätze [1]	2.733.419	3.139.531	406.112	14,9
Pendlersaldo	-415.473 [2]	-487.217	-71.744	-17,3
Gebäude	3.992.644	5.344.574	1.351.930	33,9
Agrarbevölkerung	402.173	235.120	-167.054	-41,5
Anteil der Agrarbevölkerung an der Gesamtbevölkerung in %	8,4	4,4	-4,0	-41,5
Landwirtschaftliche Betriebe	586.523	344.987	-241.536	-41,2
Landwirtschaftliches Grünland (ha) [3]	3.633.443	3.559.278	-74.165	-2,0

[1] Ohne Italien und Slowenien.
[2] Wert für 1991.
[3] Reduziertes Sample aufgrund der eingeschränkten Datenverfügbarkeit.

Quelle: CIPRA, eigene Bearbeitung

Tab. 34: Kennzahlen der Raumentwicklung in den Alpen 2001

Kennzahlen	2001
Anteil der Gemeinden mit Bevölkerungsrückgang an den Gemeinden insgesamt	27,4
Anteil der Gemeinden mit negativer Wanderungsbilanz an den Gemeinden insgesamt	29,9
Anteil der Gemeinden mit negativer Geburtenbilanz an den Gemeinden insgesamt	41,0
Anteil der Gemeinden mit negativer Wanderungs- UND negativer Geburtenbilanz an den Gemeinden insgesamt	12,9
Old Age Index für die Alpen insgesamt 2)	100,3
Anteil der Bevölkerung über 64 Jahre an der Gesamtbevölkerung 2)	17,0
Anteil der Gemeinden mit überalterter Bevölkerung an den Gemeinden insgesamt 2)	63,0
Regionales GDP per capita (in Euro) 2)	25.000
Regionale Arbeitslosigkeit in % 2)	6,0
Anteil der Gemeinden mit Arbeitsplatzrückgang an den Gemeinden insgesamt 1)	40,5
Anteil der Gemeinden mit einer hohen Tourismusintensität (= mehr Betten als Einwohner) an den Gemeinden insgesamt 2)	9,0
Anteil der Gemeinden mit Grünlandabnahme an den Gemeinden insgesamt 3)	58,7
Anteil der Gemeinden mit Grünlandzunahme an den Gemeinden insgesamt 3)	41,0
Anteil der Gemeinden mit hoher Wachstumsdynamik an den Gemeinden insgesamt	12,7
Anteil der Gemeinden mit großen Struktur- und Entwicklungsproblemen an den Gemeinden insgesamt	5,9

1) Ohne Italien und Slowenien.
2) Bezogen auf die Abgrenzung der Alpenkonvention.
3) Reduziertes Sample aufgrund der eingeschränkten Datenverfügbarkeit.

Quelle: CIPRA, eigene Bearbeitung

15. Quellenangaben

BÄTZING, W., MESSERLI, P., PERLIK, M. (1995): Regionale Entwicklungstypen. Analyse und Gliederung des Schweizerischen Berggebietes. Im Auftrag des Bundesamtes für Industrie, Gewerbe und Arbeit. Bern.

PERMANENT SECRETARIAT OF THE ALPINE CONVENTION (2007): Report on the State of the Alps. Alpine Signals – Special edition 1. Transport and Mobility in the Alps. Innsbruck.

PFEFFERKORN, W., EGLI, H.-R., MASSARUTTO, A. (2005): Regional Development and Cultural Landscape Change in the Alps. The Challenge of Polarisation. Geographica Bernensia, G74, Bern.

STREIFENEDER, T.; HOFFMANN, C.; RUFFINI, F. (2006): Projekt Agralp, Institut für Regionalentwicklung und Standortmanagement, EURAC-Research, *www.eurac.edu/agralp*, Bozen.

STREIFENEDER, T., RUFFINI, F. (2007): Ausgewählte Aspekte des Agrarstrukturwandels in den Alpen – Ein Vergleich harmonisierter Agrarstrukturindikatoren auf Gemeindeebene im Alpenkonventionsgebiet. In: Berichte für Landwirtschaft, Heft 3/2007 (in press).

Statistische Quellen:

Österreich:	STATISTIK AUSTRIA *www.statistik.at*
Deutschland:	Bayerisches Landesamt für Statistik und Datenverarbeitung, *www.statistik.bayern.de*
	Bundesagentur für Arbeit, Statistik
Schweiz:	Bundesamt für Statistik (BFS), *www.bfs.admin.ch*
Frankreich:	INSTITUT NATIONAL DE LA STATISTIQUE ET DES ÉTUDES ÉCONOMIQUES (INSEE), *www.insee.fr/fr/home/home_page.asp*
	AGRESTE, LA STATISTIQUE AGRICOLE (SCEES), *http://www.agreste.agriculture.gouv.fr*
Italien:	Istituto nazionale di statistica (ISTAT), *http://www.istat.it*
Slowenien:	Statisticni urad Republike Slovenije (SI-STAT), *http://www.stat.si*
Liechtenstein:	Amt für Volkswirtschaft, Statistik, *www.llv.li/amtsstellen/llv-avw-statistik.htm*

Autoren: Wolfgang Pfefferkorn
Zeljka Musović-Doboš

Die CIPRA: Informationspool und Keyplayer

Die „Commission Internationale pour la Protection des Alpes" ist besser bekannt unter ihrem Kürzel CIPRA. Seit mehr als einem halben Jahrhundert setzt sie sich für eine nachhaltige Entwicklung in den Alpen ein. Anders gesagt sucht sie nach Wegen, wie sich Umwelt, Wirtschaft und Soziales in Einklang bringen lassen. Das Engagement gilt einem vielgestaltigen Lebensraum und seinen Bewohnern: Im großen Alpenbogen, der sich mit 1.100 Kilometer Länge über acht Staaten erstreckt, leben rund 14 Millionen Menschen.

Die CIPRA ist in sieben Alpenländern vertreten: Deutschland, Frankreich, Italien, Liechtenstein, Schweiz, Slowenien und Österreich. In Südtirol unterhält sie eine regionale Dependance. Die nichtstaatliche Dachorganisation versteht sich als moderne Drehscheibe für Informationen. Sie sammelt Daten und Fakten zu Themen wie Klima, Verkehr, Berglandwirtschaft, Tourismus, Energie und Bauen, bereitet sie auf und versorgt damit interessierte Menschen in den Alpen und außerhalb.

Dazu dient etwa der alpMedia-Newsletter. Er berichtet alle 14 Tage über aktuelle Entwicklungen, neue Publikationen und Veranstaltungen. Vertiefende Informationen bringen die vierteljährlich erscheinenden CIPRA Infos und zahlreiche Dossiers. Die meisten Veröffentlichungen erscheinen auf Deutsch, Italienisch, Französisch und Slowenisch, zum Teil auch auf Englisch.

Besonders aufwändig war die Herausgabe von zwei „Alpenreports". Der erste Band erschien 1998, der zweite im Jahr 2001. Die beiden Kompendien bündeln das internationale Fachwissen, verstehen sich als Barometer aktueller Entwicklungen und präsentieren vor allem zukunftsweisende Modelle. ExpertInnen aus allen Alpenländern von Frankreich bis Slowenien haben daran mitgearbeitet. In Kapiteln wie „Bevölkerung und Kultur", „Zukunftsfähige Entwicklung", „Alpenpolitik und Netzwerke" sowie „Klimawandel" entsteht ein neues Bild vom Leben in den Alpen. Pointierte Essays und auch für Laien verständliche Fachaufsätze werden ergänzt durch exklusiv für die Bände erhobene Daten und Studien. Die Alpenreports waren ein Erfolg auf dem Buchmarkt und werden seitdem breit genutzt.

Doch solches Wissen aus der Forschung muss auch in die Praxis umgesetzt werden. Deshalb unterstützt die CIPRA Projekte und Initiativen vor Ort mit Rat und Tat. Beispielsweise hat sie vor zehn Jahren das Gemeinde-Netzwerk „Allianz in den Alpen" mit ins Leben gerufen. Mittlerweile arbeiten darin rund 250 Gemeinden zusammen. Sie repräsentieren rund 4,5 Prozent der Gesamtbevölkerung und mehr als fünf Prozent der Fläche in den Alpen. In allen Projekten geht es darum, das anspruchsvolle Konzept von „nachhaltiger Entwicklung" in machbaren Vorhaben umzusetzen. Dabei ist es der

Unterwegs für den Alpenschutz: Mitarbeiter der CIPRA sind Teamspieler.

CIPRA wichtig, dass die Aktivitäten von der Bevölkerung ausgehen und von ihr getragen werden. Eine Art alpiner Identität kristallisiert sich heraus. Gemeinsam besinnen sich die Gemeinden auf ihre eigenen Stärken. Sie tauschen sich über Erfahrungen in Politik und Projektmanagement aus, machen gegenseitig „Good Practices“ bekannt, regen also mit gelungenen Vorhaben zur Nachahmung andernorts an. Die Allianz wird geleitet von einer großen Vision: die natürliche, kulturelle und sprachliche Vielfalt in den Alpen zu respektieren und zu erhalten.

In Bereichen, die der CIPRA besonders wichtig sind, engagiert sie sich auch mit ganz direkter Hilfe. Dazu zählt die Sorge um die Folgen des Klimawandels. Im Projekt „climalp“ fördert die CIPRA den Bau von energieeffizienten Häusern aus regionalem Holz. Wieder geht es um Wissenstransfer. In Workshops und Publikationen sowie bei Exkursionen zu vorbildlichen Gebäuden können sich Bauherren und ArchitektInnen über die neuesten Technologien und Entwürfe informieren.

Alpenschutz von oben, auf Regierungsebene? Oder von unten, mit Gemeinden und Bevölkerung? Beides ist wichtig, davon ist die CIPRA überzeugt. Sie inspiriert und kontrolliert einerseits ein internationales Vertragswerk wie die Alpenkonvention, betreibt andererseits kommunale und regionale Netzwerke. Eine Doppelstrategie zum Schutze der Alpen, die sich bewährt hat.

„Zukunft in den Alpen“: Wissen verbreiten – Menschen vernetzen

„Zukunft in den Alpen“ ist ein Projekt, das Wissen managt. Es wurde initiiert von der Internationalen Alpenschutzkommission CIPRA. Finanziert hat es die MAVA Stiftung für Naturschutz in Montricher, Schweiz. Das vorliegende Buch ist ein Höhepunkt dieses Projekts.

Das Projekt „Zukunft in den Alpen“ stellt sich ganz in den Dienst einer zukunftsfähigen Entwicklung. Es will Menschen, Unternehmen und Institutionen helfen, sich zu vernetzen und neue Wege zu gehen, um eine Balance zwischen wirtschaftlichen, ökologischen und sozialen Belangen zu erreichen. Die CIPRA leistet mit dem Projekt, das im Juli 2004 startete und bis Dezember 2007 läuft, einen Beitrag zur Umsetzung der Alpenkonvention.

Die Schwierigkeit dabei: Das für die Zukunftsgestaltung wertvolle Wissen verteilt sich auf viele Länder – mit ganz unterschiedlichen örtlichen Bedingungen. Sprachbarrieren verhindern den Informationsfluss. Die Form der Rechts- und Verwaltungssysteme hängt ebenso vom jeweiligen Land ab wie die Bedeutung von Zivilgesellschaft und Unternehmertum. Auf der anderen Seite eint die Alpen eine gemeinsame Problemlage mit ähnlichen Bedrohungen. Und gleichzeitig ein Netzwerk ungezählter Initiativen mit Abertausenden AktivistInnen, die nach Lösungen suchen und sich als Zukunftsmacher betätigen. Doch wissen die meisten von ihnen nicht, dass irgendwo Menschen an exakt den gleichen Problemen tüfteln wie sie. An dieser Stelle setzt „Zukunft in den Alpen“ an.

Thematisch konzentriert sich das Projekt auf sechs Bereiche: regionale Wertschöpfung, soziale Handlungsfähigkeit, Schutzgebiete, Mobilität, neue Formen der Entscheidungsfindung und politische Instrumente. Es beschäftigt sich darüber hinaus auch mit den beiden Querschnittsthemen Klimawandel und Stadt-Land-Beziehungen.

Das Projekt besteht aus drei Elementen. Unter dem Titel „alpKnowhow“ werden bestehende und neue Initiativen gesammelt, die sich zwar nicht eins zu eins kopieren lassen, aber deren Methoden und Erfolge ähnliche Vorhaben inspirieren können. Zusätzlich werden aktuelles Forschungs- und praktisches Erfahrungswissen zusammengeführt, bewertet und so aufbereitet, dass ein brauchbares und nützliches Arbeitsinstrument daraus entsteht. Dazu haben rund 40 ExpertInnen aus allen Alpenländern Daten und Fakten zusammengetragen. Sie fütterten außerdem eine Datenbank mit besonders gelungenen Projekten. Für die Auswahl des relevanten Wissens wurde ein eigenes Bewertungssystem entwickelt. Die Ergebnisse aus „alpKnowhow“ stehen in umfassenden Reports auf Englisch zur Verfügung und wurden für dieses Buch so aufgearbeitet, dass sie für Laien verständlich sind.

Es reicht nicht, Wissen irgendwo bereitzustellen. Es muss an diejenigen herangetragen werden, die es brauchen. „alpService“, das zweite Element, sorgt dafür, dass die Resultate der Wissenssammlung möglichst vielen aktiven Menschen zugänglich werden. Etwa über das CIPRA Info und durch Artikel in Fachzeitschriften. Hinzu kommt die elektronische Verbreitung, mit Projektnewsletter und einer datenbankgestützten Internetseite.

Nicht im Elfenbeinturm: Experten tauschten sich über Fachgrenzen hinweg aus.

Wichtig ist aber auch der direkte Kontakt zwischen den Akteuren. Dazu dienen beispielsweise Workshops für MultiplikatorInnen aus den Regionen. Organisiert mit professionellen Partnern, ermöglichen diese Veranstaltungen eine Vertiefung der Themen. Internationale Tagungen, an denen sich „Zukunft in den Alpen“ beteiligt, bieten Gelegenheit für persönliche Begegnungen, um Erfahrungen auszutauschen.

Das dritte Element, „alpPerformance“, unterstützt und begleitet Pilotprojekte, die das gesammelte Wissen anwenden.

Zwei größere internationale Netzwerke sind bereits aktiv:

· Bei NENA (Network Enterprise Alps) haben sich zehn Partner aus allen Alpenländern zum Ziel gesetzt, ein alpenweites Netzwerk von kleinen und mittleren Unternehmen aufzubauen und damit Wirtschaftsbetriebe zu fördern, die sich am Prinzip der Nachhaltigkeit orientieren.

· Unter dem Titel DYNALP^2 setzen Gemeinden die Empfehlungen aus der Studie „Zukunft in den Alpen“ um. DYNALP^2 wird vom Gemeinde-Netzwerk „Allianz in den Alpen“ getragen.

Folgende ExpertInnen aus Wissenschaft und Praxis haben an der Erarbeitung des Wissens im Projekt „Zukunft in den Alpen“ mitgewirkt:
Olivier Alexandre, Peter Bebi, Alice Giulia Dal Borgo, Matthias Buchecker, Bernard Debarbieux, Eva Favry, Luis Fidlschuster, Mojca Golobič, Andreas Götz, Javier Grossutti, Michael Jungmeier, Johannes Heeb, Helmuth Hiess, Karin Hindenlang, Yann Kohler, Corina Lardelli, Cassiano Luminati, Antonio Massarutto, Alexandre Mignotte, Carlo Ossola, Wolfgang Pfefferkorn, Chiara Pirovano, Guido Plassmann, Serena Rauzi, Karl Reiner, Michel Revaz, Guglielmo Scaramellini, Christian Schmidt, Christoph Schreyer, Claire Simon, Aurelia Ullrich, Martin Vanier, Andrea Weninger, Georg Wiesinger, Mario Zambrini, Marc Zaugg Stern, Peter Zimmer, Daniel Zollner.

Die Alpenkonvention – ein Meilenstein in der Geschichte der CIPRA

Am Anfang stand ein ehrgeiziger Vorsatz: „Die wohl bedeutendste Aufgabe der Alpenkommission muss es sein, eine internationale Alpenkonvention auszuarbeiten und für deren Annahme durch die beteiligten Länder Sorge zu tragen." So formulierte es die CIPRA zu ihrer Gründung im Jahr 1952. Doch erst 39 Jahre später unterzeichneten die UmweltministerInnen von acht Staaten das „Übereinkommen zum Schutz der Alpen".

Ein einzigartiges Vertragswerk entstand und wurde im Laufe der Jahrzehnte weiter ausgearbeitet. Es ist weltweit der erste Staatsvertrag, der länderübergreifend die nachhaltige Entwicklung in einem Berggebiet regelt. Beteiligt sind Deutschland, Frankreich, Italien, Liechtenstein, Monaco, Schweiz, Slowenien, Österreich und die Europäische Union. Viele Väter und Mütter für ein Baby: Das erklärt, warum die Alpenkonvention lange Zeit nur im Schneckentempo vorankam.

Oft kommt erst Schwung in eine Sache, wenn der Leidensdruck wächst. Der entstand in den 1980er Jahren durch große Umweltkatastrophen. In den Alpen zeigten sie sich in Form verheerender Erdrutsche und Überschwemmungen. Nun wuchs auch bei den Politikern die Einsicht, die bei Naturschützern schon lange herrschte: Man müsse die Probleme des Großgebirges gemeinsam und über die nationalen Grenzen hinweg anpacken.

Es entstand ein günstiges politisches Klima, auf das die CIPRA lange gewartet hatte. Die deutsche Sektion präsentierte im Jahr 1987 ein erstes Positionspapier. Gleichzeitig befragte die CIPRA Regierungen, ExpertInnen und andere Verbände im Alpenraum: Welche Erfolge und Misserfolge hatten die bisherigen grenzüberschreitenden Umweltabkommen? Von diesen Erfahrungen sollte die geplante Konvention profitieren.

Zunächst musste die CIPRA Unterstützung in der Politik gewinnen. Sie fand sie in Straßburg beim Europäischen Ausschuss für Umweltfragen. Dessen stellvertretende Vorsitzende, Ursula Schleicher, forderte in einem Antrag die EU-Kommission auf, einenEntwurf der Konvention zum Schutz des Alpenraums vorzulegen; die CIPRA sollte daran mitarbeiten. Der Antrag wurde im April 1988 vom Europäischen Parlament einstimmig angenommen.

Noch im September des gleichen Jahres wurden die CIPRA und die Weltnaturschutzorganisation IUCN beauftragt, einen Vorentwurf zu erarbeiten. Der eigentliche politische Durchbruch gelang im Januar 1989. Der damalige deutsche Umweltminister, Klaus Töpfer, erklärte, er werde seine KollegInnen

Die Strategie der CIPRA ging auf: Im Jahre 1991 unterschrieben die Umweltminister der Alpenstaaten die Alpenkonvention. Seither arbeiten Regierungen und Organisationen über Ressorts und Territorien hinweg besser zusammen.

zu einer ersten Alpenkonferenz nach Berchtesgaden einladen. Das Problem aus der Sicht engagierter NaturschützerInnen: Es war absehbar, dass die Vertragsparteien einen Entwurf der CIPRA, einer Nichtregierungsorganisation, nicht akzeptieren würden. Der Kunstgriff bestand darin, zunächst ein „Leitbild für eine Alpenkonvention" zu formulieren. Die wichtigsten Ziele, Grundsätze und Maßnahmen zur Verwirklichung einer gemeinsamen Umweltpolitik wurden aufgelistet. Das Papier sollte die Weichen für die folgende Diskussion im Sinne der CIPRA stellen. Die Strategie ging auf: Das Leitbild wurde bei der ersten Alpenkonferenz der Umweltminister im Oktober 1989 offiziell vorgelegt.

Zwei Jahre später, am 7. November 1991, unterzeichneten die UmweltministerInnen der Alpenstaaten die Konvention. Es verstrichen allerdings weitere vier Jahre, bevor sie in Kraft trat. Und einzelne Staaten brauchten sogar fast ein Jahrzehnt, um sie zu ratifizieren. Doch der lange Atem hat sich gelohnt. Heute haben die meisten Vertragsparteien die Durchführungsprotokolle ratifiziert; sie wurden damit im jeweiligen Land zu geltendem Recht. Die Protokolle regeln, wie die Konvention in Bereichen wie Verkehr, Tourismus und Naturschutz umgesetzt wird. Die Vertragsparteien müssen alle vier Jahre nachweisen, dass sie ihre Verpflichtungen erfüllen. Die CIPRA hat bei der Alpenkonvention den Status einer offiziellen Beobachterin.

Die Konvention hat dazu beigetragen, dass Regierungen und Organisationen über Ressorts und Territorien hinweg eng zusammenarbeiten. Und das im gesamten Alpenbogen, von Monaco bis Slowenien. Das Tempo, in dem die Konvention entstand, war nicht gerade atemberaubend, aber heute entfaltet sie ihre Dynamik. Unumkehrbar und unaufhaltsam. Und zum Wohle der Alpen.

Bildquellen

Barbara Breyer: Seiten 173, 177, 192, 209, 249, 250, 251

Lukas Coch: Seite 191

Paul Hahn: Seite 11

Franz Killmeyer: Seite 214

Rainer Kwiotek: Seiten 13, 183, 188, 218, 245

Christoph Püschner: Seiten 195, 207, 217, 225, 229, 253

Uli Reinhardt: Seite 213

Frank Schultze: Seiten 178, 221, 242

Eric Vazzoler: Seiten 187, 199, 200, 203, 226, 233, 237

CIPRA International: Seiten 295, 297, 299

Gemeinde Samedan: Seite 238